张内◎著

新发传染病防治国际合作法律问题研究

COOPERATE

Research on Legal Issues of
international Cooperation in
the Prevention and Control of
Emerging Infectious Diseases

法律出版社
LAW PRESS · CHINA
北京

图书在版编目（CIP）数据

新发传染病防治国际合作法律问题研究 / 张内著.
北京 : 法律出版社, 2025. -- ISBN 978 - 7 - 5244 - 0021 - 9

Ⅰ. D922.164

中国国家版本馆 CIP 数据核字第 2025XN1959 号

新发传染病防治国际合作法律问题研究
XINFA CHUANRANBING FANGZHI GUOJI HEZUO FALÜ WENTI YANJIU

张 内 著

责任编辑 孔明林
装帧设计 鲍龙卉

出版发行 法律出版社
编辑统筹 学术·对外出版分社
责任校对 李慧艳 裴 黎
责任印制 胡晓雅 宋万春
经　　销 新华书店

开本 A5
印张 8　**字数** 206 千
版本 2025 年 6 月第 1 版
印次 2025 年 6 月第 1 次印刷
印刷 河北虎彩印刷有限公司

地址:北京市丰台区莲花池西里 7 号(100073)
网址:www.lawpress.com.cn
投稿邮箱:info@lawpress.com.cn
举报盗版邮箱:jbwq@lawpress.com.cn
销售电话:010 - 83938349
客服电话:010 - 83938350
咨询电话:010 - 63939796

书号:ISBN 978 - 7 - 5244 - 0021 - 9
定价:58.00 元
凡购买本社图书,如有印装错误,我社负责退换。电话:010 - 83938349

导　论

传染病一直以来是人类的大敌。近30多年来一些新发传染病(Emerging Infectious Diseases,EID)如艾滋病、O139霍乱、出血性肠炎、新型克雅氏病、传染性非典型性肺炎(Severe Acute Respiratory Syndrome,SARS,以下简称非典)、禽流感以及由新型冠状病毒(Severe Acute Respiratory Syndrome Coronavirus 2,SARS-CoV-2)引起的病毒性肺炎(Coronavirus Disease 2019,COVID-19)相继暴发,个别病种还在全球蔓延,给人类社会带来巨大危害。[①] 世界卫生组织(World Health Organization,WHO)在《1996年度世界卫生报告》中指出:“我们正处于一场传染性疾病全球危机的边缘,没有一个国家可以躲避这场危机”[②]。毫无疑问,人类正处于一个新发传染病高发的时代。如何应对新发传染病,建立科学合理、行之有效的国际防治法律体系,是摆在学术界和实务界的一个重要课题。

一、选题背景与问题的提出

(一)选题背景

新发传染病疫情给人类的经济、社会、生命健康造成的危害越发严

---

① 参见张田勘:《传染病仍是人类大敌》,载光明网,https://m.gmw.cn/baijia/2020-02/11/33544562.html。

② *The world health report* 1996: *fighting disease, fostering development*, World Health Assembly, A49/3 49, 1996, p. 25.

重。以最近两次新发传染病疫情为例，非典疫情和新冠疫情的暴发都造成了很大损失。在全球范围内，截至欧洲中部时间 2023 年 2 月 17 日晚上 8 时 47 分，各国已向世界卫生组织报告了 756, 581, 850 例新冠肺炎确诊病例，包括 6, 844, 267 例死亡病例；截至 2023 年 2 月 13 日，共接种了 13, 195, 832, 385 剂疫苗。①

新发传染病同法定传染病相比存在“新”的特点。“新”不仅体现在医学层面，即人类对其病理机制、传播路径、危害程度及防控治疗措施缺乏现成的科学认知；更体现在法律层面，即需要通过相对复杂的法律程序方能被纳入传染病防治法律体系，适用传染病防治的特定法律措施。正因如此，新发传染病不仅对全球卫生安全构成严重威胁，也给国际合作防治法律体系带来了巨大挑战。以新冠疫情为例，国际合作防治法律体系未能发挥其应有的作用，主要体现在以下四个方面：

1. 国际法规则未能得到有效执行

《国际卫生条例(2005)》②是目前全世界大多数国家共同接受的传染病防治的国际法规则。条例的第 2 条明确规定，该条例的目的和范围是以针对公共卫生危害、同时又避免对国际交通和贸易造成不必要干扰的适当方式预防、抵御和控制疾病的国际传播，并提供公共卫生应对措施。也就是说，《国际卫生条例(2005)》主导的传染病防治国际法治合作的目的有两个：第一，要建立全球合作的公共卫生应对措施，以预防、抵御和控制疾病的国际传播；第二，要避免上述措施对国际交通和贸易造成不必要干扰。

在新冠疫情暴发之初，世界卫生组织于 2020 年 1 月 30 日宣布疫情构成“国际关注的突发公共卫生事件”(Public Health Emergency of International Concern, PHIEC)，就开展国际合作阻止疫情传播发布临时

---

① *WHO Coronavirus* (*COVID* – 19) *Dashboard*, World Health Organization, at https://covid19. who. int(Last visited on Feb. 20,2023).

② 本书中《国际卫生条例(2005)》特指世界卫生组织在 2005 年修订的条约版本，《国际卫生条例》泛指各个版本的条约。

建议,并强调不建议采取任何贸易或旅行限制。[①] 疫情在全球大规模暴发之后,世界卫生组织更新了国际交通建议,但仍不建议对遭受疫情的国家采取旅行或贸易限制。[②] 然而,为了阻止疫情蔓延,几乎所有国家或地区都相继采取了加强入境检测、签证紧缩、入境限制、入境禁止等旅行限制措施,国际交通几乎瘫痪。各国采取的旅行限制措施已经违背了世界卫生组织的临时建议,违反了《国际卫生条例(2005)》的要求,且至少有 2/3 的国家没有按照《国际卫生条例(2005)》的要求向世界卫生组织通报其所采取的旅行限制措施。[③]

2. 各国防疫措施缺乏有效协同

由于新发传染病疫情的复杂性和不确定性,具有不同意识形态和法律制度的国家很难对疫情本身及防治措施达成明确和统一的认识。仍以新冠疫情为例,一些国家从一开始就意识到疫情的严重性,实行严格隔离措施;而一些国家直至疫情完全暴发,仍不强调全民戴口罩对疫情防控的重要性,更注重个人自由。这些基本观念的差异以及对自由和安全优先级的判断差异使各国对疫情的应对方式存在分歧,也导致全球疫情防控协调工作进展缓慢。随着疫情蔓延至世界各地,各国关系也变得错综复杂。

各国防疫措施的不同,究其原因,除国家利益冲突、合作理念差异外,还在于各国法律制度存在巨大差异。区别于法定传染病各国防治法律措施的趋同性,对于新发传染病,各国在立法例,归类制度,预警、

---

① 参见《关于 2019 新型冠状病毒疫情的〈国际卫生条例(2005)〉突发事件委员会第二次会议的声明》,载世界卫生组织网站,https://www.who.int/zh/news/item/30-01-2020-statement-on-the-second-meeting-of-the-international-health-regulations-(2005)-emergency-committee-regarding-the-outbreak-of-novel-coronavirus-(2019-ncov),2023 年 5 月 20 日访问。

② See *Updated WHO Recommendations for International Traffic in Relation to COVID-19 Outbreak*, at https://www.who.int/news-room/articles-detail/updated-who-recommendations-for-international-traffic-in-relation-to-covid-19-outbreak (Last visited on Jun. 8, 2023).

③ See Roojin Habibi et al., *Do Not Violate the International Health Regulations during the COVID-19 Outbreak*, 395 The Lancet 664 (2020).

监测、评估、报告等具体规则上均存在重大差异。

3. 国际合作出现信任赤字

信任是国际交往合作的重要前提,也是国际政治和法律研究的重要议题。全球信任赤字具体表现为全球信任积累不足、信任质量不高、信任发展不平衡以及信任关系不对称。[①] 信任赤字现象在此次新冠肺炎疫情防治国际合作中尤为明显。如在疫情初期,世界卫生组织驻华代表处在 2019 年 12 月 31 日向世界卫生组织西太平洋区域办事处《国际卫生条例》联络点报告了武汉市卫生健康委员会关于这些病例的情况通报,并提供了译文。[②] 这一举措为国际社会敲响了新冠肺炎防疫工作的警钟,赢得了疫情防控的黄金时间。但是这些及时有效的信息和应对措施建议被太多的舆论热点和政治话题所掩盖、所蒙蔽,大多数主权国家陷入了与病毒距离十分遥远的假象,甚至抱有隔岸观火的态度。在疫情中后期,许多国家不仅没能做到《国际卫生条例(2005)》中所规定的采取合适且合理的卫生措施,还不配合世界卫生组织的工作及时报告有关信息,影响了世界卫生组织在国际抗疫中的专业与权威。

4. 既有国际法制度无法实施,世界卫生组织的权威受到广泛质疑

《国际卫生条例(2005)》试图建立公共卫生事件的全球监测、通报、信息共享以及国际援助合作制度。但在新冠疫情中,既有制度并没有发挥应有的作用。世界卫生组织作为全球卫生治理体系的核心主体,本应提供更及时有效的信息,以促使国际社会协调一致应对疫情,但结果并未如愿。在此情况下,世界卫生组织也受到了某些国家的质疑。例如,2020 年 4 月,在美国成为新冠疫情大流行的新中心后,特朗普总统声称世界卫生组织"严重管理不善,掩盖了冠状病毒的传播,并参与了错误信息的传播",命令他的政府停止向该组织提供资金,并对

---

① 参见吴志成、李佳轩:《全球信任赤字治理的中国视角》,载《政治学研究》2020 年第 6 期,第 24 ~ 36、125 ~ 126 页。

② See *WHO's COVID - 19 response*, World Health Organization, at https://www.who.int/emergencies/diseases/novel-coronavirus - 2019/interactive-timeline (Last visited on 27 Feb. ,2023).

其表现进行调查。①

(二)问题的提出

目前的传染病防治国际合作法律体系乃是一个以世界卫生组织为主导,以《国际卫生条例(2005)》为主要法律渊源,以传染病联合防治制度为核心内容的全球预防流行病的响应机制。从主体角度看,当发生国际卫生安全突发事件时,世界卫生组织应当起到领导全球传染病防治国际合作的作用,并协调各主权国家、其他领域国际组织共同实现在公共卫生领域的使命。但是,现实情况不尽如人意,世界卫生组织无法驾驭多重主体参与的复杂局面。从法律渊源角度来看,《国际卫生条例(2005)》是传染病防治国际合作的主要法律依据,其为发现、防控、评估突发公共卫生事件和管理疫情奠定了法律框架,也是全球协同应对突发公共卫生事件的国际法依据。② 但各主权国家并没有完全按照《国际卫生条例(2005)》的原则和规则行事,部分国际组织对《国际卫生条例(2005)》也采取了较为轻视的态度。传染病防治国际合作具体制度主要包括信息合作制度、公共卫生措施制度以及援助合作制度三大类。这些制度历史渊源久远,在传染病防治史上发挥了重要作用,但是在应对新发传染病时却显得捉襟见肘、举步维艰。

面对新发传染病对人类生命健康带来越来越严重的威胁而国际合作却应对不力的窘境,笔者认为,需要对新发传染病防治国际合作领域的法律体制问题进行全面、深入的研究,特别是需要在梳理新发传染病防治国际合作历史沿革的基础上,回答以下渐序展开的几个问题:第一,与一般传染病相比,在医学和法律层面,新发传染病的概念、特点有哪些区别,并由此产生哪些特殊的法制需求?第二,国际社会针对新发

① See Michael D. Shear & Donald G. McNeill, *Criticized for Pandemic Response, Trump Tries Shifting Blame to the WHO*, The New York Times, https://www.nytimes.com/2020/04/14/us/politics/coronavirus-trump-who-funding.html (Last visited on 20 May, 2023).

② 参见张业亮:《加强全球应对突发公共卫生事件的国际合作机制》,载《世界知识》2020年第4期,第68~70页。

传染病防治在国内法层面和国际法层面所采取的多种现实法律举措，为什么难以取得预设的应对效果？其法律体制存在哪些结构性缺陷，以致国际合作中缺乏应有的针对性和有效性？第三，针对新发传染病防治法律体制中存在的结构性问题，如何在未来的国际合作和法治建设中予以解决？而我国在相关领域的国内法和国际法制度构建中，能够采取哪些行之有效的方法并发挥更为积极的作用？这些问题都是破解新发传染病防治国际合作法律困境的切入点，也是本书意图研究的课题。

二、研究现状及评述

（一）国内研究现状

在传染病防治国际合作领域的国内研究以全球公共卫生治理为主，专门针对传染病的国际合作法律机制的研究成果较少，专门针对新发传染病的研究则更少。本书所参考的研究成果主要来自公共卫生、国际关系与国际政治、国际法三个研究领域，研究成果主要集中在以下四个议题：一是全球公共卫生治理的理论与实践；①二是国际法上新发传染病防治国际合作制度的分类、不足与未来展望；②三是世界卫生组织在传染病防治上所发挥的作用与不足之处；③四是对传染病或新发传染病的域外立法经验进行介绍与总结，大部分学者聚焦于美国、日本

① 参见吉益霖：《全球公共卫生治理理念的历史流变、发展困境与中国方案》，载《河北法学》2022年第11期，第165～183页；晋继勇、郑鑫：《联合国的全球公共卫生治理理念评析》，载《国际论坛》2020年第6期，第3～19、155页。

② 参见陈颖健：《公共卫生全球合作的国际法律制度研究》，华东政法大学2008年博士学位论文；陈云良《新发传染病单独归类规制研究》，载《法律科学（西北政法大学学报）》2021年第6期，第3～18页；刘蔡宽：《应对非传统安全威胁国际合作的国际法审视与制度创新——以PHEIC为视角》，载《政法论坛》2020年第6期，第138～147页。

③ 参见韩铁如：《世界卫生组织全球卫生治理的挑战》，载《国际政治研究》2020年第3期，第115～123页；晋继勇：《新冠肺炎疫情防控与全球卫生治理——以世界卫生组织改革为主线》，载《社会科学文摘》2020年第5期，第42～44页。

的相关立法实践。[①] 此外,有学者就人类卫生健康共同体这一治理理念的产生与运用开展研究,也有相当一部分学者在研究成果中论述了中国在全球公共卫生治理中发挥的作用。[②]

1. 全球公共卫生治理的理论与实践

大部分学者都是把国际层面的传染病防治制度置于全球卫生治理这一更为宏观、宽泛的框架下展开讨论,因此了解全球公共卫生治理的理论与实践是研究新发传染病防治国际合作制度的前提。

自20世纪90年代以来,国际关系领域的许多学者开始使用“全球治理”这一概念。全球治理理论的提出为全球公共卫生治理提供了一个理论分析视角和框架。全球公共卫生治理是一个通过国际公共卫生机制解决全球公共卫生危机的过程,不同的学者对这一机制的分析视角有所不同。如晋继勇以全球卫生公共产品为分析视角,认为世界卫生组织、世界贸易组织和国际人权机制是三个在全球公共卫生治理领域有影响力的国际组织或机制,并分析了这三类组织或机制的利弊;[③]曾瑞声以国家利益为视角,通过梳理《国际卫生条例》制定与实施过程中出现的争议,进而得出全球公共卫生治理机制出现失灵的主要原因是国家利益不同;[④]刘晓红认为,完善全球公共卫生治理机制的路径可从多维度开展,在治理的理论层面需要将人类命运共同体理念融入国际法治之中,在治理的规则层面,需要完善多元主体合作中的国际法规

---

① 参见蒋丰、田侃:《传染病防治法律视角下新冠肺炎预警制度探讨》,载《南京医科大学学报(社会科学版)》2021年第1期,第53~57页;王晓雯等:《日本急性传染病和突发公共卫生事件综合监测及应对体系介绍与启示》,载《中国卫生质量管理》2020年第4期,第127~130页;张晨曦等:《欧洲传染病预防与控制中心监测系统分析与启示》,载《中国卫生质量管理》2020年第4期,第123~126页。

② 参见龚向前、樊亚涵:《人类卫生健康共同体构建的国际法路径与中国方案》,载《中州学刊》2022年第6期,第44~51页;齐峰:《人类卫生健康共同体:理念、话语和行动》,载《社会主义研究》2020年第4期,第119~126页。

③ 参见晋继勇:《全球公共卫生治理中的国际机制分析》,上海人民出版社2019年版,第1~10页。

④ 参见曾瑞声:《全球公共卫生治理机制的形成与演变:国家利益》,暨南大学2012年博士学位论文,第10~15页。

范并协调多领域规范中的国际法发展。[①] 对于全球公共卫生治理，当前已有的不同的观点没有出现高度背离的现象，而是一种从多角度开展描述与分析的状态，这也为本书分析新发传染病的国际合作制度提供了多元化的研究视角。

2. 传染病和新发传染病防治国际合作机制的分类、不足与未来展望

大多数学者没有关注到国际合作是否属于国际公共卫生领域的国际习惯法义务这个议题，大家更多地默认国际合作便是在国际公共卫生领域中应当开展的国际实践。学者孔庆江则尝试对国际公共卫生领域的国际合作义务进行梳理，找出国际合作义务也存在于公共卫生领域的证据。[②]

关于当前全球传染病防治国际合作机制的分类，大部分学者的观点是较为一致的，包含以下五个方面：(1)监测、通报与评估机制；(2)信息共享、磋商与核实机制；(3)应对与争端解决机制；(4)合作与援助机制；(5)统一与协调机制。[③]

除此之外，针对新发传染病的特殊性，也有学者专门研究新发传染病的归类制度，这主要是在国内法的范畴展开。例如，陈云良认为，采取以法定传染病为核心的传统分类治理模式，已经无法妥善化解新发传染病所带来的危害，需要采取负面排除已知传染病和正面认定表面证据相结合的方式认定新发传染病。[④]

较少学者关注《国际卫生条例》的遵约机制，龚向前的研究成果总结得较为全面和完整。他认为《国际卫生条例》下争端解决机制主要

---

① 参见刘晓红：《国际公共卫生安全全球治理的国际法之维》，载《法学》2020 年第 4 期，第 19 ~ 32 页。

② 参见孔庆江：《国际合作：国际公共卫生领域的习惯国际法义务》，载《国际法学刊》2020 年第 2 期，第 1 ~ 14、153 页。

③ 参见张超汉、冯启伦：《全球卫生合作治理——以重大突发公共卫生事件防控为视角》，载《河北法学》2020 年第 8 期，第 2 ~ 20 页。

④ 参见陈云良：《新发传染病单独归类规制研究》，载《法律科学（西北政法大学学报）》2021 年第 6 期，第 3 ~ 18 页。

解决因额外卫生措施、疫情信息与病毒材料共享、世界组织预警职权的运行等因素产生的纠纷,梳理了谈判、仲裁等几种争端解决的程序,并介绍了技术性争议的专家管理模式这一特殊的决策过程。①

全球化加剧了传染病的全球传播,同时也强化了国际社会应对这一问题的意识,迫使各国开展国际卫生合作。然而此前的国际卫生合作机制在应对传染病大规模全球化这一新因素的挑战时,仍有诸多不足;尤其是在新冠疫情发生后,此类讨论越发热烈。龚向前认为,国际卫生合作机制存在三种缺陷,分别是发展问题的制约、治理结构的陈旧、权力分散与制度超载。而国际法学者则从全球公共卫生相关的国际法规则的视角,补充提出了一些国际法层面的国际公共卫生治理缺陷,如规则的缺失、碎片化以及叠加、软法缺少拘束力等。② 刘雁冰和马林则认为,作为公共卫生治理领域中最重要的条例,《国际卫生条例》的不足包含三方面:缔约国核心能力建设不完善、缺乏强制性的"遵约引力"、PHEIC 启动机制欠缺规范和透明等。③ 张超汉和冯启伦还分析了这些不足产生的深层次原因,分别是国际规则的"软法"性质、未充分保护发展中国家的权益、忽视发展中国家的公共卫生能力建设以及未能建立公共卫生治理全球统一框架等。④

也有学者针对具体的制度展开剖析,国际关注的突发公共卫生事件是学者关注较多的制度。何田田认为,这一制度在现实中遇到了诸多挑战,如宣布时间、宣布标准和宣布后的法律遵守等。这一制度的解释和适用应当符合《国际卫生条例》的目的和宗旨,其困境则需要通过

---

① 参见龚向前:《世界卫生组织〈国际卫生条例〉争端解决机制研究》,载《武大国际法评论》2020 年第 3 期,第 83 ~ 96 页。

② 参见刘晓红:《国际公共卫生安全全球治理的国际法之维》,载《法学》2020 年第 4 期,第 19 ~ 32 页。

③ 参见刘雁冰、马林:《〈国际卫生条例〉在新冠疫情应对中的困境与完善》,载《西北大学学报(哲学社会科学版)》2021 年第 4 期,第 117 ~ 124 页。

④ 参见张超汉、冯启伦:《全球卫生合作治理——以重大突发公共卫生事件防控为视角》,载《河北法学》2020 年第 8 期,第 2 ~ 20 页。

推动世界卫生组织改革内部治理规则解决。[①] 刘蔡宽则认为,现有应对国际关注突发公共卫生事件的国际合作大多属于道义性的合作,缺乏惩罚机制。[②]

针对现有国际合作机制缺陷的改善路径,龚向前认为,在当前国际法变革的大背景下,传染病控制正在实现从应急控制到风险管理的技术模式转换。[③] 这一模式的转变需要实现三项具体内容,分别是:发展中国家的需求得到切实解决、建构多维度的治理结构以及发挥世界卫生组织的主导作用。[④] 而就建构公共卫生治理全球统一框架这一方面,张超汉和冯启伦认为需要具体做到以下五点:(1)强化世界卫生组织在全球公共卫生治理中的核心地位;(2)注重各国际组织在框架内的统一协调行动;(3)明确成员国在框架内的合作与援助权利义务;(4)强化非国家行为者的国际法律地位;(5)建全疫情的媒体话语与舆情管控的国际协同机制。也有学者直接建议世界卫生组织应当推进新的国际条约的立法进程,以从根源上满足这一需求。[⑤]

除了对整个国际合作制度机制展开反思与展望,许多研究还关注了具体的国际合作制度,如国际援助制度[⑥]、国际关注的突发公共事件制度[⑦]、

---

① 参见何田田:《〈国际卫生条例〉下的"国际关注的突发公共卫生事件":规范分析、实施困境与治理路径》,载《国际法研究》2020 年第 4 期,第 39 ~ 52 页。

② 参见刘蔡宽:《应对非传统安全威胁国际合作的国际法审视与制度创新——以 PHEIC 为视角》,载《政法论坛》2020 年第 6 期。

③ 参见龚向前:《传染病控制与当代国际法变革的新趋势——以〈国际卫生条例〉(2005)为例》,载《法学评论》2011 年第 1 期,第 110 ~ 114 页。

④ 参见龚向前:《传染病全球化与全球卫生治理》,载《国际观察》2006 年第 3 期,第 24 ~ 29 页。

⑤ 参见刘蔡宽:《应对非传统安全威胁国际合作的国际法审视与制度创新——以 PHEIC 为视角》,载《政法论坛》2020 年第 6 期,第 138 ~ 147 页。

⑥ 参见罗鹏:《传染病全球"大流行"特征下国际救援的便利化措施——以新型冠状病毒肺炎事件为背景》,载《国际经济法学刊》2020 年第 4 期,第 25 ~ 36 页。

⑦ 参见贺辉:《应对突发公共卫生事件的国际法治路径》,载《郑州大学学报(哲学社会科学版)》2022 年第 3 期,第 47 ~ 51 页。

监测制度[1]、疫苗分配制度等[2],并就具体制度的构建路径展开了讨论。

3. 世界卫生组织在传染病和新发传染病防治上所发挥的作用与不足之处

世界卫生组织的作用主要体现在创制全球性卫生规则、制度与监督履行全球性卫生行动两方面,其中也必然包括应对大规模的传染病流行。除了联合国宪章、公约、条约与部分条例以外,世界卫生组织政策的效力普遍较弱。[3]

许多学者认为,当前作为全球卫生治理中心的世界卫生组织已经处于多方挑战的困局之中,具体表现为国际卫生发展援助短缺、严重依赖美欧等发达国家资金援助、政治化的疫情应对评价和审查、全球卫生合作伙伴关系中的竞争和政治化、全球突发公共卫生危机应对机制迟缓、协调机制碎片化等。[4] 这些挑战背后的根本原因在于:一方面,有的成员国将世界卫生组织工具化;另一方面,公共卫生治理尤其是传染病防治由于涉及主权问题难以平衡各方利益,导致世界卫生组织"畏首畏尾"[5]。世界卫生组织需要通过推进条约立法进程,解决条约实施机制的"空心化"问题。[6]

4. 对域外传染病和新发传染病应对制度的介绍与总结

随着新发传染病的频频出现,尤其是在新冠疫情暴发之后,各国家(地区)都已经着手修订各自的传染病防治相关规范。学者的研究主

---

① 参见马忠法、谢迪扬:《传染病防治国际法制度的现状、缺陷与完善》,载《安徽师范大学学报(人文社会科学版)》2022 年第 5 期,第 100 ~ 110 页。

② 参见叶子燕:《疫苗共享机制的国际法探析》,载《东南大学学报(哲学社会科学版)》2021 年第 S1 期,第 66 ~ 70 页。

③ 参见代涛、韦潇、郭岩:《世界卫生组织的政策类型及其特点》,载《中国卫生政策研究》2010 年第 4 期,第 47 ~ 51 页。

④ 参见韩铁如:《世界卫生组织全球卫生治理的挑战》,载《国际政治研究》2020 年第 3 期,第 115 ~ 123 页。

⑤ 参见晋继勇:《新冠肺炎疫情防控与全球卫生治理——以世界卫生组织改革为主线》,载《社会科学文摘》2020 年第 5 期,第 42 ~ 44 页。

⑥ 参见季华:《世界卫生组织体系下的国际卫生法律机制:历史与现状》,载《国际法学刊》2020 年第 3 期,第 39 ~ 56、156 ~ 157 页。

要围绕美国、日本、欧洲等国家或地区的相关规定展开。

美国针对新发传染病制订的策略计划目标包含监测、发展和整合公共卫生实践活动、提高新发传染病反应能力、加强培训与能力建设四方面。这一策略计划整合了多个政府部门,形成协调反应。①

欧洲成立了欧洲疾病预防控制中心。这是一个独立的欧盟部门,其目的就在于加强传染病尤其是新发传染病的防控能力,协调欧盟内各国疾病预防控制中心的工作。这一中心可以在欧洲开展流行病监测,早期预警和应急系统要求每天24小时都能与相应的疾病专家保持联络。在适当的情况下,它也会与世界卫生组织和其他国际组织协同行动。②

日本的突发公共卫生事件应对体系中卫生服务提供模块由三部分构成。其一,构建了纵向三级网络:厚生劳动省和国立感染症研究所属于一级网络,地方传染病监测中心和地方实验室属于二级网络,医师协会、卫生站、教育部门与地方行政部门及公共卫生机构为三级网络。其二,横向多机构合作:当新发传染病暴发时,以地方保健所为核心组织,除了与厚生劳动省形成纵向协调关系,还与地方政府、地方公共卫生中心、公安部门、医疗机构和教育部门等形成横向协调关系。其三,除了政府部门架构,日本还着力建设信息系统、组建专家智库以提供技术支撑。③

5. 其他内容

部分学者就人类卫生健康共同体理念如何引导国际卫生合作展开论述。一部分学者关注人类卫生健康共同体的法理基础。如王勇认为,国际法治是构建人类卫生健康共同体的核心,是落实国际合作原则

---

① See Yannick Simonin, *Emerging Diseases/Viruses Prevention, Control, Surveillance, and One Health*, 8 Tropical Medicine and Infectious Disease 257 (2023).

② 参见于慧娜:《国外部分新发传染病防控研究》,中国人民解放军军事医学科学院2008年博士学位论文,第25~28页。

③ 参见王晓雯等:《日本急性传染病和突发公共卫生事件综合监测及应对体系介绍与启示》,载《中国卫生质量管理》2020年第4期,第127~130页。

的具体要求。[①] 还有一部分学者关注传染病防治乃至全球卫生健康治理过程中我国的角色定位问题。马婷、唐贤兴认为,中国在全球卫生健康治理中应该发挥建设者的角色作用,输出人类卫生健康共同体的理念。[②] 在贸易与公共卫生规则相重合的领域,中国应将自身的治理理念贯彻至世界贸易组织内部改革以及双边和区域贸易协定谈判中,还应与其他国家加强双边合作。[③]

(二)国外研究现状

通过研究发现,国外专家、学者基本上把传染病防治作为全球公告卫生治理的一部分展开研究,主要包括国际法相关规范制度的研究,以及全球公共卫生治理面临的挑战等方面内容。

在新冠疫情暴发之后,有一部分学者对现有的传染病应对防治制度展开反思,但是针对政治因素的研究较多而基于国际法层面的研究较少。[④] 还有一部分公共卫生领域的学者对新发传染病的防治方法有较多的研究,但大部分停留于技术层面的探讨。[⑤]

1. 应对传染病防治的国际法体系框架

与其他全球问题一样,国际法在传染病防治领域发挥着重要作用。大卫·菲德勒的《国际法与传染病》是第一本全面分析国际法和传染病防治之间交叉点的著作,该书汇集了许多公共卫生和国际法的概念,

---

① 参见王勇:《构建人类卫生健康共同体的国际法合法性问题》,载《世界经济与政治》2021 年第 5 期,第 4 ~ 26、155 页。

② 参见马婷、唐贤兴:《时空变迁与复合结构:全球卫生健康治理中的中国角色》,载《南京社会科学》2022 年第 2 期,第 51 ~ 60 页。

③ 参见时业伟:《新冠肺炎疫情下国际贸易规则与公共卫生治理的链接》,载《华东政法大学学报》2021 年第 2 期,第 136 ~ 144 页。

④ 参见王贵国:《国际公共卫生秩序与后新冠前瞻》,载《中国政法大学学报》2020 年第 5 期,第 5 ~ 27、205 页;于亮:《人类卫生健康共同体视角下的国际卫生合作》,载《天津大学学报(社会科学版)》2021 年第 2 期,第 145 ~ 150 页。

⑤ See Tit Albreht, *Challenges to Global Health Emerging from the COVID – 19 Pandemic*, 15 Sustainability 7633 (2023); V. J. Brookes et al., *Preparedness for Emerging Infectious Diseases: Pathways from Anticipation to Action*, 143 Epidemiology and Infection 2043 (2015).

回顾了传染病的国际法历史特别是《国际卫生条例》的历史，并且在贸易领域、人权领域、环境领域总结了传染病的国际治理机制，为之后的研究做了基础性的工作。①

此后的学者则更多地在这一框架下分析现有制度的不足。例如，加拿大卡尔顿大学的阿吉那姆教授对《国际卫生条例》以及“健康权”这一概念在全球公共卫生治理中所发挥的作用和局限进行了探究。阿吉那姆教授认为，国际法学界就“公共卫生治理”的程度和边界并没有达成共识，因此需要通过梳理各种多边机制去描绘这一模糊的图景，以明晰制度构建的方向。随着全球化的深入发展，需要多方来解决疾病的跨国化问题。在一个相互依存的全球化世界中，对人类健康的承诺需要巨大牺牲、关键选择和多边方法。② 国外学者还从国际政治学科的角度描绘全球公共卫生治理的体系。区别于前人的研究，马克·W. 扎赫(Mark W. Zacher)和塔尼亚·J. 基夫(Tania J. Keefe)以传染病控制的过程为分析视角，将现有的制度分为疾病控制、疾病治疗和全球治理三个层次，提供了一个较为新颖的研究视角。③

而关于世界卫生组织的作用，学者认为，尽管在单一国际组织的主持下全面整合未来国际卫生立法的所有方面是不可行且不可取的；但世界卫生组织应努力充当未来全球公共卫生领域立法的协调者、催化剂，并在适当情况下推动治理平台的建构。世界卫生组织的领导可以加强国际法的协调、连贯和实施。④

2. 新发传染病对全球公共卫生治理的冲击

自非典、埃博拉、新冠疫情相继暴发之后，国外学者对新发传染病

---

① See Fidler David P., *International Law and Infectious Diseases*, United Kingdom, Clarendon Press, 1999.

② See Obijiofor Aginam, *Global Health Governance: International Law and Public Health in a Divided World*, University of Toronto Press, 2005.

③ See Mark W. Zacher & Tania J. Keefe, *The Politics of Global Health Governance: United by Contagion*, Palgrave Macmillan US, 2008.

④ See Allyn L. Taylor, *Global Governance, International Health Law and WHO: Looking towards the Future*, 80 Bulletin of the World Health Organization 975 (2002).

的应对越发关注，主要集中在新发传染病的危害、对现有制度的反思以及改善的路径三个方面。学者们普遍认为，意识形态差异、党派之争、政治秩序动荡和伪科学盛行等现象严重威胁了全球有效治理，给当前全球公共卫生科学治理带来负面影响。①

有学者在新冠疫情暴发后，综合分析了亚洲的法律和政策背景以及应对措施，确定政策制定服务中的交叉主题和挑战；比较和评估了在新冠疫情的最初几个月，亚洲国家政府制定的政策、做法和权衡，从紧急权力、技术科学、专业知识、政治、宗教、经济、气候和可持续性等多个视角展开分析，提供了在政策制定或法规起草的热潮中可能没有考虑到的观点。②

还有一部分学者关注到了人权领域的国际法发展对新发传染病防治的影响。新发传染病的出现和传播速度比以往任何时候都快，给全球化世界中的弱势群体带来了毁灭性的后果。随着个人权利与国家权力的竞争，世界卫生组织的《国际卫生条例(2005)》旨在指导各国以国家权力为基础应对传染病。有学者认为，正如埃博拉疫情所表明的那样，人权已经失去了作为卫生政策主导框架的卫生安全的优先地位。③

3. 对传染病防治国际合作具体制度的研究

国外学者对传染病防治国际合作中的监测制度、信息共享制度、药品和疫苗分配制度的研究较多。建立有效的全球公共卫生监测制度是国际合作应对新发传染病的核心，评估监测系统对于改善全球合作卫生治理是必要的。而监测制度升级所需要的资金与资源将是难以克服

---

① See Philippe Calain & Caroline Abu Sa'Da, *Coincident Polio and Ebola Crises Expose Similar Fault Lines in the Current Global Health Regime*, 9 Conflict and Health 29 (2015).

② See Victor V. Ramraj et al., *Covid – 19 in Asia*: *Law and Policy Contexts*, Oxford University Press, 2021.

③ See Sharifah Sekalala & John Harrington, *Communicable Diseases*, *Health Security*, *and Human Rights*: *From AIDS to Ebola*, in L. O. Gostin & B. M. Meier eds, Foundations of Global Health & Human Rights, Oxford University Press, 2020.

的问题,尤其是对于发展中国家。① 此外,在监测制度更新的过程中也需要关注对人权的保护,有必要评估感染控制政策、计划和做法是否对人权的威胁最小,同时提供实现健康的最大机会。②

就信息共享制度而言,有学者认为,在持续的公共卫生危机期间,由于缺乏用于实时报告和开放数据共享的既定基础设施,各国就只能付出高昂的代价来填补空白。除需要构建更快捷的共享数据的渠道外,信息共享还需要遵循一些不可忽视的标准,隐私问题尤其与法律息息相关。如何平衡公共利益与个人隐私保护,是信息共享制度需要解决的重点问题。③ 由于疫苗的国际分配背后所涉及的利益主体更加多元,还涉及国家主权、责任等问题,因此国外的研究也仍处于起步阶段。低收入国家面临无力负担疫苗、疫苗接种资源不足等障碍,这些障碍在疫情期间加剧。如果没有一个坚实的分配伦理框架,就不可能公平分配新冠疫苗。④

(三)研究现状述评

从国内的研究现状来看,非典结束后,新发传染病的国际合作制度问题逐渐受到学界的重视。但同公共卫生治理的其他领域相比,无论是学术界还是实务界对该问题的重视程度都有限,而且大部分比较研究停留在对《国际卫生条例》相关制度和世界卫生组织功能的分析上。围绕新发传染病的特性提出有针对性的、创新的制度成果较为欠缺。

可以看出,目前我国对于新发传染病防治国际合作制度的研究还处在起步阶段,研究深度与针对性还较为薄弱。从论文的标题来看,大

① See Michael G. Baker & David P. Fidler, *Global Public Health Surveillance under New International Health Regulations*, 12 Emerging Infectious Diseases 1058 (2006).

② See Mark Eccleston-Turner & Iain Brassington, *Introduction*, in M. Eccleston-Turner & I. Brassington eds, Infectious Diseases in the New Millennium: Legal and Ethical Challenges, Springer International Publishing, 2020.

③ See Lauren Gardner et al., *A Need for Open Public Data Standards and Sharing in Light of COVID-19*, 21 The Lancet Infectious Diseases 80 (2021).

④ See Yangzi Liu, Sanjana Salwi & Brian C. Drolet, *Multivalue Ethical Framework for Fair Global Allocation of a COVID-19 Vaccine*, 46 Journal of Medical Ethics 499 (2020).

部分都以“公共卫生”“传染病防治”为题,很多论文都未从新发传染病与传统传染病的区别入手,只是从结果导向入手,分析新发传染病屡次暴发以来国际合作制度表现不佳的浅层原因,研究未触及问题的根本。如此形成的研究成果自然只能隔靴搔痒,把握不到制度研究的核心与重点。从根本上讲,制度出现效果不佳的原因在于,现实世界发生了变化,出现了新发传染病这一不可控的因素,使原有的传染病防治制度不能完全地做到“对症下药”,才产生了不适应的“症状”。

除此之外,针对新发传染病的国际合作法律问题,还需要全面地关注法律中的三个因素:规范、主体与制度。然而,目前国内的研究一般侧重于关注其中的一方面,缺少全面完整的框架分析。另外,目前国内的研究对新发传染病本身的特征分析不足,制度分析仍然浮于表面,未能实现从事理向法理的转换。国内学者尽管也有针对新发传染病较为专业的法学研究,但更多地集中在国际贸易与传染病防治相重合的领域,特别是疫苗的知识产权领域。关于监测制度、国际援助制度等其他制度的法学分析较少,也鲜有学者就世界卫生组织与其他领域的国际组织关于新发传染病防治的合作展开研究,因此,该研究是当前学术研究的一大空白。

就国外研究成果来看,国外的研究重点也集中在全球公共卫生治理领域。一些学者对于公共卫生治理的历史梳理和现状分析对本书具有非常重要的借鉴意义。但是其对新发传染病国际合作的研究视角与学科领域的论述仍然存在一定局限,对此类议题的关注度有所欠缺。根据对相关文献的梳理和回顾可以看出,大多数文章都是从整体的传染病防治国际治理展开研究,主要是从法学、社会学、安全学、经济学等视角对全球性突发公共卫生事件治理进行研究探讨,分析了在治理过程中存在的一系列问题以及面临的危机与挑战,并提出相应的对策建议等。而专门针对新发传染病防治的国际合作法律问题研究尚有所欠缺。国外学者的跨学科研究对于新发传染病应对中科学与法律的衔接问题也缺乏关注,未能完成从新发传染病的医学特征到其法律应对的分析,只是笼统地针对这几次新发传染病国际治理中出现的不足提出完善的建议,并没有分析这些不足产生的根本原因。此外,国外可能更注重实证研究,集中的、深入的规范分析较少。一方面,虽然有一些学者从国际法学研究的角度来分析新发传染病国际合作的构建,但理论研究不够深入,对于一些法学基本问题的探讨也是浅尝辄止,大部分研究重点都停留在制度层面的构想,缺少对法学基本范畴和中心范畴的讨论。比如缺少对国际法理念、价值追求等抽象内涵的讨论,更缺少对国际主体协调、制度兼容等具体的国际法问题的讨论。另一方面,目前介绍传染病合作制度的文章较多,但也仅局限于制度内容和国际立法过程的介绍,鲜有理论分析。

三、研究意义、方法与思路

(一)研究意义

全球传染病防治从19世纪至今已经获得了长足的发展,然而诸如非典、埃博拉、新冠疫情等新发传染病的出现给现有的传染病防治法律体制带来了全新的挑战。新发传染病以其新颖性、人类知识有限性、不可预测性等特征有别于传统传染病,需要更多的国际合作实践加以应对,这就需要现有的国际法体制对这一需求加以回应和引导。然而,对于新发传染病防治所要求的多主体参与、合作与协调,当前的国际法缺乏适应性的变革。因此,本书的研究目的是:通过探讨新发传染病与传统法定传染病的区别以及这种区别给当前国际合作带来的法律问题,试图构建符合新发传染病治理需要的国际合作法律制度。

本书的研究意义有两个方面。第一,就学术研究的角度而言,本书试图以小见大,即通过探讨在新发传染病的挑战下国际合作出现的法律问题,剖析当前国际合作制度的弊病与不足,解决规范差异性、主体协调性、制度兼容性三大问题。这是一个跨越公共卫生、法律、经济、环境、人权等多个议题的国际法问题,本书试图从国际合作的具体问题着手,从中窥得一二。第二,就实际应用角度而言,回顾新冠疫情的暴发过程,整个世界的经济、政治秩序都遭受了重大的创伤,需要及时总结前车之鉴以防备下一次的大流行。因此,本书从国际法的视角研究新发传染病给当前国际合作制度带来的新的法律问题,并提出相应的对策建议,以期能够从规范、主体和制度三个层次构建更加适配新发传染病的国际合作防治机制。同时本书也就我国如何回应新发传染病的挑战、如何更好地参与国际公共卫生合作以维护我国人民的健康权展开研究。在全球化的背景下,一个国家的公共卫生几乎无法独善其身,还是会或多或少地受到其他国家的影响,所以,保障我国人民的健康权离不开国际合作。而建设完备的国内公共卫生体系也是国家在国际法上所应承担的国际义务,与国际法衔接顺畅的国内法体系也有助于国际合作的良性开展。

(二)研究方法

鉴于研究内容涉及国际法、公共卫生和国际关系等领域,根据研究内容的需要,本书综合运用了不同的研究方法,力求对相关问题进行细致且详尽的论述。总体而言,主要运用了以下研究方法:

第一,历史分析法。新发传染病虽然是一个新名词、新现象,但其所属的全球传染病防治范畴却具有深远的历史渊源。有关传染病防治的国际合作早在18世纪就已经出现。因此,有必要运用历史分析法对传染病防治国际合作的历史加以分析,从而有助于分析当下新发传染病国际合作缺陷的历史原因。

第二,规范分析法。主要包括在规范性层面对文本和价值进行的分析。对文本的规范分析,集中体现在对法律法规和相关文件政策文本的归纳和梳理,并对其实践效果和不足进行阐明与解释。对价值的规范分析,更多是通过这样的逻辑进路:从制度安排到制度实践,围绕现存规范的缺陷有针对性地提出意见和建议,并且从应然维度提出新发传染病的国际合作制度完善路径。

第三,比较研究法。利用比较研究法在空间维度以国别或者地区为标准进行横向对比分析,可以帮助我们了解相同或近似制度在不同国家的运行状况。通过比较各国针对新发传染病的国内立法,找出可能影响国际合作的国内法原因,从而有针对性地提出新发传染病国际法治合作的优化路径和构建策略。

第四,实证分析法。不论何种理论都要指导实践、服务实践。本书通过分析历次新发传染病国际合作的情况,总结出现行国际合作防疫机制有效运行的条件。更重要的是,分析新发传染病的不确定性等特征究竟在何种程度上影响了国际法治合作的进展,应如何在当前国际合作的框架下使其发展更进一步。回答这些问题不能仅仅依靠理论的思辨,还必须充分明晰国际法律文件和相关国际主题在实践中的运行情况,了解当前国际社会的合作理念发展现状,才能作出合乎现实的判断和分析。

(三)研究思路

本书旨在探究新发传染病对当前国际卫生合作机制所产生的不利影响以及如何克服这种不利影响以完善机制、应对未来。第一章首先回顾了新发传染病及其国际合作防治的历史沿革,厘清了新发传染病及其相关概念的关系,梳理了当前传染病防治国际合作机制的法律体系架构,总结出当前传染病防治国际合作机制应对新发传染病面临的三个难题:规范差异性、制度兼容性和主体协调性。

本书的第二至四章分别聚焦每一个难题,剖析规范差异性、制度兼容性和主体协调性三大难题产生的原因以及破解的方案,全方位地构建能够适配新发传染病的国际合作机制。

本书的最后一章从合作主义理论出发,主张将合作主义贯彻到国际卫生合作领域,塑造全新的传染病防治国际合作理念。并对法治与国家治理能力现代化的关系、国家治理能力与全球治理的关系以及国家治理能力与新发传染病防治国际合作的关系进行了梳理和分析。

在中国因应方面,研究了中国参与新发传染病防治国际合作的内生动力;建议中国需要全面提升自我法治能力与推进国家治理能力现代化,完善国内相关立法,同时应当积极主动地全面参与国际合作,全方位推动国际法律合作的制度建设和法律实践,构建中国参与相关国际合作的合理路径。

(四)《传染病防治法》(2025 年修订)关于新发传染病的法律更新

在本书出版过程中,中华人民共和国第十四届全国人民代表大会常务委员会第十五次会议于 2025 年 4 月 30 日通过了《传染病防治法》的修订版(以下简称"《传染病防治法》(2025 年修订)"),该法于 2025 年 9 月 1 日起施行。其中最突出的修订在于首次出现了"新发传染病"的概念,并将"突发原因不明的传染病"正式列为该法调整的对象;在疫情监测(第 43 条)、疫情报告(第 45 条)、疫情信息管理(第 49 条)、疫情报告奖励与免责(第 51 条)、疫情预防、控制措施(第 65 条)等处将“新发传染病”与“突发原因不明的传染病”并列,且单独作出规定。因此,本书对《传染病防治法》(2025 年修订)中涉及的相关内容进行了比较分析。

目录

第一章　新发传染病防治国际合作的历史沿革与现实问题 ………… 1
第一节　新发传染病的概念厘定:从医学到法学 ………………… 2
一、新发传染病的医学概念 ……………………………………… 2
二、新发传染病的法律纳入 ……………………………………… 6
三、新发传染病与相邻概念的辨析 ……………………………… 10
第二节　传染病防治国际合作的历史沿革:从传染病到新发传染病 ……………………………………………………… 13
一、1851～1901 年:探索萌芽阶段 ……………………………… 14
二、1902～1980 年:成型发展阶段 ……………………………… 18
三、1980 年至今:变革适应阶段 ………………………………… 24
第三节　新发传染病防治国际合作的法律体制:从单一到多维 ……………………………………………………………… 30
一、新发传染病国际防治的多元法源体系 ……………………… 31
二、新发传染病防治国际合作的多重制度内容 ………………… 33
三、新发传染病防治国际合作的多头主体架构 ………………… 40

第四节 新发传染病防治国际合作法律体制的现实问题：从一般到特殊 …… 45
一、新发传染病的医学特点与防治难题 …… 45
二、新发传染病防治的特殊法制需求 …… 47
三、新发传染病防治国际合作的法律困境 …… 49

第二章 新发传染病防治国际合作的规范差异性问题 …… 55
第一节 新发传染病防治国内法规范的差异化表现 …… 55
一、国内立法例差异 …… 56
二、传染病列举和分级制度差异 …… 61
三、新发传染病归类制度 …… 68
第二节 新发传染病防治国际法规范的差异化表现 …… 70
一、国际法规范效力差异 …… 71
二、国际法规范定位差异 …… 74
三、国际法规范适用差异 …… 77
第三节 新发传染病防治规范差异的不利影响及改善路径 …… 80
一、规范差异的不利影响 …… 80
二、规范差异所致弊端的克服路径 …… 84

第三章 新发传染病防治国际合作的制度兼容性问题 …… 92
第一节 传染病防治国际合作的既有制度 …… 92
一、信息合作制度 …… 93
二、公共卫生措施制度 …… 100
三、援助合作制度 …… 109
第二节 既有防治合作制度应对新发传染病的局限性 …… 118

一、针对性不足 …… 118
二、制度预设偏差 …… 120
三、制度实施缺乏统筹性 …… 124
四、忽视非国家主体的参与 …… 130
五、补偿制度缺失 …… 132
六、强制约束不力 …… 136
第三节　破解制度兼容性问题的合理方案 …… 139
一、建立更为完备的监测制度 …… 139
二、建立有效和可靠的信息共享制度 …… 141
三、建立以快速响应和预防理念为主的突发事件应对制度 …… 143
四、建立更细化和更具可操作性的额外卫生措施制度 …… 145
五、推动建立行之有效的国际援助制度 …… 149
六、发展多维度、多主体参与的疫苗与药品获取制度 …… 149

第四章　新发传染病防治国际合作中的主体协调性问题 …… 152
第一节　新发传染病防治参与主体跨国间协调的必要性和可行性 …… 153
一、主体协调的必要性 …… 153
二、主体协调的可行性 …… 156
第二节　新发传染病国际防治参与主体协调缺失的主要原因 …… 163
一、国家间协同困难的内外部因素 …… 163
二、国际组织的权威性与影响力 …… 167
第三节　增进新发传染病防治参与主体良性互动的对策建议 …… 172
一、发挥世界卫生组织的主导作用 …… 172

二、促进治理主体合作系统化 …………………………………… 176

第五章 新发传染病防治国际合作的中国因应………………………… 187
第一节 内生动力与合作实践………………………………………… 188
一、法治与国家治理能力现代化 …………………………………… 188
二、国家治理能力与全球治理的关系 ……………………………… 189
三、国家治理能力与新发传染病防治国际合作 …………………… 190
四、中国参与应对新发传染病国际合作的实践 …………………… 193
第二节 完善国内立法………………………………………………… 195
一、国内立法现状分析 ……………………………………………… 196
二、我国完善新发传染病防治立法的建议 ………………………… 201
第三节 构建参与合作的路径………………………………………… 206
一、构建完备的战略体系 …………………………………………… 207
二、坚定多边主义立场,从区域、领域中突破并协同 ……………… 208
三、加强医疗卫生领域国际公共产品的供给及其能力建设 …… 214

结 语……………………………………………………………………… 220

主要参考文献…………………………………………………………… 223

第一章　新发传染病防治国际合作的历史沿革与现实问题

传染病防治与人类文明相伴相生。但事实上,在绝大部分的历史时期里,人类对传染病的成因知之甚少,更遑论治疗方法了。过去的两个世纪里,公共卫生知识和医疗技术的发展史无前例。20 世纪 60 年代,随着许多重要传染病的攻克,许多卫生官员甚至乐观地认为,人类可以永久摆脱传染病疫情的折磨。①

然而,之后频频暴发的新发传染病使这种自信跌落。据统计,自 20 世纪 70 年代起,全球每年都会被检出一种或多种传染病;截至 2020 年,现有传染病已超 40 种,其中大部分为新发传染病。② 2005 年至 2020 年,PHEIC 在不断增加。而在世界卫生组织所公布的 6 次“国际关注的突发公共卫生事件”中,就有 4 次是由于“新发传染病”引起的,它们分别是传染性非典型肺炎、H1N1 流感以及分别在 2014 年及 2019 年流行的埃博拉出血热及新冠肺炎。③

新发传染病的种类之多、波及范围之广、传播速度之快、危害之大引起了广泛关注。新发传染病的应对是一个涉及多方面的复杂问题,不仅需要解决医学上的瓶颈,更需要解决法律上的问题,它关乎民生、

---

① 参见张大庆:《人类与瘟疫的不懈斗争》,载《求是》2020 年第 6 期,第 70 ~ 76 页。

② 参见周欢主编:《全球健康研究与实践》,四川大学出版社 2020 年版,第 86 页。

③ 参见中共四川省委宣传部编:《生命至上:四川战疫丛书 · 启示卷》,四川人民出版社 2020 年版,第 351 页。

社会发展、贸易、人道主义和安全。新发传染病对现有的公共卫生国际合作体系提出了严峻的挑战,新发传染病的国际合作法律进程也随着人们对传染病的认知不断深入而逐步发展。

第一节 新发传染病的概念厘定:从医学到法学

一、新发传染病的医学概念

(一)新发传染病医学概念的缘起与分类

新发传染病作为一个医学概念,是由美国疾病控制以及预防中心(Centers for Disease Control and Prevention,CDC)在1994年首次提出,是指新的、刚出现或表现为具有抗药性且在过去的20年中人群不断增加或有迹象表明在今后其发病有可能增加的传染病。[①]按照传染病病原体是否曾经被发现,以及传染病是否曾经发生过为标准,可以将新发传染病分为两种类型,分别是重新发生的古老传染病(Re-emerging Infectious Diseases, RID)和新发生的传染病(Emerging Infectious Diseases,EID):前者指的是得到基本控制且不构成公共卫生问题,但是近期又流行起来的古老传染病;后者指的是由新型或新种病原体引起的传染病。这两种疾病统称为"新发传染病"。[②]

还有一些学者在研究中结合新发传染病的病理结构与发展过程,把新发传染病分为三种:一是在人间早已被认知的一些疾病,不过当时并未被认定为传染病,直到近20年被人查明病原体后才认定为传染病(如消化性溃疡病、T细胞淋巴瘤白血病、突发性玫瑰疹等);二是在人间可能存在或早已存在的疾病,却直到近20年来才被发现认识的传染病(如丙型肝炎、戊型肝炎、莱姆病等);三是原本在人间不存在的疾

① See Centers for Disease Control and Prevention (US), and National Center for Infectious Diseases (US), *Addressing emerging infectious disease threats: A Prevention Strategy for the United States*, Centers for Disease Control and Prevention, 1994, p. 2.

② 参见梁之祥:《新发传染病研究概况》,载《实用医药杂志》2010年第10期,第950~952页。

病,而是新引起的传染病(如霍乱、艾滋病等)。[①]

根据病原体的来源不同,又可将新发传染病分为以下几种:由动物病原体感染人诱发的传染病;新型或新种病原微生物感染引起的新传染病;发病区域扩大或改变而引起的区域性传染病;发现原有的传染病病原体致病和新发现病原体引起的已知传染病,起初得到有效控制,当前产生抗药性或再次流行起来的传染病;原来临床症状不明显,但当下变得严重或出现新症状逐渐出现慢性病症的传染病。[②] 由此可知,有些新发传染病的病原体是新出现的;还有部分新发传染病病原体原本存在但未被人类发现,但随着人们的认知水平、医学科学进步、鉴定病原体能力以及疾病治疗能力的提升,以及公共卫生检测体系的完善而被逐步发现、认知。

医学界迄今尚未对"新发"一词的时间限制作出具体和严格解释。学者们在研究中,基本把近30年来新发现的病原微生物引起的传染病界定为新发传染病,也有部分学者在研究中将时间限定为近20年。[③] 不过,近30年艾滋病等才被发现,人们依据习惯将其认定是一种新发传染病。在我国学界,大致将20世纪70年代以来的传染病都界定为新发传染病。[④] 根据这一标准,1972年至今,世界上被发现的新发传染病已超40种,在我国发现的就有30多种。预计显示,未来的新发传染病仍将呈上升趋势。[⑤]

(二)新发传染病的来源及影响其传播的因素

一般来说,新发传染病病毒的来源有五种。第一,微生物基因出现

---

① 参见司福德、张磊:《我国新发传染病的流行现状及预防控制策略》,载《职业与健康》2013年第9期,第1134~1136页。

② 参见赵月峨、王淑兰、史套兴:《新发传染病出现的机制和影响因素分析》,载《解放军预防医学杂志》2008年第3期,第157~159页。

③ 参见梁之祥:《新发传染病研究概况》,载《实用医药杂志》2010年第10期,第950~952页。

④ 参见张耿林、高志良:《新发传染病及防控策略》,载《中国病毒病杂志》2018年第4期,第252~256页。

⑤ See Lauoren Gardner et al., *A Need for Open Public Data Standards and Sharing in Light of COVID-19*, 21 The Lancet Infectious Diseases, e80 (2021).

重组或变异。例如,大肠杆菌原本不属于病菌,但是经过演进后慢慢成为致病性大肠菌,易造成患者出现腹泻等症状。第二,自然界早已存在,但是后来才被发现的传染病。例如,胃溃疡病,尽管这类疾病早已存在,直至1983年科学家才发现诱发胃黏膜溃疡的主要原因是幽门螺旋杆菌。第三,原来感染动物的微生物开始感染人类。第四,气候变暖使原来没有出现的病毒开始出现并传播。第五,人类制造的病毒,如生物实验或者恐怖袭击等。①

影响新发传染病传播的因素也极其广泛且复杂,概括起来包括:生物学因素,主要指生物学基因重组和变异导致的传播;自然因素,主要是气候变化导致的病毒传播;社会因素中的城市化进程加快、人口增长迅速、抗生素滥用、战争冲突等因素促进了新病原体的传播速度;人类所从事的各项经济活动等也会造成环境改变,如农业开发、工业化产业增加、伐木造林等活动增加人类和野生动物接触的机会,给新发传染病传播提供契机。② 具体而言,影响新发传染病暴发速度显著增加的因素则具体包括以下四点:

1. 环境变化因素

环境变化分为两类:一类是大尺度的气候变化,另一类则是人类对自然资源的过度开发所造成的环境变化。当气候发生变化时,自然界中自然循环的动物性传染病就会加快传播或进化;疾病在传播过程中会受到温度及湿度的影响。蚊媒传播疾病对气候变化较灵敏,气候的改变会造成媒介数量(叮咬率、成熟周期、生存率等)与地理分布(植被、水源、孳生地等)的改变,从而影响病原体的传播、繁殖,最终影响疾病的传播。多数传染病的出现取决于媒介是否对外部的湿度、温度具有敏感性。例如,登革热的扩散主要跟厄尔尼诺的气候变化相关。另外,气候发生变化后致使海平面升高或海水温度升高,也可能会增加

① 参见郝广福:《新出现传染病与传染病控制国际法规》,载《中国国境卫生检疫杂志》2004年第S1期,第60~64页。

② See Don Eliseo Lucero-Prisno et al., *Top* 10 *Public Health Challenges to Track in* 2023: *Shifting Focus beyond a Global Pandemic*, 2 Public Health Challenges, e86(2023).

水源性传染病的发生率。气候变化会破坏卫生设施与人口迁移，从而间接对疾病传播产生影响。恶劣气候造成农业种植物营养不良等问题可能会间接破坏人体免疫系统，增加人体易感传染病。就目前的研究结果来看，在新发传染病传播过程中，气候变化会加剧传播速度。[①] 通过深入调查传染性疾病的病原体发现，2/3 的病原体有着气候敏感性特征。[②] 极端天气、气候变暖等均会对病原体、宿主的生存、分布以及繁殖产生影响，进而提高传染病的传播风险。[③] 在整个自然界中，宿主与病原体间的利害关系处于动态变化中，当病原体在利害关系中处于主动地位时，会出现疾病传播事件，同时气候变化会加快新发病在人类中的传播速度，也会扩大传染范围。

野生动物是自然疫源地病原体寄存的主要宿主，这些寄存在动物体内的病原体及传染病主要在动物之间传播，基本和人类互不传染。但是，人类的生产劳动、开发行为拉近了自身和媒介宿主、动物宿主接触的距离，使人类自身和野生动物的病原体之间变得密切起来；部分病原体会传播到人类身上，增加人类感染一些不为人知的疾病的概率；人类被感染后继续从事各项活动又会加大扩散区域。[④] 这样一来，病原体由一个物种向其他物种转移，就容易流行新发传染病。

2. 社会因素

战争、人口增长、城市化进程加速、贸易全球化等因素是造成新发传染病的社会因素。例如，人口流动速度增快、城市化进程加快及人口数量的增加导致人类居住环境发生恶化，随着人们大量涌入城市和人

---

① 参见黄存瑞、邓诗舟：《气候变化下的新发传染病风险》，载《山东大学学报（医学版）》2020 年第 10 期，第 7 ~ 12 页。

② See MCINTYRE KM et al., *Systematic Assessment of the Climate Sensitivity of Important Human and Domestic Animals Pathogens in Europe*, Scientific Reports, 7134 (2017).

③ 参见黄存瑞等：《高温热浪的健康效应：从影响评估到应对策略》，载《山东大学学报（医学版）》2018 年第 8 期，第 14 ~ 20 页。

④ 参见张定梅主编：《悄然的拜访者——大众传染病防控》，中山大学出版社 2019 年版，第 172 页。

口数量的增加,疾病发生率随之激增。例如,在城市人群间易引发流感等疾病。自然灾害、战争以及贫穷所造成的人口规模化迁徙,往往会使多数人员得不到基本医疗保障,致使人员之间盛行传染病。[①] 而当前的卫生体系不够完善,也可能导致已经得到控制的传染病再度流行起来。同时,全球化背景下,交通与物流变得越来越发达、海空运量大幅度增加,污染、沾染或夹带致病微生物、传播病菌的商品货物在全球范围内流动,进一步提高了某些传染病诱发新疫情的概率。

3. 医学发展因素

医学的进步是一把"双刃剑":一方面,总体上延长了人类的寿命,但也促进了细菌、病毒等病原体的进化、变异及传播,最终引发各种新的致命新病原体传播;另一方面,人们对药物的滥用也会影响新发传染病的防治。人们滥用抗生素等药物会造成病菌产生抗药性,虽然病原微生物的生命周期短,但是发育迅速,其可以通过突变或交换产生新的基因抗药性进行遗传积累,诱导具备一定抗药性的新耐药菌株。抗药性病菌的增加给疾病控制带来了难度。结核病在新中国成立初期就已经得到了有效控制,但是近10年来却因为存在耐药菌株而致使结核病发病率得以提升。[②]

4. 生活方式因素

在导致新发传染病的各大因素中,人类生活方式便是其中的诱因之一,如性乱行为、吸毒、户外探险、不良饮食习惯等行为的存在,均可能加剧新发传染病的发生。例如,性乱与吸毒就使得艾滋病的形势严峻,而胡乱食用野生动物或野外探险等活动则增加了人类与自然界中的病原体储存宿主及传播媒介的接触机会。

二、新发传染病的法律纳入

医学意义上的新发传染病在科学上被确定后,还需要通过法定程

---

① 参见王文:《传染病与大国兴衰——基于历史实例的研究》,载《政治学研究》2021年第2期,136~148、191页。

② 参见侯黎莉、赵雅伟主编:《新编结核病护理学》,中国协和医科大学出版社2019年版,第12页。

序被确认为法律意义上的新发传染病,然后才成为传染病防治法律体系下的规范对象。因此,为了对新发传染病进行法律防治,将其纳入法律框架至关重要。

(一)新发传染病纳入法律框架的必要性

将新发传染病防治纳入法律框架和法治轨道具有重要的意义和作用,否则将出现无序和混乱:要么可能无法应对传染病对人类的伤害,要么会导致过度防治,对社会发展和人们的正常生活造成不必要的负面影响。其必要性体现在以下几个方面:

1. 疫情管控和公共卫生

将新发传染病纳入法律范畴,使政府和相关部门能够依法采取必要的措施进行疫情管控和公共卫生管理。这包括确定疫情防控的权力和责任,规定疫情报告、监测和隔离措施,加强疫苗接种和药物研发,以及划定疫情期间的权力限制和公共资源分配等方面。

2. 社会秩序和安全

纳入法律框架有利于维护社会秩序和安全,防止疫情蔓延造成的社会恐慌和混乱。相关法律可以规定疫情期间的紧急状态和特殊措施,如限制人员流动、封锁地区、实施宵禁等,以确保公众的安全和社会的正常运转。

3. 个人权益保护

在疫情期间,为了控制传染病的传播,可能需要采取一些限制措施,如隔离、检疫和接触者追踪等。将这些措施纳入法律框架可以明确规定权益保护的原则和标准,确保在执行这些措施时不损害公民的基本权利,如隐私权、人身自由和合理程序权利等。

4. 法律责任和惩处

将新发传染病纳入法律框架能够确立违法行为的界定和法律责任。相关法律可以规定疫情期间的违法行为、处罚标准和程序,包括故意传播病毒、拒绝遵守隔离措施、散布虚假信息等行为的法律后果,以保护公众利益和维护社会秩序。

5. 国际合作和法律协调

全球范围内的传染病威胁需要国际合作和协调。通过将新发传染病纳入法律框架,国际社会可以就疫情监测、信息交流、资源共享、科学研究和疫苗分配等方面进行更有效的合作。此外,制定共同的法律准则和标准,也有助于促进国际社会在疫情防治方面的一致性和协作。

总体来说,将新发传染病纳入法律框架有助于提高疫情应对的法治水平,明确权责和程序,增强社会的应对能力和信心。将新发传染病纳入法律范畴能够强化疫情防控和公共卫生管理的法治化,保护公众的健康和安全,维护社会秩序和个人权益,促进国际合作和协调。这是应对新发传染病挑战的重要手段,能够为社会提供法律保障和指导,确保应对疫情的措施科学、合法和公正。

(二)新发传染病法律纳入的缘起

1. 新发传染病在国内法层面的纳入

新发传染病在国内法层面的纳入历程因各个国家的立法模式差异而不尽相同,但均经历了从只关注法定传染病到关注和重视新发传染病的立法变迁过程。

以我国为例,1989 年出台了《传染病防治法》;该法是我国第一部对传染病进行全面管理和防控的法律,为传染病的预防、控制、报告和处理提供了法律依据。但是该法并没有将新发传染病纳入调整范围,而仅规定了法定传染病以及法定传染病病种增加和减少的程序。

2003 年,非典作为一种典型的新发传染病来势凶猛,让我国的传染病防治法律体系经受了前所未有的考验。为总结抗击非典的经验教训,我国在 2004 年对《传染病防治法》进行了一次重大修改。此次修改除了将传染性非典型肺炎等新发传染病列入了法定传染病的序列,还在第 4 条规定了“突发原因不明的传染病”,该条规定,“突发原因不明的传染病需要采取本法所称甲类传染病的预防、控制措施的,由国务院卫生行政部门及时报经国务院批准后予以公布、实施”。其中的“突发原因不明的传染病”就是医学意义上的新发传染病;而“由国务院卫生行政部门及时报经国务院批准后予以公布、实施”,就是将医学意义上的新发传染病纳入法律框架的方式。自此,医学意义上的新发传染病纳入我国传染病防治法律体系有了法律依据。但是,《传染病防治法》(2004 年修订)以及《传染病防治法》(2013 年修正)均未将“突发原因不明的传染病"纳入法律适用范围。《传染病防治法》(2013 年修正)第 3 条规定"本法规定的传染病分为甲类、乙类和丙类",第 4 条规定了将"突发原因不明的传染病"纳入甲类传染病防治的程序。也就是说对于未纳入甲类传染病防治的"突发原因不明的传染病"并不适用《传染病防治法》规定的报告、预警、疫情控制、医疗救治、保障措施等法律规定,这也使在实践中发生严重的新发传染病时法律资源救济相对不足。

可喜的是,《传染病防治法》(2025 年修订)正式将"突发原因不明的传染病"纳入适用范围,该法第 3 条规定"本法所称传染病,分为甲类传染病、乙类传染病、丙类传染病,以及突发原因不明的传染病等其他传染病。";第 4 条则与修订前版本一样,针对"突发原因不明的传染病"纳入甲类传染病防治的程序做出了规定。除此之外,新修订版本第 28 条应急预案部分;第 49 条为疫情报告部分;第 51 条报告奖励及免责部分;以及第 65 条预防、控制措施部分,均新增了"突发原因不明的传染病"的描述。值得关注的是,在该法的疫情监测(第 43 条)、疫情报告(第 45 条)、疫情信息管理(第 49 条)、疫情报告奖励与免责(第 51 条)、疫情预防、控制措施(第 65 条)等条文中首次提及"新发传染病",并将其与"突发原因不明的传染病"并列。

可以看到,《传染病防治法》(2025 年修订)将"突发原因不明的传染病"正式纳入法律适用体系(而非在转换成甲类传染病后才纳入法律适用体系),这是在新发传染病立法体系上的重大进步和突破。但也同时存在一些不足,首先是缺乏对"突发原因不明的传染病"和"新发传染病"概念的界定与区分;其次是并未针对新发传染病"突发""新发""原因不明"等特点将其单独归类,为其制定专门的防治措施。

2. 新发传染病在国际法层面的纳入

如前所述,在漫长的时期内,国际社会都忽视了对新发传染病的防治,将国际卫生法的调整范围局限在特定的几种法定传染病中。

1997 年,世界卫生组织将该年度世界卫生日的主题定为"全球警惕、采取行动、防范新出现的传染病”。[①] 其中“新出现的传染病”即指本书所述的“新发传染病”。正是从此时开始,新发传染病开始进入全球视野,世界卫生组织开始重视新发传染病的治理及其国际合作。

国际法层面,在 2005 年之前,《国际卫生条例(1969)》并无专门针对新发传染病的规定。《国际卫生条例(1969)》仅对霍乱、黄热病以及鼠疫三种传染病进行了规制,对其他疾病并没有纳入条约调整范围,导致条约在面对新发传染病时无法适用和实现有效应对。这种法律规制模式反映了人类对未知传染病的认知存在不足,会在一定程度上制约传染病防治国际合作的发展。2005 年,世界卫生大会吸取非典的防控经验,对《国际卫生条例(1969)》进行了修订,由原先只规定了霍乱、黄热病以及鼠疫三类传染病扩至可能构成国际突发公共卫生事件的全部情况。《国际卫生条例(2005)》的管辖范围涉及新发或再发、已知或未知的传染病,从而将新发传染病纳入国际法律调控体系。

三、新发传染病与相邻概念的辨析

新发传染病具有医学和法学层面的不同意义。医学意义上的新发传染病在科学上被确定后,还需要通过法定程序被接纳为法律意义上的新发传染病。换句话说,法律意义上的新发传染病是被进行了实体限缩(达到一定的流行程度和危害程度)和程序限缩(通过单行立法或者归类程序纳入传染病防治法律体系的调整范围)后的医学意义上的新发传染病。在转化为法律意义上的新发传染病之前,单纯医学意义上的新发传染病无法进入传染病防治法律体系的调整范围。正如学者陈云良、陈煜鹏在《论传染病防治决策的法治化和科学化》一文中指出的,新发传染病首先是源于医学概念,然后才演变为法律概念。[②]

---

① *Emerging infectious diseases*: *World Health Day* 1997 *information kit*, World Health Organization, WHD 97.1 – WHD 97.10, 15 June 2020.

② 参见陈云良、陈煜鹏:《论传染病防治决策的法治化和科学化》,载《比较法研究》2020 年第 2 期,第 25 ~ 39 页。

(一)新发传染病在医学和法律意义上的概念差异

新发传染病的“新”不仅体现在传染病病原体在人类以往的医学认知范围之外,更体现在未经特定立法程序而被排除于既有的传染病防治的法律体系之外。换言之,特定新发传染病只有在被纳入防治法律体系之后,才成为具有法律意义的“传染病”。新发传染病的医学确认与法律纳入往往不同步,在界定上也必然存在差异。医学上和法律上对新发传染病的界定差异主要表现为以下两种基本情形:

一种情况是医学层面所界定的新发传染病,在法律层面上却不界定为新发传染病。从传染病防治的法律层面上看,符合医学界定之新发传染病定义的疾病,并不当然地被界定为法律调整范围内的传染病。法律界定,既要满足于医学科学上事实层面的考量,也要满足于社会价值层面的考量。传染病防治法的调整对象并不覆盖全部传染病,而是只针对在国内已经或可能暴发、流行且存在危害性极大的传染病进行防控管理。以我国为例,对于那些危害程度低的衣原体肺炎等疾病,以及并未在我国暴发、流行或被国境卫生检疫出来后在我国暴发、流行的埃博拉出血热等疾病,均没有纳入我国的传染病防治法律中。

另一种情况是法律层面界定是新发传染病,医学层面却未界定为新发传染病。理论上,在医学上并不认定某疾病为新发传染病的情况下,法律作此界定似乎不具有事实基础。但在现实中,囿于科学局限性,在医学上暂时无法作出肯定和否定确定结论的情形下,法律出于对公民生命健康最大限度保护的需要,就可以将满足特定要求的疾病视为新发传染病,先行采取某些合理的应对防控对策进行处理。①

本书所称新发传染病主要定位于法律语境,即该传染病不仅在医学上被认定为新发传染病,在国内和国际法律体系中也因其传染性和危害程度而被认定为需要纳入传染病防治法律体系调整对象的新发传染病。

(二)法律框架内新发传染病和法定传染病的关系

法定传染病,顾名思义就是法律规定的传染病,是指在传染病防治

① 参见陈云良:《新发传染病单独归类规制研究》,载《法律科学(西北政法大学学报)》2021 年第 6 期,第 3 ~ 18 页。

法律条文中规定了具体病种名称或者界定方法的传染病。各国法律对法定传染病的规定有两种模式。第一种模式是列明具体病种名称，如我国《传染病防治法》(2013 年修正)第 3 条列明了甲类、乙类和丙类共计 36 个具体病种。[①] 再如，我国台湾地区所谓"传染病防治法"第 3 条将传染病分为 5 大类，其中前三类列举了 9 个具体病种。这些被列入法条的具体病种即为法定传染病。第二种模式是规定病种的界定方法和类型，有些同时还以列举方式列示具体病种。如我国《传染病防治法》(2025 年修订)第 3 条规定，甲类传染病，是指对人体健康和生命安全危害特别严重，可能造成重大经济损失和社会影响，需要特别严格管理、控制疫情蔓延的传染病；乙类传染病，是指对人体健康和生命安全危害严重，可能造成较大经济损失和社会影响，需要严格管理、降低发病率、减少危害的传染病；丙类传染病，是指常见多发，对人体健康和生命安全造成危害，可能造成一定程度的经济损失和社会影响，需要关注流行趋势、控制暴发和流行的传染病。再如，我国台湾地区所谓"传染病防治法"第 3 条里规定的第四类传染病，指前 3 款以外，经主管机关认定有监视疫情发生或施行防治必要之已知传染病或症候群。

法定传染病因在医学上已经被发现，其发病机理和传播方式已被相对掌握，因此采取何种法律防治措施相对固定。一般而言，法律会根据法定传染病的流行程度和危害程度对其进行分级，并规定每一级别法定传染病的防治措施。

而法律规定的新发传染病主要针对已知传染病以外的传染病，如我国《传染病防治法》(2025 年修订)第 3 条规定的"突发原因不明的传染病"；[②]以及我国台湾地区所谓"传染病防治法"第 3 条规定的第 5 类传染病，指前 4 款以外，经主管机关认定其传染流行可能对人民健康

① 需要指出的是我国《传染病防治法》第 3 条列举了 37 个病种。但其中"除霍乱、细菌性和阿米巴性痢疾、伤寒和副伤寒以外的感染性腹泻病"并非具体病种名称，而是某一类病种的合称。

② 《传染病防治法》(2025 年修订)第 3 条规定，"本法所称传染病，分为甲类传染病、乙类传染病、丙类传染病，以及突发原因不明的传染病等其他传染病"。

造成影响，有依该规定建立防治对策或准备计划必要之新兴传染病或症候群。

在传染病防治法律体系内部，新发传染病和法定传染病存在较大差异，主要体现在防治措施的法律适用上。法定传染病由于人类对其病原体序列、发病机理、传播路径、传染性和危害程度已有相对成熟和清晰的认知，因此被直接纳入法律规范适用范围而采取相应等级的防治措施。可以说法定传染病的防治措施是相对固定和确定的，法律实施部门只需要直接适用即可。而新发传染病由于其流行程度和危害程度尚未被充分认知，需要通过特定程序去发现、监测，并通过对其传染性和危害程度的评估、确认，然后才将其纳入不同等级和类别的法律防治体系中，其适用的防治措施会根据不同的评估结果而有差异。

需要说明的是，法律框架内新发传染病是可以转化为法定传染病的。一种情况是在法律修订的时候将原本为新发传染病的病种列入法条而转变为法定传染病，比如我国在 2004 年修改《传染病防治法》时将传染性非典型肺炎列入乙类法定传染病中。① 另一种情况是通过行政命令的方式将新发传染病转化为法定传染病，并按照法定传染病的方式进行防治。如 2020 年 1 月 20 日，国家卫生健康委发布公告，将新型冠状病毒肺炎纳入乙类传染病并按照甲类传染病管理，从而实现了将新冠肺炎从新发传染病到法定传染病的转变。②

第二节　传染病防治国际合作的历史沿革：从传染病到新发传染病

从古至今，人类一直饱受细菌、病毒、寄生物所引发的疾病之苦。

① 参见《传染病防治法》（2004 年修订版）第 4 条。

② 参见《中华人民共和国国家卫生健康委员会公告》，载中华人民共和国国家卫生健康委员会网站，http://www.nhc.gov.cn/xcs/zhengcwj/202001/44a3b8245e8049d2837a4f27529cd386.shtml，2023 年 6 月 1 日访问。

在与传染病斗争的过程中,各国政府、政府间国际组织、非政府组织以及个人等不同行为体之间的密切合作历史悠久。随着全球化的发展,国际旅行、跨国工作和贸易的日渐兴盛,传染病正在以前所未有的速度和规模席卷全世界,影响着政治、经济与社会文化的发展方向。同时,随着人类对传染病的认识日趋深入,国际传染病防治法律机制也在不断完善。人类的法治智慧正是在一次又一次的协商与合作中凝结的,正是这些智慧给予人类信心共同抗击传染病。传染病防治国际合作的法律机制是在国际法律和国际组织相互促进的过程中逐步形成的,二者相辅相成。国际条约的出台孕育了相应的国际组织,而国际组织的发展又推动了国际条约的更迭完善。本节将审视传染病防治国际合作法律机制的历史沿革,总结经验利弊,以探索未来国际合作未来的发展路径。

一、1851~1901 年:探索萌芽阶段

(一)新发传染病全球传播加剧

公元 1 世纪以前的数千年时间里,通过人际传播而导致的病原体传播仅限于某一特定区域,未发生洲际范围的疾病传播。[①] 到了中世纪后期,船舶设计的进步和海上贸易的兴起以及跨大陆的贸易发展,导致疾病传播扩散。14 世纪末期,黑死病开始暴发,带来了严重的卫生和社会灾难,被认为是“欧洲,也可能是世界历史上最大的生物医学灾难”。[②] 因为黑死病的暴发,欧洲各国政府开始努力控制受感染旅客和船只的流动。例如,威尼斯和米兰拒绝来自疫区的船只进入它们的港口;拉古萨共和国(The Republic of Ragusa)规定,疑似感染的旅行者必须接受长达40 天的隔离措施。[③] 1527 年,一些国家颁布了一项条例,

---

① See MCNEILL W, *Plagues and Peoples*, Knopf Doubleday Publishing Group, 2010, p. 108-110.

② HARRISON M, *Disease and the Modern World*: 1500 *to the Present Day*, John Wiley & Sons, 2013, p. 22-23.

③ See HARRISON M, *Disease and the Modern World*: 1500 *to the Present Day*, John Wiley & Sons, 2013, p. 26, 43.

要求进港船只出示检疫证书,确保它们在上一站港口没有染上疾病。到了17世纪,从全球健康视角来看,有一个明显的特点,即同类疾病在全球各地都有出现。正如麦克尼尔所言:“16世纪之后,没有哪个大国可以真正地置身于疾病网之外,欧洲的交通线已经跨越了整个地球的海洋和海岸线。”[①]到19世纪,各国都在港口和边境设立了形式各异的检疫管理系统。[②]

19世纪以来,随着商品经济发展、国际交往扩大,鼠疫等恶性传染病的影响力不再仅局限于世界的某个角落,而可以通过国际货运传遍整个大陆。当时的港口国家试图通过采取严格的检疫措施预防传染病的传播,不仅“事倍功半”,且各国不同的检疫措施也给跨国贸易和旅行带来不便。因此,各国尝试协调不同的停船检疫监督规则,确保各国能够达成一致、合理运用。但由于当时人类对传染病的认知尚处于萌芽阶段,各沿海国家又奉行重商主义,国际合作对抗疾病的共识并未达成。然而从19世纪20年代到40年代,中东地区如亚历山大港、君士坦丁堡等地陆续成立了多个卫生委员会。这些委员会一般由当地成员和欧洲成员组成,以确保欧洲的影响在控制潜在传染病传播方面得到体现。[③] 这些机构的诞生为第一次国际卫生合作尝试做好了一部分铺垫。

(二)传染病防治国际合作的初步尝试

1851年7月,巴黎首届国际卫生大会(International Sanitary Conference)召开,全面拉开了全球范围内多边合作防治传染病行动的序幕。这次大会能够成功召开可以归结于多个因素的合力。一方面,传统的防疫手段已经无法应对肆虐的霍乱;另一方面,“一战”后的维

---

① MCNEILL W, *Plagues and Peoples*, Knopf Doubleday Publishing Group, 2010, p. 212.

② See Neville M. Goodman, *International Health Organizations and Their Work*, 15 Teviot Place 23 (1971).

③ See Schepin O P & Yermakov W V, *International Quarantine*, trans, 1991, p. 37 – 62.

也纳会议也让各国领悟到多边会议的方式也可以解决国家间的冲突。[①] 来自法国、英国、葡萄牙、奥地利等 12 个国家的医疗与外交人才齐聚一堂，重点就传染病的预防与管控、信息共享制度、检疫规则、商业利益保护等主题展开讨论。尽管参加会议的 12 个国家之间没有就《国际卫生公约》的文本内容达成一致，但是此次会议明确了一项要求：应交由国际协议来明确具体的公共卫生措施，以此降低因各国管理措施不同而造成的管理难度。第一届国际卫生大会最终确立了这项原则，因此，这次大会被普遍认为是"国际卫生合作的里程碑"[②]。尽管第一届国际卫生大会的成果仅适用于地中海地区，但此后关于控制传染病的所有国际组织和法律都源于 170 多年前的这些初次尝试。

从第一届会议开始，此后又连续开展了六届大会，受制于对霍乱的研究进展缓慢，各国未能就其传播机制和预防措施等达成共识，这几次大会都未能取得成效。尽管各国不断地签署、更新有关传染病防治的条约，以至于那个时期被戏称为"国际条约的飓风"（见表 1 - 1），但这些条约大多无果而终。其中，1874 年在维也纳召开的第四届大会通过了唯一生效但脆弱的建议，即倡导各国实施医学检查或隔离措施，且呼吁各国形成合力建立一个国际流行病委员会以促进信息共享。但这项建议却成为一张空头支票，并未落地。直到 1892 年，在威尼斯召开的第七届国际卫生大会才迎来转机。这次会议通过了第一部《国际卫生公约》（the International Sanitary Convention，ISR），其中明确要求各国

---

① 维也纳会议（德语：Wiener Kongress）于 1814 年 9 月 ~ 1815 年 6 月在奥地利维也纳召开，会议主持人为奥地利政治家克莱门斯·梅特涅，出席会议的有欧洲各国的大使。会议的主要目标是解决法国大革命战争、拿破仑战争以及神圣罗马帝国灭亡所引起的诸多问题。此次会议后，欧洲"版图"又得以重新划分：法兰西王国（拿破仑在滑铁卢战役之后法国重新迎来了路易十八，法兰西帝国变为法兰西王国）、华沙大公国、低地诸国（荷兰与比利时）、萨克森王国以及意大利诸领地的边界乃至主权都经过了重新界定，奥地利、英国、法国、俄国以及普鲁士也重新划分了自己的势力范围。实际上，维也纳会议的召开也为日后的国联和联合国树立了一个模型。

② Mark Harrison, Disease, *Diplomacy and International Commerce*: *The Origins of International Sanitary Regulation in the Nineteenth Century*, 1 Journal of Global History 197 (2006).

需要协同合作。但该决议适用范围仅限于霍乱。而后谈判渐入佳境，1893 年，德累斯顿会议提出要“着手建立一个具有广泛权力的卫生组织”。在第二年的巴黎会议中推行了两部《国际卫生公约》，同时也将国际疫情通报制度列入公约中，从海路、陆路两个方面提高了国际治理霍乱传播问题的合作力度。前九届国际卫生会议大多数主要涉及霍乱问题。1897 年 2 月 16 日在威尼斯召开的第十届国际卫生会议开了一个先例，专门讨论鼠疫问题。这次会议通过了新的《国际卫生公约》，鼠疫被增列为重点关注对象，传染病信息及时通报制度也被载入公约；同时，各方更加重视港口和轮船的检疫、消毒与隔离的相关规则。①

表 1－1　1851～1897 年召开的国际公共卫生会议

时间	地点	主要发起国	会议成果
1851 年	巴黎	法国	签订《国际公共卫生公约》
1859 年	巴黎	法国	通过《简化 1851 年公约与规则》的公约
1865 年	巴黎	奥斯曼帝国	讨论有关霍乱疫情的海上隔离措施
1874 年	维也纳	俄国	通过《关于建立传染病常设国际委员会的公约》
1881 年	华盛顿	美国	通过《关于建立常设国际卫生控制机构的公约》
1885 年	罗马	英国	有关霍乱控制的隔离问题
1887 年	里约热内卢	英国	通过一项国际检疫公约
1892 年	威尼斯	法国	通过 1892 年《国际公共卫生公约》
1897 年	威尼斯	奥匈帝国	通过 1897 年《国际公共卫生公约》

数据来源：David P. Fidler, *International Law and Infectious Diseases*, Clarendon Press & Oxford University Press, 1999, p. 108－120.

① See N. Howard-Jones, *The Scientific Background of the International Sanitary Conferences*, 1851－1938, 28 WHO Chronicle 229(1974).

(三)国际合作机制的主要特征及成因

通过梳理该阶段传染病防治国际合作法律机制的发展历史,可以发现以下三个特征:其一,传染病防治的国际合作的主要参与主体是主权国家,政府间组织或非政府组织都尚未出现在历史的舞台上;其二,国家之间合作主要采取召开区域性的卫生大会与签订条约的形式,较为单一且效果有限;其三,尽管在这一阶段形成了一些卫生公约,但落实的情况并不尽如人意,大多条约都流于形式,国际合作在现实的行动层面进展缓慢。造成此类局面的因素可以归结为三点:一是受制于当时的医学水平,各国的决策者都未能充分认识到传染病国际合作的必要性;二是受彼时奉行的商品经济和主权至上原则的影响;三是受制于早期传染病国际合作的目标更偏重消除传染病给国际贸易带来的障碍,而非促进人类健康福祉。①

二、1902～1980年:成型发展阶段

(一)国际卫生组织机制的创设

19世纪末20世纪初,人类对传染病的病理研究正在进一步深入,两个方面的变化使全球卫生水平明显提高:一是公共卫生基础设施的建设和应用得到了显著改善,特别是在处理污染物和提供干净可靠的饮用水方面;二是随着科学家对病原体认识的日益深入,他们有能力开发相应的疫苗和药物。19世纪80年代至90年代,法国的路易·巴斯德(Louis Pasteur)和德国的罗伯特·科赫(Robert Koch)分离出了三种可能引发重大传染病的病原体:炭疽、肺结核和霍乱。显微镜技术的改进成了医学进步的主要原因,是因为科学家终于可以看到和研究致病微生物了。② 这一时期被汉斯·辛瑟尔称为"西方世界流行病历史的转折点"③。

---

① 参见王秀梅、鲁少军:《传染病防控国际合作机制及其演进》,载《河南省政法管理干部学院学报》2010年第2期,第68～74页。

② See MCNEILL W, *Plagues and Peoples*, Knopf Doubleday Publishing Group, 2010, p.277.

③ HARRISON M, *Disease and the Modern World*: *1500 to the Present Day*, John Wiley & Sons, 2013, Chaps, p.5－6.

19 世纪末，经济全球化的趋势日渐明显，通过成立国际组织的方式来解决各类分歧也逐渐成为主流。例如，1865 年成立的国际电信联盟、1874 年成立的万国邮政联盟等。国际传染病防治合作也搭上了这趟"顺风车"。尽管在一个充满分歧的世界里，这注定是一项缓慢而艰巨的任务，但在这一项关乎全人类健康的事业上，各国还是迈出了可喜的一步。国际社会充分意识到仅靠国际卫生公约是不足以应对国际卫生威胁的，建立常设的实体国际卫生合作机构以执行公约才是有效控制传染病的必然选择。许多政府间卫生组织相继成立，有力推动了传染病防治国际合作的法治进程，国际公共卫生法律机制基本成型。

1902 年，首个区域性卫生组织"国际卫生局"（International Sanitary Bureau，ISB）率先由美洲国家成立，随后于 1923 年更名为泛美卫生局（Pan-American Sanitary Bureau，PASB）。① 由于既往的国际卫生合作都过分关注欧洲，而忽视了美洲大陆的传染病威胁，于是美洲国家便意识到需要自行组织、凝聚集体力量以应对本地区的黄热病大流行。

受到美洲国家成功的集体行动示范的激励，国际社会于 1903 年在巴黎召开了 20 世纪第一次国际公共卫生会议。这届大会主要围绕传染病（霍乱和鼠疫）的通报和检疫措施开展讨论，最终签订的《国际卫生条例》也仅仅要求成员国通报霍乱和鼠疫的相关信息。该条例通过了两项目标远大的计划：一是将以前订立的《国际公共卫生条例》整合到一起；二是在巴黎建立一个常设的实体国际卫生办公室，每月发布缔约国的缴款通知，并设立该办公室的常设委员会。该委员会将由每个缔约国指定的代表组成，每年至少举行一次会议。

经过 4 年的筹划与准备，1907 年召开的国际卫生大会通过了《关于建立国际公共卫生办事处的罗马协定》（Rome Agreement），国际公共卫生办事处（OIHP）正式落成，总部设在巴黎。事实上，一开始只有两个欧洲国家以外的国家签署了该协议，即巴西和美国，其他西方国家

---

① See MARKEL H，*Worldly approaches to global health*：1851 *to the present*，Public Health，2014，128（2）：124－128.

后来也加入了该协议。该办事处的组织架构由一个常设秘书处和一个常设委员会组成,常设委员会是中心决策机构,由所有会员国的卫生官员组成,其中9名来自欧洲。该机构负责收集公共卫生信息并与会员国共享,尤其是在预防与应对传染病这一方面。虽然泛美卫生局与国际公共办事处都属于区域性国际组织,但它们的设立共同揭开了传染病防治国际合作常态化、立体化、制度化的序幕,在制定国际条约以外开辟出了一条属于国际组织的道路,形成了双管齐下的蓝图。“过去战争中的胜利者并不总是那些最优秀的将军,或最精良武器的军队,而是那些携带有可以传染给病人的最可怕的细菌。”①第一次世界大战的暴发导致霍乱、天花等传染病跨越五洲四海,侵袭不同肤色的人群,引起各国的广泛关注。“一战”后成立的国际联盟(League of Nations)是第一个具有政治约束力的国际组织,最初有23个成员国,巅峰期成员国多达63个,可见其影响深远。在《国际联盟宪章》第23条f款规定,成员国需“致力于在国际关注的疾病预防与控制事项上采取行动”。②为了落实这项规定,1920年“国际联盟卫生组织”(HOLN)成立了,总部设于日内瓦。这一组织负责传染病的防治以及药品、血清、疫苗和维生素的标准化工作。国联卫生组织还帮助中国建立新的检疫机构,为培训医务人员提供人力、物力的支持,并指导消灭天花与霍乱。除了采取具体防治传染病的措施,国际联盟卫生组织还希望将其他的国际公共卫生机构也纳入国际联盟的监管体系,包括泛美卫生局和国际公共卫生办事处。但由于美国的强烈反对,国际联盟卫生组织多次试图建立一个统一的国际卫生机构的行动都宣告失败。因此,在两次世界大战期间,泛美卫生局、国际公共卫生办事处和国际联盟卫生组织在国际传染病合作方面形成了三足鼎立的局面,每个机构都有各自的运行机制。

---

① [美]贾雷德·戴蒙德:《枪炮、病菌与钢铁:人类社会的命运》,谢延光译,上海译文出版社2016年版,第78页。

② Michael H. Cohen, *League of Nations Charter*, at https://www.camlawblog.com/articles/caribbean/league-of-nations-charter/, CAM LAW (Last visited on May 25, 2023).

(二)世界卫生组织及其规范体系的形成

第二次世界大战后,世界卫生组织成立,这标志着传染病防治全新时代的到来。战后的世界权力与资源都遭到了新一轮的洗牌,许多国际合作领域百废待兴。彼时国际联盟崩溃,其卫生组织也随之退出历史舞台,其余两个机构仍然维持运转。

1945年,各国在旧金山召开了一次有关国际组织的会议,会中便有代表倡议在联合国体系框架下成立一个统一的国际卫生组织,但这一倡议的实现并非一帆风顺。起初,英美两国的代表不愿意将国际公共卫生合作纳入议题,因此在一开始达成的联合国有关国际组织的宪章中并没有关于建立专门卫生机构的规定。早在1946年,就有61个国家在纽约国际卫生会议中共同签署了《世界卫生组织组织法》。该法是世界卫生组织能够顺利运转、发挥作用的基石,主要表现为以下四点:第一,它确定了世界卫生组织在传染病防控方面的总目标,即通过联系全球携手合作,履行维护全人类共同健康利益的使命。第二,它赋予世界卫生组织正当性和合法性。作为联合国的专门机构,世界卫生组织首先具有联合国宪章授予的权力,而《世界卫生组织组织法》又使它的职权对成员国有一定约束力。第三,该法设定了成员国在防治传染病国际合作方面的义务,如出台相关法律、报告疫情、紧急援助等。第四,通过世界卫生大会的召开,定期修订、出台国际法律规范,保持这一机制的活力与生机。1948年9月1日,世界卫生组织取代了国际公共卫生办公室和国际联盟卫生机构,也接受了国际公共卫生办公室的《国际公共卫生条例》修订任务,标志着国际卫生法治机制基本形成。世界卫生组织的设立加快了全球公共卫生治理的法治化进程。1969年,《国际卫生条例》整合原来分散的国际卫生条约,成为世界卫生组织约束缔约国公共防控传染病的国际卫生协定。1969年和1981年,鉴于回归热、斑疹伤寒、天花等传染病在全球(特别是工业化国家)不再构成严重的健康威胁,国际卫生条例将这些疾病从目录中删除。

由于这一阶段是历史上国际组织设立的井喷期,传染病防治的国际合作也受到了其他国际组织的关注。从全球领域视角来看,传染病的传播与贸易之间存在密切关系,这也促使世贸组织在传染病的全球防治中扮演重要角色。例如,《关税与贸易总协定》就规定了只要不对其他成员构成贸易歧视或限制,各缔约方可以采取“为了保护人类、动物或植物生命与健康所必需的措施”。在乌拉圭回合中,这项原则被《实施卫生和植物卫生措施协议》细化了,规定缔约方可以采取的措施种类、覆盖范围,且要求缔约方要采取科学措施,且严格遵循国际标准的要求。① 世贸组织颁布了《卫生与动植物检疫措施协议》(SPS Agreement),以此协议对成员国就检疫问题采取的措施进行约束,以免影响到正常的国际贸易。国际民用航空组织(ICAO)主持通过的《国际民用航空公约》规定,成员国必须就防止霍乱、黄热病等传染病传播制定相关的应对措施,同时在公约中制定了“强制性标准”和“推荐措施”。国际海事组织(IMO)则从入港检疫角度出发,设计了相关条例与指南,明确要求成员国必须积极改善海港卫生条件,避免病原体入内。早在1980年,世界银行就注意到了公共健康问题,在1993年颁布了《世界发展报告:为健康投资》,旨在为国际公共健康事业的发展提供资金支持。②

(三)国际合作机制的主要特征及成因

通过梳理该阶段传染病防治国际合作法律机制的发展历史,可以发现三个特征。其一,传染病防治国际合作从平面转向立体、从无序转向系统,形成了以世界卫生组织为支柱、以《世界卫生组织组织法》和《国际卫生条例(1969)》为两大主要法律渊源的“伞状”格局。20世纪上半叶,多个卫生机构的成立为国际公共卫生事业注入了新的血液,组织建设和规范制定并驾齐驱,掀开了传染病防治国际合作的新篇章;但同时也存在不同机构自立门户,各种公约之间标准不一致、矛盾连连的现象。随着世界卫生组织的成立,其组织和规范都得到了相应的整合,

---

① 参见何帆:《传染病的全球化与防治传染病的国际合作》,载《学术月刊》2004年第3期,第34~42页。

② See Amit Sen Gupta, *World Development Report* 1993: *Implications for Infrastructure Development in Health Care and the Pharmaceutical Industry*, 22 Social Scientist 112(1994).

一套系统、完整的传染病防治国际法律合作机制已经呼之欲出。其二，公约和组织的影响力较小。《国际卫生条例(1969)》主要规制的传染病只有三种，且采用疫情发生国报告制度，未能为各国提供统一且有效的指导。[①] 虽然世界卫生组织的成员国数量较多，但组织本身的权力有限，无法对成员国违反条例的情况有所作为，成员国在公共卫生应对方面资源、资金、技术不平衡的局面长期存在且难以改变。其三，传染病防治国际合作的实践走出领域边界。经济、文化领域的国际组织开始与世界卫生组织产生职能交集，但组织间成熟的互动机制尚未形成。

可以将这些特征的形成原因归结为以下两点：一是国际社会的理念转变。在"二战"时期，防控传染病国际合作机制的发展理念主要表现在以下方面：突破不干涉原则、突破主权原则、突破成员国同意原则，将全球公共卫生治理提高到更高的指导理念，并将这一机制应用到国际法规范中。《联合国宪章序言》明确了多项核心原则，如人的健康权。在《世界卫生组织法》和《国际卫生条例(1969)》中明确指出全球疾病防控措施不再以成员国的利益作为核心要素，而是重点关注个人的健康权保护；同时明确要求全球防疫措施达到最高健康标准，重点解决了以往为保护国际贸易而忽视公共健康权的问题，原先由主权国家利用政府行为而制定防疫措施的做法已经改变。二是这段时期人们对消除和控制传染病的前景较为乐观。20 世纪的后半叶被称为"流行病的变革"时代，美国首席卫生官威廉・斯图尔特在 1967 年声称："我们到了该合上关于传染病的书籍，并把我们国家的注意力转移到……慢性疾病上的时候。"[②]1965 年至 1970 年，麻疹、腮腺炎、肝炎、水痘以及风疹的预防疫苗陆续研发成功。该时期产生的传染病防控国际合作的理念较以往有着本质变化：其不仅没有侵害国家利益，还对国际防控合作内容进行了拓展，充分反映出基于公共健康威胁全球利益下的国际

① 参见郎帅：《传染病治理国际合作：历史理路、现实审思与未来走向》，载《北京科技大学学报(社会科学版)》2020 年第 5 期，第 98 ~ 105 页。

② Garrett L., *The coming plague: Newly Emerging Diseases in a World out of Balance*, Farrar, Straus and Giroux, 1994, p. 33.

合作治理的国际法理念。

三、1980 年至今：变革适应阶段

(一)新发传染病全球传播带来严峻挑战

从 20 世纪 80 年代早期开始，新发传染病出现速度加快。自进入 21 世纪以后，全球范围内发生了多起危害国际社会公共健康的传染病事件，如 2003 年暴发的非典、2019 年年底暴发的新冠肺炎，这些新发传染病表现出极强的跨国传播性，甚至具有较高的致命性。很多因素导致了新发传染病的涌现。一方面，全球经济依存度提高，人口、货物的流动呈爆发式增长。另一方面，人类对自然的过度利用，许多动物的栖息地遭到了严重破坏，那些本只寄存于自然宿主身上的细菌和病毒有了更大的概率向人类扩散，而这些病原体对人类而言十分危险。再者，随着快捷长途旅行的发展，人类在几天内将致病病毒传遍全球的概率增大。各国公共卫生水平发展不平衡，卫生治理的能力高低不均，传染病的传播速度更快，影响恶劣。

根据 2019 年世界卫生组织发布的报告《面临风险的世界：全球健康紧急情况的年度报告》，自 2011 年至 2018 年，世界卫生组织追踪到 172 个国家发生的 1483 起流行病事件。① 这些病毒能够轻易地跨越传统的地理和政治边界，影响到世界的每一个角落。同时，大流行性流感、疟疾和结核病等其他几个世纪以来的威胁，由于突变、对抗菌药物的抗药性上升和卫生系统薄弱等因素，继续对健康构成威胁。传染病暴发频次提高、范围变广，对国家安全和国际关系都产生了深远的影响，因而各国需要更全面、更深度的合作。与此同时，步入 20 世纪 80 年代，世界卫生组织也认识到当前工作的局限性，将后续的工作重心调整为全球公共健康合作。此前的传染病防治国际合作法律机制已经很难应对 21 世纪的严峻挑战，变革迫在眉睫。

---

① See Global Preparedness Monitoring Board, *A world at risk*: *Annual Report on Global Preparedness for Health Emergencies*, Geneva: World Health Organization, 2019.

（二）国际合作机制改革成效

1995年召开的第四十八届世界卫生大会决定修订《国际卫生条例(1969)》，并要求世界卫生组织尽快撰写修订稿以备大会讨论、协商。[①]修订的过程是漫长且艰辛的，历时整整10年。在这个过程中，暴发了两场惊动世界的大规模传染病，2003年的非典和2004年的禽流感。世界卫生大会为了在新的条例出台前，应对当下传染病的威胁，指导各国采取一些及时的应急措施，通过了WHA54.14号决议《全球健康保障：对流行病的预警和反应》，以加强各成员国识别和应对新发传染病的能力。[②] 9位世界卫生组织官员在2000年初期，共同撰写了一篇有关新发传染病的重要文章，并发表在《新发传染病》杂志上。该文重点关注疫情核查，并提出了世界卫生组织可以发挥的积极作用，如向疫情报告国家派遣核查小组，以及协助各国提升监测能力。[③] 2003年至2004年，许多文献都深入探讨了非典危机所带来的教训，这些探讨也对修订《国际卫生条例》产生了重要影响。

1.《国际卫生条例》的一体化治理新模式

2005年5月新修订的《国际卫生条例(2005)》获得表决通过，并于2007年6月15日正式生效。与此前相比，新的条例有如下五个重要的变化：其一，取消列举疾病种类，而采用概括式规定。该条例第1条规定“疾病”指的是只要对人类造成危害或有危害人类的可能的任何疾病，且不需要考虑疾病的起因和来源。其二，着重强调对“国际重点突发性公共卫生事件”的应急措施，如世界卫生组织有着监测、通报、磋商及核实义务。为了避免各国在处治此类公共事件时采取过度的行为，世界卫生组织还会发布临时建议，以防止对国际交通和贸易造成严重影响。其三，确立了传染病防控争端解决机制。该机制用于解决对

① 参见《中华医学百科全书　公共卫生学　卫生法学　卫生监督学》，中国协和医科大学出版社2018年版，第290页。

② 参见世界卫生大会：《全球健康保障：对流行病的预警和反应》，WHA54.14，2001年。

③ See Grein TW, Kamara KO, Rodier G, et al., *Rumors of Disease in the Global Village: Outbreak Verification*, 6 Emerging Infectious Diseases 97, 100 (2000).

《国际卫生条例》的解释或者执行中产生的任何争端,如由世界卫生组织总干事或世界卫生大会开展谈判、调解、调停、仲裁等,并作出最后的处理意见。但是,各国并无法律义务接受这一机构的裁决。其四,建立了世界卫生大会下属的一些新机构。每个成员国要派遣一人,组成《国际卫生条例》专家组。由专家组组长和其他专家任命突发事件委员会委员,该委员会就是否存在"全球关注的突发公共卫生事件"发表看法,还会提出被称为"临时性建议"的必要控制措施。专家组和其他专家组成员组成"审议委员会",这一委员会的特别任务是为《国际卫生条例》的修订提供建议。其五,扩展了提倡的价值。《国际卫生条例》的目的是限制传染病的传播和减少对国际贸易的干扰。而除了上述最初的两个目的之外,《国际卫生条例(2005)》还呼吁各国促进人权保护、环境保护和安全。有学者将这种目标的拓展称为"一体化的治理"(integrated government)。[①] 此类拓展可以被认为是传染病防治国际合作最有意义的转变。综上所述,《国际卫生条例(2005)》扩大了国际合作防控传染病的范围,建立起一套严谨、全面、可行性强的传染病应对程序,赋予了世界卫生组织更广泛的权力和职责,也使传染病国际合作法律机制的完善更上一个台阶。

2. 构建全球疫情警报和反应网络

在过去的 15 年中,随着信息技术的进步和多个致力于促进健康的非政府组织的建立,疾病监测也取得了重要的进展。此外,世界卫生组织在应对突发事件的处理上也发挥着更加高效的作用。为了有效应对新发传染病的流行,2000 年 4 月,世界卫生组织牵头建立了"全球疫情警报和反应网络"(Global Outbreak Alert and Response Network, GOARN)。这一网络将各国已有的网络紧密结合,共同收集大量数据、专业知识和必要技术,以使全球社会始终处于警戒状态,及时作出反应,其创立使许多干预战略合法化。

---

① See FIDLER D P, *From International Sanitary Conventions to Global Health Security: The New International Health Regulations*, 4 Chinese Journal of International Law 325, 392(2005).

全球疫情警报和反应网络是世界卫生组织协调下的国际性伙伴机构网络,汇集了国际上应对突发事件的快速识别、确认和反应所需要的人力和技术资源,确保疫情发生时向受影响国家派遣卫生专业人员和提供专家咨询,满足当地遏制疫情和保护健康的需要。尽管全球疫情警报和反应网络正式成立于2000年,但早在1997年就开始了运作发展。当时,世界卫生组织为收集和确认流行病信息设立了一个机制,与世界卫生组织的合作中心、政府及政府机构、相关的非政府组织以及其他在全球疫情警报和反应网络中的合作伙伴,建立起了紧密的合作关系。通过实验室、流行病学网络、电子讨论社群等多种媒介,大量关于公共卫生风险的资讯被传送到全球疫情警报和反应网络,进而由全球疫情警报和反应网络进行汇总。

另外,1952年成立的全球流感监测网络(the Global Influenza Surveillance Network,GISN)也于2011年升级更名为"全球流感监测和反应系统"(Global Influenza Surveillance and Response System,GISRS)。该系统被认为是一个"有效的早期预警系统",用于监测在全球人群中传播的流感病毒的变化,并在实验室诊断、抗病毒敏感性和风险评估等领域提供建议。① 这些网络的创立也标志着政治考量的转变,缘起于那一段时间内世界上发生的一系列公共卫生危机,特别是在非典之后,各国充分认识到了修订《国际卫生条例》的必要性。

3. 完善世界卫生组织架构

同一时期,《世界卫生组织组织法》也于2006年完成修订,旨在提高世界卫生组织治理和决策进程的效率和效力。修正案修改了《世界卫生组织组织法》中与世界卫生大会的职能、执行委员会成员的选举和任期以及职权范围内的公约或协定的通过、批准、生效、登记、修正和

① See *Global Influenza Surveillance and Response System*, Wikipedia, at https://en.wikipedia.org/w/index.php?title=Global_Influenza_Surveillance_and_Response_System&oldid=1076697737#cite_note-Global_Influenzad-2 (Last visited on 30 April 2023).

撤销有关的10项条款。①

在这个时期,传染病对其他领域的影响也越发受到国际社会的关注。2001年,世界卫生组织的宏观经济和卫生委员会(Commission on Macroeconomics and Health)发布了一份报告,详细阐述了健康促进与经济发展之间的多重联系。报告指出:健康、减贫和可持续发展息息相关,其重要性远超预期。如果在健康领域增加投资,将会为那些贫穷国家带来数以千亿美元的收益。② 除此之外,传染病防治与全球安全的关系也越发重要。首先,恐怖分子有可能利用具有传染性的生物药剂实施恐怖袭击,例如"9·11"事件后的炭疽袭击事件。其次,全球传播的传染病可能会削弱一个国家的基础设施并引发政治动荡和骚乱。目前,很多专家认为在非洲肆虐的艾滋病是一个安全问题,因为它引发了这些国家的社会和政治不稳定。③

(三)国际合作机制的主要特征及其成因

通过梳理该阶段传染病防治国际合作法律机制的发展历史,可以发现以下三个特征:第一,2005年修订的《国际卫生条例》和2006年修订的《世界卫生组织组织法》为传染病治理国际合作提供了全新的法律框架。此外,《国际卫生条例(2005)》标志着传染病防治国际法理念发生了重大变化,从"应急控制模式"转向"风险管理模式",强调各国在传染病大规模传播之前就应该识别并从源头上遏制。第二,全球卫生治理体系构成表现出多样性。世界卫生组织主要通过软法行使其规范性权威,包括发布建议或其他非正式行动。世界卫生组织允许引用非官方数据,使非国家性质的机构主动参与到

① See *Constitution of the World Health Organization*, World Health Organization, at https://www.who.int/publications/m/item/constitution-of-the-world-health-organization (Last visited on 30 April 2023).

② See *Macroeconomics and Health: Investing in Health for Economic Development: Executive Summary*, WHO Commission on Macroeconomics and Health & World Health Organization, 2001.

③ See GERALDINE SEALEY, *AIDS: Threat to Global Security*, at https://abcnews.go.com/International/story?id=79812&page (Last visited on April 30, 2023).

传染病防治国际治理中。在这个阶段，传染病国际治理是由全球多种行为体以合作或独立的方式完成的。第三，传染病与其他国际议题的关系逐渐被国际社会所关注，其他领域的国际组织也开始参与传染病的国际合作。

这一阶段全球传染病防治合作迅猛发展的因素可以归结为以下三点：其一，传染病领域的科学技术知识发展。一些学者曾认为，技术的发展导致各国相互依赖更紧密，从而加强了全球范围内更广泛、更深层次的国际合作。全球政治呈现出相互依存的趋势，国际合作才是解决一些问题的关键。其二，传染病的暴发特征发生了变化，更加需要全球社会共同应对。① 一方面，已知传染病的复发和抗药性的增强，使疾病控制变得更加艰难；另一方面，自 20 世纪 80 年代初以来，每年都会出现新的传染病，但针对这些新病毒的特效药和疫苗开发速度较慢，给国际贸易、安全等领域带来了许多不利影响。在国际互动中，国家往往不仅仅是出于个别利益就展开合作，而是综合考虑多种有关成本和收益因素，这与传染病的特征相契合。例如，在国际传染病防治方面，各国主要是为了减少疾病的跨境传播，防止对贸易造成干扰，促进贫困国家的经济发展，促进发展中国家的政治稳定并减少与生物恐怖主义有关的安全风险诸多因素。② 其三，国际机制的形式和资源也在不断发展。尽管像世界卫生组织和世界银行这样的传统政府间组织得到了一定的扩展，但更为显著的是非政府组织以及被称作“公私伙伴关系”的混合组织的发展。非政府组织如人道主义团体、商业组织和私人基金会等已经成为全球卫生机制中重要的参与者。

---

① See Rosenau James N., *The study of global interdependence: essays on the transnationalization of world affairs*, London: F. Pinter, 39(1980).

② See S. B. Levy, *Microbial Threats and the Global Society*, 2 Emerging Infectious Diseases 62 (1996).

第三节 新发传染病防治国际合作的法律体制:从单一到多维

目前,传染病防治国际合作体制已经成为一个以世界卫生组织为主导、以《国际卫生条例》为指导原则、以相关机构和其他组织为国际伙伴关系的全球响应机制。2005 年修订的《国际卫生条例》将新发传染病纳入其中,但就合作主体、法源以及具体制度而言,对新发传染病的特殊安排尚未落实。

从主体的角度来看,作为核心机构,世界卫生组织在国际卫生安全突发事件发生时,应担起领导、制定规范和标准、提供技术支持以及基于事实为依据的政策制定等职能,但事实却并不理想。由于卫生问题牵涉贸易、人权、知识产权等诸多领域,政府间国际组织、非政府组织以及公私合作关系组织在其中也发挥着越来越大的作用。另外,主权国家对传染病防治国际合作措施的认同和执行状况,也影响世界卫生组织作用和功能的发挥。

从法律渊源的角度来看,《国际卫生条例(2005)》是传染病防治国际合作的主要依据,它为发现、防控、评估突发公共卫生事件和疫情管理奠定了框架,并能为全球协同响应引起国际关注的突发公共卫生事件提供依据。[①] 但同时,除了该条例外,其他领域的国际条约和各主权国家的国内法也在这一领域发挥着重要作用,因此,这些条约和法律之间的冲突与协调问题也不容忽视。就传染病防治国际合作具体制度而言,主要包括信息合作制度、公共卫生措施制度和援助合作制度三大类,这些制度多是为法定传染病而设置,所以在应对新发传染病时往往缺乏针对性,导致实施效果不尽如人意。

---

① 参见张业亮:《加强全球应对突发公共卫生事件的国际合作机制》,载《世界知识》2020 年第 4 期,第 68 ~ 70 页。

一、新发传染病国际防治的多元法源体系

(一)国内法规范

传染病防治首先依靠的是国内法律规范。以我国的传染病防治法律体系为例,其中涉及了多方面、多层次的法律条文,具体可以分为五个层次。

第一层次,基于中国参与的新发传染病防治工作的国际条约,这也是将国际法援引和转化为国内法渊源的常见情形。依据新发传染病的防治情况,我国签署了多个国际条约,如《世界卫生条例》等;这些条约经过国内法吸收和转换,成为国内法律渊源。

第二层次,基于宪法及基本法律。宪法中明确要求保护公民的健康,并对弱势群体进行保护,公民也享有健康权。我国确立健康权在宪法中的特殊地位,体现了我国履行国际法义务的决心,同时依宪治国、在宪法的领导下建立一套行之有效的新发传染病防治法律体系。

第三层次,基于卫生基本法的法律体系。在传染病防治工作中,卫生法体系可以为其提供综合、全面和有效的卫生制度,从而成为防控传染病的基本“屏障”。除了以《基本医疗卫生与健康促进法》为代表的原则性法律外,主要由以《传染病防治法》及其实施细则为代表的法定传染病防治法律,以《突发事件应对法》为代表的应急处置类法律,以及以《国境卫生检疫法》为代表的国境卫生检验检疫法律这三部分构成。《传染病防治法》(2025 年修订)中共有五项制度,分别是传染病预防制度,传染病监测、报告和预警制度,传染病的控制与救治制度,传染病防治监督制度,以及传染病防治的保障措施制度,这些制度在卫生法体系中已经或将发挥重要作用。

第四层次,卫生法之外的包含了健康权保护内容的法律。该层次中的法律规定数量较多,且涉及了传染病防治的方方面面,如《对外贸易法》中有关知识产权和公共健康权的规定就对药品的可及性产生了重要影响。

第五层次,主要基于最高人民法院制定的、与审理传染病防治有关案件的司法解释。

(二)国际法规范

1. 国际条约

在全球卫生治理工作中,国际卫生法被作为基本规范,主要包括以下两类内容:一是以《世界卫生组织组织法》为核心的国际卫生组织的组织法;二是以《国际卫生条例》为核心的传染病防治类法律。《国际卫生条例》的前身为1951年由世界卫生组织颁布的《世界卫生规章》。1969年,《世界卫生规章》改名为《国际卫生条例》。在这之后,《国际卫生条例》还历经了五次修改,修改时间分别为1973年、1981年、1995年、2005年和2024年,该条例将以往约束各成员国的多个公约及协议整合到一个法律文件中。

2. 国际习惯法

在《国际卫生条例》与其他领域的公约以外,传染病防治国际合作的主要法律渊源是国际习惯法。当国家表现出普遍和一致的国家实践并伴有法律确信时,国际习惯法规则就形成了。国际习惯法虽然是国际法的基础,但事实证明,它是一个难以处理的法律来源,①需要确认国家在控制传染病方面的行动是否遵循着国际法所确信的普遍一致的模式。19世纪关于传染病控制的条约并没有将现有习俗编纂成文,则需要判断条约规则是否随后发展成为国际习惯法。如果这一分析被证明是徒劳的,那么我们必须确定在其他情况下制定的国际习惯法的其他规则是否会影响传染病防治。

条约规定的国家实践可以作为分析国际习惯法的证据。② 并非每一项条约都规定了形成国际习惯法规则所需的国家实践类型。通常,源自基于条约的实践的国际习惯法规则源自一般范围的多边条约。另一个可供判断的特点是"相同形式的条约模式",在传染病防治方面,基本形

① See D. P. Fidler, *Challenging the Classical Concept of Custom: Perspectives on the Future of Customary International Law*, 39 German Yearbook of International Law 1998, 225 (1996).

② See WEISBURD A M, *Customary International Law: The Problem of Treaties*, 21 Vanderbilt Journal of Transnational Law 1 (1988).

成了统一形式的条约模式。从1892年开始,以《国际卫生条例》为发展的顶点。这些条约都是多边的,且由于传染病问题的全球性,它们在设计之初就被希望具有普遍适用性。尽管泛美条约可能因其适用范围具有区域性,而对其普遍适用性产生怀疑,但这些条约的性质与一般国际卫生公约非常相似,因此将其纳入分析是合理的。最后一个问题是,这些条约中的规则是否可以在不破坏规则的情况下被推广为国际习惯法。

国际卫生公约中更有可能影响国际习惯法的条款有两类:一是将疾病暴发通知其他国家的义务,二是将适用于贸易和旅行者的措施限制在协议规定的范围内。这两种类型的规则都可以在不破坏其实质的情况下推广,因为它们对于处理全球流行的传染病而言十分重要。这两项义务也是传染病防治国际合作的支柱,因为它们代表了协调检疫和建立国际监测工作的成果。因此,接下来就必须分析“通知义务”和“限制检疫义务”的条约规定是否已经发展为具有普遍约束力的、不言而喻的国际习惯法规则。传染病控制国际协议的多边性质表明,根据这些协议,国家实践的范围足够广泛,足以构成一般国家实践。《国际卫生条例》规定的国家实践是普遍的,因为世界卫生组织的成员实际上在国际社会具有一定的代表性。此外,关于《国际卫生条例》的保留政策阻止了世界卫生组织成员国挑选义务,也避免了对规则普遍适用性的破坏。然而,国际习惯法的一致性要素带来了更多的困难。为了满足一致性要求,国家实践不必是统一的,但应表现出“实质上的一致性”。虽然存在一些国家实践表明世界卫生组织成员国履行了疾病通知和检疫限制职责,但有太多国家实践被证明违反了《国际卫生条例》,无法声称国家实践是一致的或得到法律意见的支持。许多世界卫生组织成员国认为《国际卫生条例》不是具有法律约束力的义务,而是建议。综上所述,目前传染病防治领域仍然缺乏普遍认可并遵循的国际习惯,各国既没有向其他国家通报疫情的习惯义务,也没有限制针对其他地区疫情采取的检疫行动的习惯义务。

二、新发传染病防治国际合作的多重制度内容

根据传染病暴发的不同阶段,国际合作也可分为事前预防、事中防

控以及事后援助三个板块。事前预防阶段侧重于监控与预警，主要为包括监测和信息共享在内的信息合作制度；事中防控阶段注重及时采取必要的公共卫生措施同时又要防止不合理的过渡措施，主要为包括公共卫生措施及额外卫生措施在内的公共卫生措施制度；事后援助阶段则注重加强不同发展阶段国家间的互助合作，提高欠发达国家的治理能力和抵御传染病的公共卫生能力，主要为包括国际援助和疫苗和药品获得在内的援助合作制度。

（一）信息合作制度

信息合作制度包括监测制度和信息共享制度，其目的是监测和预警，做到事前防控。

1. 监测制度

这一制度的主要目的是增强国际层面对于传染病的监测和应对能力。监测和通报制度的重要性在早期的《国际公共卫生条例》中就已经被认识到，因为关于传染病暴发的来源、性质及严重性程度的了解对于控制传染病的传播非常重要。由于担心其货物贸易和国民流动受到限制，所以很多国家在发布传染病相关信息方面非常谨慎，导致多年以来监测制度几乎无用武之地。直到 20 世纪 90 年代中叶，恶性传染病的再次大流行，诸如“新发疾病监测计划”“全球公共卫生信息网”以及世界卫生组织所主导的监测倡议等制度才被加以确定和执行。信息技术的进步也促进了国际监测传染病的能力。正是由于传真、电子邮件、互联网和其他通信技术的发展，医学专家、媒体和诸多非政府组织才得以成立，在传染病的监测方法方面取得了重要进展。

2000 年“全球疫情警报和反应网络”（GOARN）的创立是监测制度发展的一个里程碑，它是由 120 个政府和非政府行为体组成，构成了目前最大且最重要的传染病监测与应对制度。① 它的创立意味着有效全球传染病监测多边合作的形成，包括政府部门之间、非政府组织之间的

① See *Rapidly detecting and responding to health emergencies*, World Health Organization, at https://www.who.int/multi-media/details/who-global-outbreak-alert-and-response-network-(goarn) (Last visited on April 4, 2023).

合作,单边及国内的监测传染病行为完全不足以消除传染病在全球传播的风险。正如2003年非典危机所表现出来的那样,在疾病暴发之初,快捷高效的信息交流是国际社会监控传染病的基础,即时通报与国际信息共享对于减少恐慌和反应过度意义不凡。① 在这个制度中,世界卫生组织因其领导地位,同样发挥着举足轻重的作用。《国际卫生条例(2005)》中明确了各成员国通报疫情信息的义务,即针对本土出现的传染病,或有可能造成公共卫生安全问题的事件,成员国必须及时向世界卫生组织进行通报。世界卫生组织应当通过流行病学的渠道,积极与非政府组织等部门进行讨论,并定期将收集到的传染病事件以疫情周报、网站的形式向公众报道。《国际卫生条例(2005)》生效以来,几乎所有会员国都建立了国家级别的协调中心。自那时起,世界卫生组织一直定期收到卫生事件警报,联合相关国家开展风险评估,并与其他会员国分享实时信息。世界卫生组织可以通过监测活动,也可以通过非官方渠道采集疫情信息。世界卫生组织在对采集的疫情信息进行核实及评估以后,将准确的疫情信息传达至各个成员国,同时给出相应的临时或长期性建议。此外,在传染病防治国际合作过程中,需具有统一的领导,还需要具备一定的灵活性。世界卫生组织要依据实际情况召开决策会议,基于非严格意义形式给出相应的传染病防治建议,并从多个角度补全国际法。②

传染病防治监测应对制度又可以简单分为边境检疫制度和卫生措施制度两类。在边境检疫方面,《国际卫生条例(2005)》第20条规定了"各成员国的卫生管理机构必须在境内的机场、港口等场所设置检疫部门,且确保检疫部门中的人员、设备以及规则制度具备标准化要求"。在有关卫生措施方面,《国际卫生条例(2005)》第23条详细列举了多种卫生措施:(1)在港口机场到达或离境时的卫生措施;(2)国际

① 参见[加拿大]马克·扎克、[加拿大]塔尼亚·科菲:《因病相连:卫生治理与全球政治》,晋继勇译,浙江大学出版社2011年版,第167页。

② 参见段嘉煜、王若雨、张曙、拜争刚:《重大传染病国际协同防治策略的快速系统评价》,载《医学新知》2020年第3期,第239~247页。

货物运输等的卫生措施;(3)卫生措施的具体实施规则与流程;(4)有关传染病的潜伏期、预防接种等方面的卫生措施。为了避免国内遭受传染病侵扰,国家可以依据自身情况制定相应的公共卫生措施,但不能超出《国际卫生条例》中的限制范围。卫生措施的实施需满足及时性、非歧视性等方面的要求,除飞机、船舶中已经出现感染者,或疑似感染者的情况外,成员国不能阻止其他国家的飞机、船舶通行。除此之外,条例也十分关注防疫措施可能给个人或企业带来的经济负担,因此在第40条规定了国家收费准则,"入境人员的预防接种、鉴定健康状况的医学检查等不得收费。收费项目必须符合收费标准中的要求。不能超出成本收费。针对外国的交通工具及人员等的收费必须与国内相关收费的标准相同"。

2. 信息共享制度

《国际卫生条例》的一个关键方面是创建信息共享机制,以促进各国之间的信息交流,推动新发传染病的国际合作。该机制旨在帮助各国分享疫情信息、评估公共卫生风险和协调应对活动。根据《国际卫生条例》,各国必须向世界卫生组织报告任何可能成为国际突发公共卫生事件的现象,这包括诸如新型或重新出现的传染病暴发、不寻常的发病率或死亡率模式以及可能与生物恐怖主义或其他蓄意行为有关的任何事件。一旦一个国家向世界卫生组织报告传染病事件,信息就会与其他会员国共享。这使其他国家能够评估自己的暴露风险,并采取适当措施防止疾病传播。世界卫生组织还向各国提供应对疫情的技术援助,包括就监测、实验室检测和感染控制措施提供指导。

当前信息共享机制应对新发传染病的有效性好坏参半。一方面,该机制有助于促进各国之间的沟通,促进对疫情的协调应对。近年来,世界卫生组织在应对几起备受瞩目的疫情方面发挥了关键作用,包括西非的埃博拉病毒、拉丁美洲和加勒比地区的寨卡病毒。另一方面,在确保有效信息共享方面也存在重大挑战。一些国家一直不愿向世界卫生组织报告传染病事件,或是出于对经济或政治影响的考虑,或是缺乏必要的基础设施和资源来发现和报告疫情。此外,国际社会一直担心所共享信息的质量和准确性，特别是在实验室能力有限的国家。

（二）公共卫生措施制度

公共卫生措施制度包括了突发公共事件处理制度和额外卫生措施制度，其目的在于发生突发公共卫生事件时及时采取应急卫生措施，同时又要防止主权国家不合理地限制贸易和人员的流动。

1. 突发公共事件处理机制

突发公共事件处理机制指的是根据《国际卫生条例（2005）》所确定的不同寻常的事件，这种事件往往是疾病通过国际传播构成危害其他国家的公共卫生风险，且可能需要采取协调一致的国际应对措施。在出现新发传染病以后，世界卫生组织总干事必须基于《国际卫生条例》第 48 条的规定，依规组织构建突发事件委员会，且总干事在遵循公平性原则的基础上，依据地域选择委员会的成员。同时，总干事对是否构成 PHEIC 有着最终决定权利，并可以提出短期、长期的疫情防控建议，如制定隔离措施、检疫措施等。这些建议和措施发挥了多方面的作用：第一，对各成员国起到警示作用，使其积极采取防控措施，避免疾病出现大面积的传播；第二，防止各成员国出现过度防控问题，避免严重影响国际经济发展。一般情况下，当成员国向世界卫生组织提交了疾病信息以后，世界卫生组织会对疾病信息进行认定，如果认定该成员国暴发了公共卫生事件，其他国家可以制定一些过度的管控措施。有关此次暴发的新冠疫情，世界卫生组织在其 PHEIC 官方报告明确提出，不必对国际旅行、贸易采取一些过度的干扰措施。该机制会在后续的章节中加以讨论。

2. 额外卫生制度

《国际卫生条例（2005）》新增的第 43 条即为"额外卫生措施"的法律渊源。该条款规定了关于实施额外卫生措施的条件、具体内容和实施原则等内容，允许各缔约国在国际法框架内按照本国法律的规定采用额外的卫生措施来应对各种公共卫生风险或事件，而不受该条款规定的卫生措施的约束。但由于这类措施可能在一段时间内限制旅行和贸易，为保证卫生措施的科学性和最优原则并得以顺利实施，使用法条的形式作出了具体严格的规定。[1]《国际卫生条例(2005)》规定了缔约方在实施其他卫生措施时应遵守的实质性标准和程序性义务：一方面授予各国采取额外卫生措施的自主权，另一方面强调避免过度干涉国际贸易和交通，力图平衡二者的关系。该措施在新冠疫情期间被各国广泛应用，一定程度上有助于控制疫情。

(三)援助合作制度

援助合作制度包括国际援助制度及疫苗与药品获得制度，其目的在于加强不同发展阶段国家间的互助，提高欠发达国家的治理能力和抵御传染病的公共卫生能力。

1. 国际援助制度

国际援助制度主要内容是为应急干预和长期的健康促进项目提供经济和物质帮助。《国际卫生条例(2005)》第44条规定："缔约国必须基于条例中的具体要求，及时对公共卫生事件进行检测与评估，然后行使相应的措施；缔约国需要提供技术支持，积极为国际公共卫生事件提供方便；缔约国积极履行条例中的义务，以及提供相应的财政资源；世界卫生组织应积极与缔约国合作，并对缔约国的公共卫生能力作出准确的评价；世界卫生组织需要向缔约国提供技术支持，最大限度给予缔约国方便；世界卫生组织必须积极筹集财政资源，以此扶持发展中国家建设公共卫生基础设施，提高这些国家的公共卫生能力。"因此，当缔约国暴发了公共卫生事件后，世界卫生组织有义务向这些国家提供资金支持，且还要派遣相关技术专家到疫区考察，获取到准确的疫情信息，并与当地专家探讨给出具体的疫情应对措施，为缔约国的疫情防控工作提供指导。世界卫生组织不仅要与缔约国合作，还需要与其他国家和组织进行合作。有关国际合作及援助事项，《国际卫生条例(2005)》中的规定较为简略，多数规定仅具有指导意义，同时对缔约国为发展中国家提供卫生帮助的要求具有任意性，也没有明确援助主体，更没有制定出具体的合作机制。但世界卫生组织也基于软法规则对上

---

① 参见李长升、崔毅：《解读〈国际卫生条例〉(2005)中"额外的卫生措施"》，载《口岸卫生控制》2006年第4期，第3～5页。

述机制作出了进一步的细化。例如，在《共享流感病毒以及获得疫苗和其他利益的大流行性流感防范框架》中明确了各国在病毒、疫苗方面的合作义务。① 在第六十八届世界卫生大会《全球卫生应急队伍》报告中，世界卫生组织提出要构建专业队伍，以此来应对全球性的公共卫生突发事件，并对队伍成员进行专项培训，提高队伍成员的核心能力，在遇到突发公共卫生事件以后，由该队伍提供相关的技术援助及其他帮助。② 针对全球新冠疫苗分配不均问题，世界卫生组织为了有效解决该问题，与多个组织共同倡议“新冠肺炎疫苗实施计划”（COVAX），确保新冠疫苗能够在全球范围内得到公平分配。

在这方面，很重要的一项变化在于多边经济援助的增加和全球卫生伙伴关系的发展，非政府组织在提供援助方面发挥了越来越重要的作用。比尔·盖茨夫妇基金、洛克菲勒基金以及卡特中心等许多私人基金是国际资金和物资援助的主要来源。

2. 疫苗与药品获取制度

在全球范围内的知识产权保护领域中，最具公信力的国际公约是《与贸易有关的知识产权协定》（Agreement on Trade-Related Aspects of Intellectual Property Rights，以下简称 TRIPS 协定），该公约具有知识产权保护范围较广、制约力最强、保护力度较大等特点。传染病防控问题与药品专利保护间有着密切关系，因而 TRIPS 协定建立了这一制度，是为了平衡健康权保护与专利权保护，确保一些不发达国家、地区的人民能够使用传染病的专利药品。TRIPS 协定第 8 条制定了公共健康保护原则：第一，成员国在制定法规时，应当采取必要措施，确保公众健康能够得到保障，其中重点保护一些能够促进社会发展的部门的公众利益。第二，针对知识产权的所有者，为了避免其滥用知识产权，或采取

---

① See *Pandemic influenza preparedness framework for the sharing of influenza viruses and access to vaccines and other benefits*, World Health Organization, Cadre de préparation en cas de grippe pandémique pour l'échange des virus grippaux et l'accès aux vaccins et autres avantages, 2011.

② 参见世界卫生组织：《全球卫生应急队伍：总干事的报告》，A68/27，2015 年 5 月 15 日。

不合理的措施限制贸易，或不利于国际技术专用的做法，成员国可以采取与该保护原则不一致的应对措施。为了确保该原则能够落实到位，TRIPS 协定中还明确了药品专利保护的例外条款，主要在第 6 条、第 27 条、第 30 条和第 31 条。这些条款中明确指出成员国在保护公共健康的特殊情况下，有权利撤销或终止协议中有关知识产权保护的义务，因此这些规定被称为“公共健康例外条款”①。第 6 条规定的权利用尽原则为平行进口提供了法律依据；第 27 条规定的专利取得条件允许成员国为了保护公共健康利益而对符合商业用途的发明拒绝给予知识产权保护；第 31 条规定的强制许可制度是增加廉价药品供应的最容易和最有效的手段，可以阻止专利权人故意提高药品价格。但是，一些发达国家，尤其是美国，寻求通过与发展中国家订立绕过 TRIPS 协定的双边贸易协定的方式将更严厉的专利规则囊括其中，这无疑有损 TRIPS 协定的效力。显而易见，专利保护和药品获得问题之间还远未达到一种适当的平衡。因此，在可预见的将来，这也将继续成为全球传染病防治乃至卫生治理体系中需要关注的领域。

三、新发传染病防治国际合作的多头主体架构

传染病治理国际合作机制有一些比较显著的特征，即多主体性、多层次性以及多领域性。有多种主体均可以参与到该类合作中，如政府部门、基金会、非政府组织等。它们各具优势、关注点也不尽相同，尽管会存在领域重合、资源浪费的状况，但总体上构成了一个点面结合的主体组织体系。

（一）国家及其政府部门

主权国家是全球传染病防治的最基本单位，始终处于首要地位、担负最终责任。大部分国家都成立了自己的公共卫生管理机构，如我国的疾病预防与控制中心和国家卫生健康委员会。许多国家均采用了依法管治的方式，即基于制定的法律规定，明确在预防、控制及保障人体

① 陈卫东：《WTO 例外条款解读》，对外经济贸易大学出版社 2002 年版，第 208 ~ 209 页。

健康等方面的规定,从而可以在规范化条件下治理传染病。例如,在治理非典病毒时许多国家都采取了上述措施,2003 年 3 月出现第 1 例病例后,新加坡政府立刻推动国会修改传染病法案以采取有效的隔离措施。[①] 同年 5 月,我国紧急颁布《突发公共卫生事件应急条例》。除此之外,许多国家也会发布一些长期性的战略规划,以提高公共卫生服务能力。自 1980 年起,美国以 10 年为周期制定、推行"健康国民"计划,以此指导全民参与健康工作,从整体上提高全民的身体健康水平。欧盟委员会 2007 年 10 月颁布了《"共同为了健康"2008 ~ 2013 欧盟卫生战略》白皮书,旨在协调各成员国不同的医疗卫生体制协同合作,以促进健康战略在欧盟甚至全球成为各项政治、经济和社会活动所必须遵循的原则。[②] 日本政府于 2015 年提出了"健康日本 2035——通过健康引领世界"国家战略;该规划的一个部分就是使日本成为全球健康的引领者,建立一个向不同国籍和语言人群提供健康保健服务的系统。[③] 此外,虽然主权国家要遵循《国际卫生条例》中的规则,并且积极履行相关义务,但其也享受世界卫生组织的服务。缔约国需要向世界卫生组织提供资金和支持,并有义务向世界卫生组织通报卫生相关的数据。强大的主权国家还可能发挥自己的话语权,引导在国际卫生领域的谈判议题。

(二)政府间国际组织

1. 世界卫生组织

1948 年,世界卫生组织正式成立,这一组织在监管全球卫生状况中起到了举足轻重的作用,且始终奉行"使全世界人民尽可能获得最

① See Andrew Koay, *What Happened in Spore during the SARS Outbreak in 2003 & How We Dealt with It*, Mothership Explains, at https://mothership.sg/2020/02/sars-wuhan-outbreak-explained/ (Last visited on May 20, 2023).

② 参见曹聚耕、李金荣:《"健康中国 2020"与欧盟"共同为了健康"卫生发展战略目标内涵的探究》,中华医学会全国医学信息学术会议,中华医学会,2009 年。

③ See *Japan 2035 Leading the World through Health*, Ministry of health and welfare, at https://www.mhlw.go.jp/seisakunitsuite/bunya/hokabunya/shakaihoshou/hokeniryou2035/future/en/ (Last visited on May 24, 2023).

高健康水平"的管理理念。世界卫生组织需要执行各项任务,其中最核心的管理任务是推动各国消灭传染病、流行病及其他疾病。在世界卫生组织的诸多工作中,全球传染病的防控工作始终属于重点工作。同时,世界卫生组织也属于国际传染病控制的核心机构,其曾经在全球范围内推行了一项十年计划(1967～1977年),即扑灭天花传染病工作计划,且取得了瞩目的成果。[①] 以《世界卫生组织组织法》为基准,世界卫生组织可以行使多项职能权力,同时该法也明确了世界卫生组织在全球传染病防控领域拥有一定的"立法权",如世界卫生组织可以提出国际条约,可以制定国际标准,以此方式推动公共卫生领域国际法的发展。在全球化背景下,世界卫生组织也在国际公共卫生危机实践工作中逐步拓展自身的职能范围,且形成了以世界卫生组织为主的国际卫生治理新体系。

2. 世界贸易组织

1995年,基于全球贸易协定及关税协定,形成了全新的世界贸易组织协议,这也标志着世界贸易组织的正式成立。世界贸易组织是开展多边贸易的法律基础,其成立的核心宗旨是保障全球贸易市场的稳定性,使全球贸易市场能够稳定发展。不过,国际贸易的主体是人类,而人类之间的交易行为必然会增加传染病的传播风险。由此便可看出,在传染病传播过程中贸易政策发挥的作用不容忽视。

自1995年开始,世界贸易组织中的发展中国家成员就通过游说来推动医药公司和发达国家遵守TRIPS协定中的特殊例外条款。该协定中的强制许可条款规定,在出现公共卫生突发事件时,各国可以不遵守药品专利规则。然而,由于某些拥有重要跨国制药公司的发达国家的威胁,发展中国家在使用该条款方面受到了极大的限制。因此,世界贸易组织中的发展中国家成员联合一些有影响力的非政府组织,迫使发达国家和其制药公司的支持者在20世纪末期的若干重要法律斗争中放弃了一些要求。这一运动直接影响了2001年发布的《多哈宣

---

① 参见联合国新闻处编:《联合国手册》,北京大学法律系编译组译,商务印书馆1973年版,第668页。

言》,该宣言强调了 TRIPS 协定中的例外条款,增强了保护公共健康部分。

3. G20 组织

二十国集团组织(以下简称 G20 组织)的核心为经济发展,但其也会关注全球卫生治理事宜。在过去的峰会中,G20 组织也提出了较多全球卫生治理相关的建议。如在整个欧洲区域中,德国是拥有话语权的国家。在 2017 年举办 G20 组织领导人峰会中,德国就已经尝试将全球公共卫生治理事宜引入峰会中,也促成了首次 G20 组织卫生部长所召开的会议。同时,这一会议也成为重要的全球卫生治理年度对话形式。① 在全球卫生治理多边融资机制中,G20 组织积极为全球卫生治理提供资金支持。不过,G20 组织内部成员国之间存在较为突出的政治利益冲突,因此在全球卫生治理工作中取得的成果不太理想。

(三)非政府组织

除了各国政府和政府间国际组织之外,非政府组织的参与也是传染病防治国际合作的一支不可忽视的力量。由于没有政治约束,非政府组织更加灵活,其资源来源具有独立性特征。同时,相对于政府机构,非政府组织能够关注更多的公共卫生领域,因而能够起到一定的辅助作用。目前,有多家非政府组织比较活跃,如盖茨基金会、开放社会研究所、无国界医生(MSF)等,这些组织都在各自的能力范围为全球传染病防治事业作出了不可磨灭的贡献。

无国界医生是典型代表,它是一个独立的国际医疗人道救援组织。目前已经在全球 79 个国家和地区开展人道主义医疗救援行动,其中应对突发性传染病疫情一直是无国界医生的重要工作之一。2014 年,非洲国家暴发了史无前例的埃博拉疫情,无国界医生组织第一批抵达疫区并为感染者提供治疗、控制疫情传播并呼吁国际社会关注此次疫情。②

① 参见晋继勇:《二十国集团与全球卫生治理》,载《国际问题研究》2020 年第 3 期,第 57 ~ 74 页。

② 参见《封面故事:无疆——抗战埃博拉》,载无国界医生 MSF 网,https://msf.org.cn/16448,2023 年 4 月 20 日访问。

但看似活跃且号召力大的非政府组织并不完美,也存在一些值得关注的问题。非政府组织没有固定的资金来源,因而生存要求它们互相竞争,以此来获取更多的捐助资金,这会严重影响方案设计的合理性与安全性。同时,部分非政府机构在接收政府扶持资金以后,还会受到本国政府约束和管理。虽然这些非政府组织的发展理念是维护公共利益,但其自身并非通过民主选举的方式而产生,因此其由谁负责、对谁负责,公众基本上不得而知,导致公众对其合法性抱有批判性。此外,一些民间组织或非政府组织会绕过政府为社会大众提供服务,这也可能损害政府机构的权威。

(四)公私合作伙伴关系

国家和政府间组织与非政府组织或私营企业建立公私合作伙伴关系,旨在处理全球公共卫生问题。在全球性的卫生治理活动中,这一组织也提供了大量的资金支持,给出了一系列卫生倡议。

全球疫苗与免疫联盟(GAVI)属于极具代表性的组织。为了能在发展中国家中更好宣传和推广疫苗,且能够在全球范围内提高疫苗接种率,降低发达国家与发展中国家的儿童疫苗接种率差距,在世界卫生组织的领导下,盖茨基金会提供了大量的资金支持,相应成立了全球疫苗免疫联盟。全球疫苗免疫联盟将非政府组织与政府机构联系到一起,促进全球疫苗的平等分配,以保障人类的身体健康。① 全球疫苗免疫联盟成立以来,吸引了众多合作伙伴;其中,既有发展中国家和发达国家,也有一些非政府组织。另外还有医疗科研组织、跨国医药公司加入该联盟中。全球疫苗免疫联盟最大限度发挥各个合作伙伴的作用,将政府机构的技术专长与私营部门的商业知识整合到一起,从而为遭受公共卫生事件侵害的国家与地区提供援助,如疫苗援助等。同时,盖茨作为全球疫苗免疫联盟的创始人,专程与梅琳达基金会共同为联盟发展提供了资金支持,确保联盟的各项计划能够得到实施。在全球疫苗免疫联盟中,世界卫生组织属于创始成员,也属于疫苗联盟的核心成员。儿童

① See *About Our Alliance*, Gavi, at https://www.gavi.org/our-alliance/about (Last visited on April 20, 2023).

发展基金会面向于贫困区域及国家，主要为这些对象提供免费儿童疫苗服务，以便帮助贫困区域的儿童健康成长，由此可以看出儿童发展基金会在疫苗联盟中有着重要作用。为了确保全球疫苗免疫联盟可以稳定发展，世界银行为其制定了专项的融资策略，并在联盟创新投资机制方面起到了主导作用，为全球疫苗免疫联盟提供了专业的知识支持，同时降低受援助国依赖全球疫苗免疫联盟资金支持的程度。

从合作模式上看，公共部门和私人部门之间的合作模式呈双赢趋势。政府通过与制药公司开展合作，可以加快疫苗或药品的研发进程，并且提高药品产量，使药品得到再分配，较好满足了政府卫生治理的目标需求。另外，此举还能为企业带来利益，医疗公司可以相应得到一定的政府补贴，也能为药品临床试验提供便利，进一步为企业进入药品市场创建良好的公共关系。不过，这种关系也存在一定张力，企业具有营利性，因而与公共卫生目标之间难免存在利益冲突。比如，对于世界卫生组织发起的预防肥胖糖尿病等建议，食品工业持不支持的态度。所以，公共卫生部门在建立此类合作关系时，要从全局考虑其中的利益关系。

第四节　新发传染病防治国际合作法律体制的现实问题：从一般到特殊

新发传染病与法定传染病最大的区别就在于“新”，一旦形成疫情，新发传染病所带来的挑战更为艰巨。如果没有更科学、合理的国内法律法规，没有参与程度更加广泛、更具有可执行性的国际合作制度，人类在新发传染病面前恐怕会付出沉重代价。

一、新发传染病的医学特点与防治难题

从医学角度看，新发传染病相对于法定传染病具有以下四个方面的特点：

（一）新颖性

新发传染病的新颖性首先是指未知病原体，它是以前人类未发现

的病原体所引起的疾病，这些病原体可能是新出现的病毒、细菌、真菌或寄生虫，对人类医学知识和免疫系统来说都是未知的。其次是指人类对这种传染病缺乏免疫保护，因此对公共卫生安全危害大。由于新发传染病的病原体是新出现的，大多数人对其缺乏免疫保护，即使感染后也无法迅速产生有效的免疫应答，导致感染人数迅速增加。

（二）不可预见性

新发传染病通常具有高度传染性，可以迅速传播给大量人群，且流行趋势预测难度大。在已知的新发传染病中，3/4 的传染病属于人畜共患病。[①] 在这些新发病传播过程中，动物起到了媒介传播的作用，一些疾病源最初在动物间传播，在疾病源出现变异以后，开始在人群中传播。如艾滋病最初在非洲灵长类动物间传播，疯牛病在奶牛群体中传播，埃博拉也是非洲人在食用了患病的动物后感染的病毒。目前，全球交通水平较高，为新发传染病的传播提供了有利条件。同时，由于缺乏基线资料，防疫工作要求高，新发传染病流行趋势预测难度增大。

（三）高致病性

新发传染病可能具有高致病性或引起严重后果，导致感染者的生命安全受到威胁。这使这些疾病具有较高的致死率或导致重大健康问题。以新冠疫情为例，在全球范围内，截至欧洲中部时间 2023 年 2 月 17 日晚上 8 时 47 分，各国已向世界卫生组织报告了 756, 581, 850 例新冠肺炎确诊病例，包括 6, 844, 267 例死亡。截至 2023 年 2 月 13 日，共接种了 13, 195, 832, 385 剂疫苗。[②]

（四）医学认知有限性

对于新发传染病，由于其病原体的未知性，医学界对其了解有限，

---

① See *New international expert panel to address the emergence and spread of zoonotic diseases*, Joint News Release, at https://www.who.int/news/item/20-05-2021-new-international-expert-panel-to-address-the-emergence-and-spread-of-zoonotic-diseases (Last visited on 30 May 2023).

② See *WHO Coronavirus (COVID－19) Dashboard*, World Health Organization, at https://covid19.who.int (Last visited on 20 Feb. 2023).

缺乏相关的预防措施、治疗方法和药物。这给疫情应对带来了更大的挑战。此外，某些新发传染病，特别是病毒性传染病，可能会快速变异，导致多个变种的出现。这使病毒逃避免疫系统的应答或对治疗药物产生抗药性，增加了控制和治疗的难度。

需要注意的是，新发传染病的医学特点还可以因病原体和具体疫情而有所不同。每一种新发传染病都需要具体分析和研究，以制定相应的医疗防控措施和策略，这也增加了新发传染病医疗防治的难度。

二、新发传染病防治的特殊法制需求

由于新发传染病具有“新”的特点，使它在被认知程度和被采取的防治法律措施上区别于其他法定传染病。新发传染病和法定传染病的概念并非基于病毒在医学或者生物学意义上的区别而产生，而是由于人类对其认知程度的区别从而导致防治法律措施的区别。

法定传染病由于人类对其病原体序列、发病机理、传播路径、传染性和危害程度已有相对成熟和清晰的认知，因此被直接纳入法律规范适用范围而采取相应等级的防治措施。而新发传染病则需要特定程序去发现、监测，并通过对其传染性和危害程度的评估、确认，然后将其纳入不同等级和类别的法律防治体系中。这些措施是新发传染病所特有而法定传染病所不需要的。

相较于法定传染病，新发传染病防治更需要快速响应与快速评估，国际防控步调协同，在数据和信息共享、国际援助和疫苗与药品获取方面高度一致，还需要在国际组织的统筹下统一指导原则和应对策略，建设全球公共卫生体系。因此，新发传染病对国际合作制度的反应效率、统筹力度和实际效果也提出了更高的要求。

首先，需要进行快速响应与风险评估。针对新发传染病，及时、快速地响应是至关重要的。由于缺乏充分的医学知识和经验，应对新发传染病需要迅速采取行动，包括加强监测、确诊和报告制度，以及制定紧急应对预案。同时，针对新发传染病，需要进行全面的风险评估与管理。这包括评估病原体的传播能力、疫情的严重程度、感染的人群范围等，以制定相应的防控策略。同时，还需要根据疫情的变化进行动态调整,以最大限度减少传播风险。

其次,防控措施的国际协同性要求更高。新发传染病通常具有跨国传播的趋势,因此国际合作变得尤为重要。各国需要共享信息、加强协调,以共同应对新发传染病的挑战。这包括共享病毒序列信息、研发疫苗和药物、协调旅行限制措施等。新发传染病的国际防治合作需要实现快速、及时的信息共享。各国应及时向世界卫生组织等国际组织报告疫情情况,分享病原体序列信息、流行病学数据、临床特点等。这有助于其他国家迅速了解疫情,采取相应的防控措施。新发传染病常常跨越国境传播,因此需要在国际层面加强协调与合作。各国政府、国际组织、疾控机构和科研机构之间需要加强沟通与合作,共同应对疫情挑战。这包括共享科学研究成果、疫苗和药物研发经验、技术支持等。另外,新发传染病通常缺乏有效的疫苗和药物,因此,国际合作在疫苗和药物研发方面至关重要。各国的科研机构、制药公司以及国际组织需要加强合作,共同研发和推广新的疫苗和药物,以提供全球范围内的防治手段。面对新发传染病的突发疫情,国际社会应提供跨国的应急援助,包括向疫情暴发国家提供医疗设备、药物、防护装备等物资支持,向相关国家派遣医疗队伍提供技术支持和人员培训,共同应对疫情。

最后,针对新发传染病,国际社会需要制定统一的指导原则和行动计划,以协调各国的防控措施。国际组织如世界卫生组织可以发挥重要作用,提供科学指导、制定国际防控标准,协调各国行动,确保防控措施的一致性和协同性。支持发展中国家能力建设。新发传染病往往对发展中国家冲击更大,因为这些国家的医疗资源和卫生系统相对薄弱。国际防治合作需要关注并支持发展中国家的能力建设,包括提供技术援助、培训医疗人员、加强基础设施建设等。这有助于提升发展中国家的疫情监测、检测和应对能力,减少疫情在全球范围内的传播风险。国际防治合作还需要制定共同的应对策略,形成联防联控的合作制度,包括建立早期警报系统、加强流行病学调查、共享成功的防控经验、制定共同的旅行限制和出入境控制措施等。通过合作与协商,形成一致的防控措施,提高全球对新发传染病的应对能力。

新发传染病的防治需要在全球范围内构建健全的公共卫生体系。国际社会应加大对全球公共卫生体系的投入和支持，提高各国的公共卫生能力、疫情监测能力、医疗资源和紧急响应能力，以更好地应对新发传染病的挑战。需要强调的是，新发传染病的国际防治合作需要基于平等、互利和共赢的原则。各国应摒弃单边主义和保护主义，加强合作与协调，共同应对全球公共卫生安全的威胁。只有通过国际合作，才能有效地应对新发传染病的挑战，保障人类的健康和福祉。

三、新发传染病防治国际合作的法律困境

（一）多元规范的差异性问题

从国际法的渊源来看，涉及新发传染病问题规范的法律表现形式有多种（见图 1－1），包括国际多边条约、双边协定、习惯国际法、其他软法规范等。根据《国际法院规约》第 38 条的规定，产生拘束力的国际法渊源包括国际协约、国际习惯、一般法律原则、权威公法家学说以及司法判例。

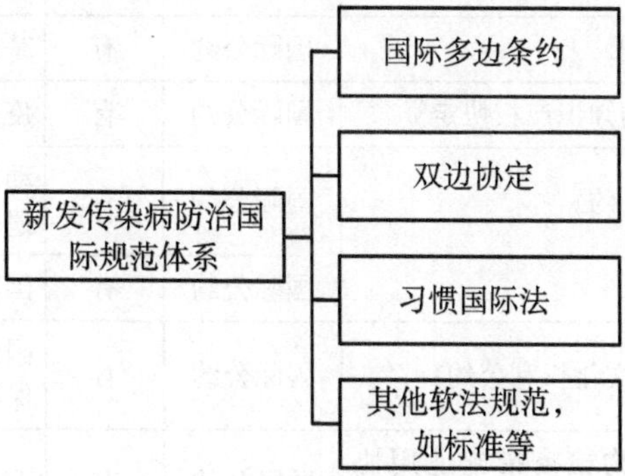

图 1－1　新发传染病防治的国际规范体系

国际法各种表现形式的效力和拘束力存在差异。就新发传染病的国际法规制而言，国际条约和国际习惯法分别代表了成文国际法和国际习惯法，并具有国际法的拘束力。按照国际法原则“条约必须遵

守”,条约对缔约国具有拘束力,国家必须遵守条约的规定。但如前所述,在新发传染病乃至传染病防治领域是否存在国际习惯法仍然是一个具有争议的问题,而国际合作原则本身是否已经成为习惯法也尚不确定。

在新发传染病防治的问题上,多领域的国际组织的文件或由其主导实施的国际法对新发传染病的监测、信息共享、国际援助等起到了较大的规范作用,填补了国际法的空白。尽管除特定国际组织制定的规章和规则具有约束力外,大部分国际组织的文件仅具有指导性质。但由于新发传染病国际合作实践的制度化和有拘束力的国际协定难以一蹴而就,国际组织和相关文件在一定时间内将仍然维持其作用。总体而言,在新发传染病防治这一国际法领域,国际习惯、一般法律原则、司法判例和权威公法家学说等的作用还难以填补相应的制度空白。因此,国际公约和国际组织为主导体系的新发传染病防治规范呈现了碎片化的特征(见表1-2)。

表1-2 与新发传染病相关的公约、组织或机构名称

公约、组织或机构名称	法律属性	拘束力	相关性
《国际卫生条例》	国际公约	有	基础文件
《与贸易有关的知识产权协定》	国际公约	有	疫苗共享
《生物多样性公约》	国际公约	有	动物疾病监测、遗传资源共享
《联合国宪章》	国际公约	有	国际援助
《经济、社会及文化权利公约》	国际公约	有	国际援助、人权保障
《卫生与动植物检疫措施适用协定》	国际公约	有	卫生措施
世界贸易组织	国际组织	有	疫苗共享、传染病流行期间国际贸易

续表

公约、组织或机构名称	法律属性	拘束力	相关性
世界银行	国际组织	有	国际援助、发展中国家能力建设
国际环境署	国际组织	有	传染病产生

（二）多重制度的兼容性问题

过去一个世纪，世界目睹了传染病类型的巨大转变。随着现代医学的出现和公共卫生的进步，曾经对人类健康构成重大威胁的传统传染病已基本得到控制。然而，新的和正在出现的传染病继续对全球卫生安全构成重大挑战。应对这一挑战需要处理传统和新发传染病应对制度之间的兼容性。

处理传统和新发传染病的制度有一些关键相似之处，即均重视早期发现和监测的重要性。在这两种情况下，监测和跟踪传染病传播的能力对于防止其传播至关重要。就传统传染病而言，监测在识别疫情和启动控制措施方面发挥着关键作用。就新发传染病而言，早期发现和监测有助于在新威胁成为大流行之前识别它们。另一个相似之处是通过疫苗接种和其他公共卫生措施的重要性。疫苗接种一直是控制许多传统传染病的关键策略，也是预防新发传染病的重要工具。此外，卫生设施和其他公共卫生措施在这两种情况下都发挥着重要作用，都可以有效地减少疾病的传播。

尽管有这些相似之处，但针对两种传染病的防治方法之间也存在重要差异，并非实现百分之百的兼容。原因在于，传统传染病由于控制技术成熟，危害往往是区域性的，而新发传染病往往在短时间内就可以在全球传播且不可预测。

首先，在监测与信息共享制度方面，最显著的区别在于对新发传染病的识别和及时的信息共享。各国掌握的传统传染病传播的方式、致死率等信息都相对成熟，因此可以采取更慎重和深思熟虑的反应。相比之下，新出现的传染病可以迅速传播，远远超出其最初的起源点，需要整个国际社会更快速地反应、更深层次地合作、更全面地信息共享。

其次,突发事件应对制度的启动。可以说突发事件应对制度就是为了新发传染病而诞生的,当地球上的某一区域暴发新发传染病时,整个国际社会都需要一个信号以开展集体行动。

最后,国际援助制度与疫苗药品获取制度面临更大的阻碍。在传统传染病领域,这两类制度由于资金、知识产权保护等诸多利益冲突已经表现不佳。传统的传染病已经研究了几十年甚至几个世纪,其中许多已经存在有效的疫苗和治疗方法,其公平分配制度也相对成熟,国际援助行动也具有一定规模。相比之下,新出现的传染病往往是由以前未知的病原体引起的,不仅需要快速开发新的诊断测试、药物和疫苗,短时间内还需要大规模的、针对发展中国家的国际援助。

(三)多头主体的协调性问题

新发传染病防治的行为主体具有多元性,新发传染病对政治、经济和社会的全面影响使更多的组织和部门踏足该领域。新发传染病防治本身的多领域性决定了治理行为的多元性。本书所述的多头主体的协调,包括国家与国家之间的协调、国家与国际组织的协调、国际组织之间的协调,这三类协调在应对新发传染病的场景下都存在不同程度的障碍。

首先,就国家与国家之间的协调而言,障碍的最大根源在于新发传染病的预防和控制是一种全球公共产品。因为它具有非排他性,即一个国家的预防和控制努力不仅有利于该国,也有利于所有其他国家。而且具有非竞争性,一个国家享受大流行病预防和控制的好处并不会减少其他国家的好处。

其次,就国家与国际组织之间的协调而言,障碍表现为国家可能不愿意遵守相关的国际条约,也不愿意听从国际组织的建议。这一障碍根源在于大流行病属于灾难性风险的范畴。这些风险发生的概率小且不确定,但有潜在的灾难性后果。有大量证据表明,包括政策制定者在内的大多数人,在处理这类问题时很难理性地确定行动的优先次序,导致对预防灾难性风险的长期投资太少。相反,我们看到这样一种典型的行为模式:国家为了紧急应对新发传染病的暴发而临时提供资金支持,但在新发传染病传播的高峰期过后,这种资金迅速减少,而不是提供真正需要的、稳定的、长期的资源流，以建立预防和控制传染病的永久能力。然而这种建设核心能力的方法不仅能更有效地迅速控制疫情，而且比目前的方法更省钱，有助于避免在疫情失去控制时通常出现的费用急剧上升的现象。

最后，国际组织之间协调的主要障碍则在于国际组织类型众多、目标多元，每个组织的宗旨、行动方案、侧重领域都不尽相同，而世界卫生组织出于各类缘由难以发挥领导作用，导致这些组织之间的行动时而重叠、时而过于零散，有些新发传染病得到过多的关注，有些则尚处边缘。

如果说从制度的角度，当前国际合作最大的问题在于新发传染病的应对机制存在众多欠缺；那么，从主体的角度，更多的问题则是多元主体所创设的制度重叠所带来的议题重复、职能重叠和资源浪费，无法形成合力。“二战”结束以来，国际公共卫生治理体系不断扩张，出现了制度扩散和重叠。卫生健康已由一个以世界卫生组织为核心的单一治理模式演变成一个由行动者、规则、机构和网络组成的复合体。全球公共卫生治理的有效性不仅取决于各主权国家的通力合作和协力抗疫，还取决于现有涉及新发传染病的国际制度之间良性互动和相互支持。

国际制度重叠既带来同质性，也带来差异性。它既可能促进合作，也可能引发纷争。世界卫生组织的核心地位和领导力正在受到其他国际组织和国际制度的冲击。其中，世界银行积极投身公共卫生治理，在经济治理方面具有优势。与此同时，新兴国际制度赋予公共卫生治理新的内涵和诉求。特别是东西方广泛重视的 G20 组织，在国际社会中受到更多期待。G20 组织领导人峰会声明和部长会议声明发挥了显著的影响作用。它不仅在国际社会形成共同抗疫的政治呼声，还通过发布全球倡议，切实推动了融资机制建设。此外，世界卫生组织成员会费过低严重制约了援助有效性，盖茨基金会、全球疫苗免疫联盟等非正式制度越来越发挥着其专业权威和领导力。全球公共卫生治理体系总体呈现世界卫生组织、世界银行居于核心圈，国际货币基金组织和联合国其他相关组织分布周边，而非政府组织、跨国公司、认知共同体、个体处于最外围的局面。①

本书之后章节将针对新发传染病防治国际合作中的上述三大法律难题逐一剖析问题的表现形式及其成因，并试图提出相应的解决方案以及中国在此问题上的应对策略。

① 参见汤伟：《2030 年可持续发展议程与全球卫生治理的转型》，载《国际展望》2016 年第 2 期，第 94～112、155～156 页。

第二章　新发传染病防治国际合作的规范差异性问题

各国防疫措施之所以会存在差异,究其原因还在于各国法律制度和法律体系各有千秋。在法定传染病的防治方法上,各国存在一定的趋同性,但在新发传染病的立法模式、归类制度,以及预警、监测、评估、报告等具体规则上则存在重大差异,导致新发传染病防治的国际合作中各国步调不一,无法实现协同。在这一领域,国际法规范不仅存在不同法源的效力差异问题,直接规范与间接规范的定位差异问题,还存在国际法规范在国内适用差异的问题;这些差异性问题均导致国际法规范无法有效运行。面对多元规范差异性所致弊端,有必要寻求完善和统一国内法及其实施方案、提升国际法律规范的效力等可能化解决路径。

第一节　新发传染病防治国内法规范的差异化表现

就新发传染病防治国内法律规范而言,除了较少国家采取针对特定病种单独立法的模式,大多数国家都会将新发传染病纳入既有防治法律体系中,从而采取不同级别的法律防治措施。对于传染病的列举和分级,各国法律规定也各不相同,主要包括封闭式列举模式、开放式定义模式以及既有列举式又有概括性定义的综合模式;而对传染病采取不同的列举和分级模式又可能导致新发传染病归类制度的差异。

各国国内法律规范的差异，导致针对同一种新发传染病有可能采取不同的防治措施，或者在采取防治措施时经历的程序与时间周期均不一致。其主要原因在于各国针对新发传染病的立法例不尽一致，分级制度和归类制度也存在差异，以致在预警、监测、报告、评估、纳入、调整等具体防控措施上也大相径庭，使新发传染病跨国联合防治时很难步调一致。

一、国内立法例差异

新发传染病相关的国内法律差异化表现首先体现为立法模式的不同。针对类似新冠肺炎这种从未出现或新发现的传染病，如何规制其监测、预警、预防、报告等防控措施，各国主要采用单行立法模式和纳入立法模式两种立法例。

（一）单行立法模式

"单行立法模式"是指针对特定的新发传染病单独立法，针对其个性特点制定专门的防治措施和处罚规定。采用这种立法例的典型国家是英国。1848 年，英国通过了世界上第一部《公共卫生法案》，建立了全球较为完善、先进的公共卫生体系。《公共卫生法案》中规定了"法定传染病"（Notifiable Diseases）的对象包括"（a）霍乱（b）鼠疫（c）回归热（d）天花和（e）斑疹伤寒"。[①] 2010 年英国颁布《卫生与社会护理法案》修改原《公共卫生法案》，将疾病控制对象从上述法定的 5 种传染病概括规定为"传染病和污染物"（Infection or Contamination）。[②] 由于英国的《公共卫生法案》不再对"法定传染病"项下的具体病种进行罗列，而是代之以"传染病和污染物"这一更加概括的上位概念，授权国务大臣和威尔士大臣对"国际旅行"和"国内"实行的健康保护措施进

---

① See 10，Part Ⅱ Control of Disease，Public Health（Control of Disease）Act 1984.

② 参见陈云良、陈煜鹏：《论传染病防治决策的法治化和科学化》，载《比较法研究》2020 年第 2 期，第 35 页。

行具体规定；[①]同年，英国卫生部（Department of Health and Social Care）颁布的2010年《健康保护（报告）条例》通过附件的形式对“法定传染病”进行列举，这意味着新发传染病的归类和防治措施完全交由卫生行政部门独立来认定。[②]

在新冠疫情暴发后，英国政府为了实施针对特定人群的隔离，英国卫生大臣于2020年2月10日紧急通过了《新冠病毒健康保护法规（2020）》（Health Protection Regulations 2020）。该法规在英国属于二级行政法规，效力来源为上位法《公共卫生（疾病控制）法案（1994）》（Public Health Control of Disease Act 1984）。[③] 根据这个行政法规，政府相关部门可以对新冠病毒感染者或者已经感染者的密切接触者进行医学检查与隔离观察。但除此之外，政府无权对任何场所以及普通正常人进行任何限制。[④] 2020年3月，英国议会进一步针对新冠疫情单独通过了《新冠病毒法（2020）》（Coronavirus Act 2020），对涉及在新冠疫情防控的特殊时期英国政府所具有的权力以及可能采取的一些应对措施进行了规定。[⑤] 根据《新冠病毒法（2020）》的规定，该法不仅涉及“冠状病毒”的含义及相关术语，[⑥]还涉

① See Health and Social Care Act 2008 (c. 14), ss. 130(1), 170(3), 170(4), Sch. 15 Pt. 3; ss. 129, Pt. 3.

② See The Health Protection (Notification) Regulations 2010 (No. 659), Sch. 1.

③ See *Public Health (Control of Disease) Act*, at https://www.legislation.gov.uk/ukpga/1984/22/contents (Last visited on May 6, 2023).

④ See *The Health Protection (Coronavirus, Restrictions) (England) Regulations* 2020, at http://www.legislation.gov.uk/uksi/2020/350/contents/made (Last visited on May 6, 2020).

⑤ See *Coronavirus Act* 2020, at https://www.legislation.gov.uk/ukpga/2020/7/contents (Last visited on May 1, 2023).

⑥ “冠状病毒”的含义及相关术语：（1）在该法中“冠状病毒”指严重急性呼吸系统综合征冠状病毒（SARS-CoV-2），“冠状病毒病”指COVID－19（可由冠状病毒引起的疾病的官方名称）；（2）该法中提到的感染或污染，无论如何表述，都是指冠状病毒的感染或污染；（3）但该法中提到的感染冠状病毒的人，无论如何表述，都不包括已经感染但没有冠状病毒的人（除非再次感染）（除非出现相反的意图）。

及6个月的议会审查[①]及其释义[②],即将根据新冠疫情的发展情况每6个月审查一次该法是否应继续有效。

面对突然暴发的疫情,英国之所以能快速响应,将新冠纳入法律规制的领域,归功于英国快捷有效的快速立法程序。按照普通的立法程序,立法草案要先获得英国议会的通过,后经君主签署通过才能正式生效。一般来说,英国议会立法的程序相对较为烦琐,需要上下议院经过5个阶段分别审议和表决法案,直到两院就该法案达成一致,君主签署同意后才能正式成为议会立法。而快速立法是指政府提出必须迅速制定的法案,利用其立法创议权和控制议会时间的权力,以实现快速通过的立法程序。

在英国历史上,快速立法程序被多次采用,这主要是因为紧急情况的出现,例如,纠正立法中的异常、疏忽、错误、不确定性,应对经济危机,以及响应国际协议等。快速立法程序在外交、军事和国家安全等领域应用广泛,并且在英国历史上曾经多次成功运用。当然,选择是否适用快速立法程序需要权衡和考虑多种因素,如立法的紧迫性、公众利益、法律合规性等。快速立法程序的适用应该仅限于必要情况,避免滥用权力和侵犯公民权利。同时,需要通过完善的监督机制和有效的问责制度,确保政府行使权力的合理性和公正性,维护公民的合法权益。总之,快速立法是一种应对紧急状况的有效手段,但必须慎重使用,以

---

① See *Coronavirus Act* 2020, at https://www.legislation.gov.uk/ukpga/2020/7/contents(Last visited on May 1,2023).

② (1)如果下议院否决了由王室大臣按照第3款规定的形式提出的动议,王室大臣必须行使第90条第1款赋予的权力,以确保相关的临时条款不晚于否决之日开始的21天期限结束时失效;(2)该动议的形式是"2020年冠状病毒法的临时条款不应过期";(3)在可行的情况下,王室大臣必须安排第1款中提到的动议在每个6个月审查期结束后立即开始的7个会议日内由下议院进行辩论和表决;(4)在该条中"6个月的审查期"指(a)从该法通过之日开始的6个月期间,以及(b)随后的每个6个月期间。但前提是(在每种情况下)至少有一个相关的临时条款在该期间结束时仍然存在(无论该条款是否已经生效或当时已经暂停)。"相关临时条款"是指该法的任何条款(a)未被列入第89条第2款(未到期的规定),并且(b)王室大臣可以根据第90条第1款(提前到期的规定)对其作出规定,而无须得到威尔士大臣、苏格兰大臣或北爱尔兰部门的同意。

确保其合理性和公正性。此次《新冠病毒法(2020)》就是一项适用了快速立法程序的法案,其立法程序仅历时6天就迅速通过。该法案在应对新冠病毒疫情方面,赋予了英国政府开展必要措施的权限,包括限制公民的人身自由、关闭港口、对疑似患者进行隔离等,对于控制疫情发挥了重要作用。①

就单行立法模式本身而言,因其无须考虑与现有法定列举的法定传染病的协调性,直接单独针对新冠疫情进行立法,可以节约很多时间,且通过6个月的有效性审查以适应新发传染病的发展与变异,也避免了立法僵化的问题。

(二)纳入立法模式

此种模式是将新发传染病纳入已有的传染病防治法律体系中进行管理和约束,适用法定传染病的防治措施和处罚规定。在此种模式下,当发现新发传染病后,应通过特定程序由政府或者立法机构用命令的方式将该新发传染病纳入现有法律体系之中,从而适用既有传染病防治法律体系中的某类防治措施。

大陆法系国家多采用此立法例,我国《传染病防治法》(2013年修正)也采用此立法模式。根据我国《传染病防治法》(2013年修正)第3条之规定,传染病分为甲类、乙类和丙类,并列举规定了两种甲类传染病、25种乙类传染病,以及10种丙类传染病。同时规定国务院卫生行政部门根据传染病暴发、流行情况和危害程度,可以决定增加、减少或者调整乙类、丙类传染病病种并予以公布。在此种立法模式下只有列入法条(包括国务院卫生行政部门调整公布)的法定传染病,以及需要采取甲类传染病的预防、控制措施的突发原因不明的传染病才是《传染病防治法》(2013年修正)的规制对象。因此,尽管《传染病防治法》(2013年修正)第二章规定了传染病预防(监测、预警、报告)制度;第三章规定了疫情报告、通报和公布制度,但是并不适用于法定传染病之外的传染病,同样也不适用于尚未被国务院批准采取甲类传染病的预

① 参见赵越、孟彦辰:《突发公共卫生事件下的紧急立法研究——以英国〈新冠病毒法〉为对象》,载《卫生软科学》2021年第8期,第34~37页。

防、控制措施的“突发原因不明的传染病”。

2020年1月20日,我国国家卫生健康委发布《中华人民共和国国家卫生健康委员会公告》(2020年第1号),宣布将新型冠状病毒感染的肺炎纳入《传染病防治法》(2013年修正)规定的乙类传染病,并采取甲类传染病的预防、控制措施;将新型冠状病毒感染的肺炎纳入《中华人民共和国国境卫生检疫法》规定的检疫传染病管理。[①] 这意味着新冠肺炎从法律层面被正式纳入我国防疫体系进行规制,各级国家机关可以依据《传染病防治法》《国境卫生检疫法》及其他相关法律、法规的规定采取防疫措施。之后随着新冠疫情的缓解,2022年12月26日国家卫生健康委发布(2022年第7号)公告称,自2023年1月8日起,我国解除对新型冠状病毒感染采取的《传染病防治法》规定的甲类传染病预防、控制措施。[②] 尽管《传染病防治法》(2025年修订)第3条将“突发原因不明的传染病”明确列为法律适用对象,同时保留了将“突发原因不明的传染病”纳入甲类传染病防治的程序,但是该法律并未系统性地针对新发传染病制定专门措施。

(三)模式优劣分析

单行立法模式的优点在于能够针对特定新发传染病更加精准地制定措施,避免因其他传染病的存在而干扰和影响防控措施的效果;同时也可以更加灵活地根据疫情的变化进行调整。而纳入模式的优点在于能够更好地利用已有的法律体系和经验,提高立法效率,同时也能够更好地协调和统筹各类传染病的防控工作。总体来说,单独立法模式更加精准和灵活,而纳入模式则更加便于协调和管理。

而就缺点比较而言,单独立法模式的缺点包括三点。第一,可能出现法律冲突。由于不同传染病之间存在差异,单独立法模式可能会与

---

① 参见《中华人民共和国国家卫生健康委员会公告(2020年第1号)》,载中华人民共和国国家卫生健康委员会网站,http://www.gov.cn/xinwen/2020-01/21/content_5471158.htm。

② 参见《关于印发对新型冠状病毒感染实施“乙类乙管”总体方案的通知》,载中华人民共和国国家卫生健康委员会网站,http://www.nhc.gov.cn/xcs/zhengcwj/202212/e97e4c449d7a475794624b8ea12123c6.shtml。

其他法律条款产生冲突，导致立法效果不佳。第二，立法效率相对较低。每次针对新发传染病制定专门法律需要耗费大量时间和资源，可能会延迟防疫工作的进展。第三，可能导致立法过度。针对每个新发传染病都制定专门法律，可能导致立法过度，浪费资源和时间。

而纳入模式的缺点则包括两点。第一，可能会导致防疫工作效率降低。由于不同传染病之间存在差异，因为需要同时考虑多个传染病的防控措施的实用性和匹配性，将针对新发传染病的防控措施纳入已有的法律框架中可能导致防疫工作效率降低。第二，对各个传染病之间的防控措施进行统一管理，可能导致某些新发传染病的防控工作缺乏一定的针对性。

二、传染病列举和分级制度差异

各国为区别传染病的危害程度，采取了不同级别的防治措施，均将传染病进行列举和分级。世界卫生组织也制定了一套传染病分级标准，用于将传染病分为不同的等级，并根据疾病的传播能力、严重程度、对公共卫生的威胁等因素来制定相应的控制和防治措施。据此，传染病可以分为以下四类：类别A，高度致病性、易传播、无有效治疗和预防措施的新发传染病，对公共卫生构成极大威胁，如非典、埃博拉病毒病等；类别B，中度致病性、中等传播能力，存在一定有效的治疗和预防措施，但仍对公共卫生构成较大威胁，如艾滋病、登革热等；类别C，低致病性、传播能力有限，有有效的治疗和预防措施，对公共卫生构成较小威胁，如霍乱、乙型肝炎等；未分类的疾病，对公共卫生没有威胁或者不需要特别控制的疾病，如普通感冒等。传染病分级制度的目的是帮助各国政府和公共卫生机构更好地了解不同传染病的风险和控制方法，加强各国之间的合作，共同应对新发传染病的挑战。通过该制度，各国卫生机构可以更快地作出响应，采取有效的预防和控制措施，以避免疾病的传播和蔓延。目的是及时发现、报告和控制新出现的传染病，以保障公共卫生安全。

一般而言，各国防疫法律对传染病的列举和分级的方式大致包括以下三种：封闭式列举模式、开放式定义模式以及既有列举式又有概括性定义的综合模式。这些模式的不同又会影响新发传染病在纳入既有防治法律体系时采取的归类制度有所差异。

(一)德国模式:开放式定义模式

开放式定义模式即在法律条文中并不列举传染病的名称和种类,只是对传染病的内涵和外延进行定义,由法律执行部门按照上述定义针对具体的传染病进行法律认定和法律适用。

德国法律即采取开放式定义模式。德国《人类传染病预防与控制法》,又被称为《防止传染病法》(Protection against Infection Act),现行有效的版本于2000年6月颁布,并于2020年11月最新修正。德国关于传染病立法的调整对象的规定使用了“应当报告的疾病”(Notifiable diseases)和“应当报告的病原体证据”(Notifiable evidence of pathogens)这样的概括性表述。该法第6条专门规定了应当报告的疾病(法定疾病),包括被认定为法定疾病的5种情形(实体方面)和相关的程序内容(程序方面)。德国对传染病的确认采用的是通过医院的报告确认制度,从而合疫情预警、报告与治疗于一体。在对象上区分了传染性疾病和感染病原体,如鼠疫是一种疾病,而埃博拉病毒则是一种病原体。在法定疾病的五种情形中,第一种情形指凡疑似、临床和死亡病例的原因是由包括鼠疫、霍乱等14种传染病所引起的疾病以及“即使在没有细菌学证据的情况下也需要治疗的结核病临床病例和死亡病例”;第二种情形是指食源性感染或急性感染性胃肠炎的疑似病例和临床病例;第三种情形是指接种疫苗后的反应超过了对健康损害的合理程度;第四种情形则是动物患狂犬病、疑似感染狂犬病以及接触动物尸体给人造成的感染;第五种情形则是兜底条款,是指有两例或以上病例与流行病学有关且对公众有严重危害的类似病例情形。①

在德国,各个州负责管理本州的卫生事务,但在面临危及全国的疫情时,联邦卫生部和罗伯特·科赫研究所则负责指挥和协调整个疫情控制工作。当出现重大传染性疾病时,罗伯特·科赫研究所必须向世

① 参见李广德:《传染病防治法调整对象的理论逻辑及其规制调适》,载《政法论坛》2022年第2期,第150~163页。

界卫生组织通报该疫情。如果发生重大传染病,罗伯特·科赫研究所会在第一时间得到并迅速处理来自疫区的报告,同当地机构合作制订对策,同时向负责执行防治措施的当地卫生部门提供技术指导。具体措施的执行则由疫区的卫生机构负责。德国的卫生行政部门即联邦卫生部有权根据需要发布具有法律效力的行政命令,以调整传染病或病原体的目录,并对第6条中的法定疾病的实施状态进行终止、限制或延长。例如,2020年,德国联邦卫生部通过紧急行政法规,将新冠肺炎添加到第6条的病原体清单中。

相较于大多数西方国家以自由主义为原则的宪制体制,德国《防止传染病法》赋予了政府强有力的行政权力,以便及时采取必要的防疫措施,以防止传染病和病原体的传播。[①] 面对2020年新冠肺炎疫情在欧洲暴发后对国家大流行病应对机制的挑战,德国迅速通过《全国性流行疫情保护法案》,以加强行政部门的权力正当性和法律来源,更加合法地、高效地控制新冠疫情的传播。

在这种模式下,一般会将新发传染病进行单独归类,即只要符合相关概括性定义,均可认定为法律意义上的新发传染病。在法律条文中也会相应地针对新发传染病规定专门的防治措施,尤其是监测、预警、报告和评估等预防和认定措施。

(二)日本模式:综合模式

日本模式虽然在法律条文中列举了一些传染病的具体病种名称,但同时又作出开放式的兜底规定,未列入法定传染病名录的传染病只要符合相关定义和条件,即可被认定为法定传染病或者新发传染病,并适用相应的传染病防治法律规定。

以《日本传染病预防法》为例,该法对传染病的分类详细。其中,"一类传染病"(包括7种疾病)、"二类传染病"(包括7种疾病)、"三类传染病"(包括5种疾病)采用对具体病种进行"列举式"的规定,且不允许国会以外的机关修改。相应地,"四类传染病"(包括44种疾

---

① 参见李广德:《传染病防治法调整对象的理论逻辑及其规制调适》,载《政法论坛》2022年第2期,第150~163页。

病)和“五类传染病”(包括24种疾病)采用“列举+概括定义”式规定。其中通过“其他”的规定,内阁和厚生劳动省授权以政令、省令的形式进行补充规定。此外,该法还授权内阁通过政令将已知传染病中扩散具有严重危害公众健康的病种规定为“指定传染病”(designated infections)。总体来说,《日本传染病预防法》通过细致规定传染病的分类以及授权相关机构制定补充规定的方式,为预防传染病的传播提供了法律基础。同时,政令形式的补充规定,也使法律能够及时适应新型传染病的出现和流行。①

尤其值得借鉴的是,《日本传染病预防法》还单独规定了“新传染病”(new infections)。该法第6条第9项规定:“本法所称‘新传染病’是指在人与人之间传染的,与已知感染病的症状与治疗效果明显不同,患有该疾病的情形下病情危笃,且该疾病的蔓延足以对国民的生命健康造成重大影响的疾病。”该定义虽然采取了客观标准,但是又基本属于表面证据。② 只要符合以下四个条件,就可以适用《日本传染病预防法》第8章针对“新传染病”的规定,分别是:具有人传人能力、与已知传染病症状明显不同、感染者病情严重和该疾病的扩散有严重危害公众生命健康的风险。

如表2-1所示,日本法律对传染病进行了严格和细致的分类。其中Ⅰ类、Ⅱ类、Ⅲ类是明确列举,跟我国《传染病防治法》(2013年修正)第3条一样,既没有定义也不用“等”字。而Ⅳ类和Ⅴ类则是有限定义加举例,Ⅳ类主要是日本政府规章中所规定的可能通过动物或尸体、食物、饮料、衣物、床单或其他个人物品传播并影响人民健康的疾病,包括E型肝炎、狂犬病等10种。而Ⅴ类则是日本厚生劳动省指定的在Ⅳ类以外的已知传染病,主要有8类(并非8种)传染病。而其他

---

① 参见滝澤秀次郎:《感染症の予防及び感染症の患者に対する医療に関する法律-その理念と運用》,载《日本内科学会雑誌》1999年第11期,第2104~2111页。转引自陈云良、陈煜鹏,《论传染病防治决策的法治化和科学化》,载《比较法研究》2020年第2期,第25~39页。

② 参见陈云良:《新发传染病单独归类规制研究》,载《法律科学(西北政法大学学报)》2021年第6期,第3~18页。

指定传染病则是除上述外且已知的可能危及民众生命或严重影响健康的传染病，其由政府的行政命令加以制定，起着国家对兜底传染病调控的作用，但仅限于医学上已知的病种。在日本法律中，新发传染病被单示出作为一个类别，从而适用单独的防治规则。

表2－1　日本法律中传染病的分类

分类	适用传染病
Ⅰ类传染病	埃博拉出血热、克里米亚－刚果出血热、天花、南美出血热、鼠疫、马尔堡病、拉沙热
Ⅱ类传染病	急性脊髓灰质炎、白喉、严重急性呼吸综合征（仅当病原体为SARS冠状病毒）、结核病、中东呼吸综合征（仅当病原体为MERS冠状病毒）、禽流感［仅当病原体为流感病毒A属流感病毒，血清亚型为H5N1或H7N9（以下统称为“特定禽流感”）］
Ⅲ类传染病	肠出血性大肠杆菌感染、霍乱、志贺氏菌病、伤寒、副伤寒
Ⅳ类传染病	戊型肝炎、甲型肝炎、黄热病、Q热病、狂犬病、炭疽病、禽流感（不包括指定的禽流感）、肉毒杆菌中毒、疟疾、兔热病（可以根据内阁命令将传染病添加到此类别）
Ⅴ类传染病	流感（不包括禽流感和新发流感或再发流感）、病毒性肝炎（不包括戊肝和甲型肝炎）、隐孢子虫病、获得性免疫缺陷综合征、生殖器衣原体感染、梅毒、麻疹、耐甲氧西林金黄色葡萄球菌感染（可以根据厚生劳动省条例将传染病添加到此类别）
指定传染病	由内阁命令指定，期限1年，但能延期1次
新发传染病	目前尚缺
大流行性流感（新流感或新发流感）	新型流感，重新出现的流感

注：表格由笔者根据《日本传染病预防法》相关规定整理制作。

对传染病进行分类设置的目标是分类防治。由于日本的《传染病预防法》重在对传染病患者的医疗保障，贯穿对患者健康权等人权理念的重视，所以该法的重点在于为各类传染病患者提供医疗照护和治疗保障。七种分类的设置体现了日本立法对传染病防治对象进行了严格的精细化区分，如只有患Ⅰ类传染病才需要被检疫和隔离，从而适用专门的日本《检疫法》。

日本传染病防治立法在调整对象上的独特性还在于，它将新发传染病放入调整对象条款中，从而实现了对传染病防控对象规制的开放性，也就是通过《传染病预防法》第7章（第45条至第53条）的整章内容来实现对新发传染病的防控和治疗。在新发传染病的防控和确认方面，日本首先强调国家有关防控机构的职能角色和防控义务，如在收集和分析了有关新发传染病的信息后，日本中央政府在能够确认它是一种新发症状之后，就应该立即采取必要措施来防止其蔓延。但同时规定日本厚生劳动大臣在制定、修改或废止有关新发传染病防控法令之前，应征求日本卫生科学委员会的意见，而后者是日本卫生健康科学技术领域的学术和伦理审查的专业机构，体现出日本在传染病防治立法上以国家权力为主导、专业辅助配合的特色。①

（三）中国模式：封闭列举模式

在封闭模式下所有法定传染病的病种名称和防控级别均被列举在法条之内。我国《传染病法治法》在2025年修订前的所有版本均采用此种模式。在立法内容上，法律根据传染病病种的传播方式、传播速度、流行强度以及对人体健康、对社会危害程度的不同，参照国际统一分类标准采取分病种、分等级列举的方式确定具体的传染病防治对象，即将传染病分为甲、乙、丙三级并明确列举各级传染病所包含的病种名称；同时赋予国务院和国务院卫生行政部门增加或者减少乙类、丙类传染病病种的权力。

在立法形式上，《传染病防治法》对作为其调整对象的传染病采用的是严格列举的方式，对已经存在且需要防治的传染病，根据分类分级的方式和标准明确列举。因此，在此种模式下，如果出现新发传染病，采取类比的方式参照适用某类别的法定传染病所采取的防控措施。

① 参见李广德：《传染病防治法调整对象的理论逻辑及其规制调适》，载《政法论坛》2022年第2期，第150~163页。

《传染病防治法》(2013修正)第4条第1款规定，其他乙类传染病和突发原因不明的传染病需要采取本法所称甲类传染病的预防、控制措施的，由国务院卫生行政部门及时报经国务院批准后予以公布、实施。

而《传染病法治法》(2025年修订)则采用了综合模式，其第3条第2~4款规定：甲类传染病，是指对人体健康和生命安全危害特别严重，可能造成重大经济损失和社会影响，需要特别严格管理、控制疫情蔓延的传染病，包括鼠疫、霍乱；乙类传染病，是指对人体健康和生命安全危害严重，可能造成较大经济损失和社会影响，需要严格管理、降低发病率、减少危害的传染病，包括新型冠状病毒感染、传染性非典型肺炎、艾滋病、病毒性肝炎、脊髓灰质炎、人感染新亚型流感、麻疹、流行性出血热、狂犬病、流行性乙型脑炎、登革热、猴痘、炭疽、细菌性和阿米巴性痢疾、肺结核、伤寒和副伤寒、流行性脑脊髓膜炎、百日咳、白喉、新生儿破伤风、猩红热、布鲁氏菌病、淋病、梅毒、钩端螺旋体病、血吸虫病、疟疾；丙类传染病，是指常见多发，对人体健康和生命安全造成危害，可能造成一定程度的经济损失和社会影响，需要关注流行趋势、控制暴发和流行的传染病，包括流行性感冒、流行性腮腺炎、风疹、急性出血性结膜炎、麻风病、流行性和地方性斑疹伤寒、黑热病、包虫病、丝虫病、手足口病，除霍乱、细菌性和阿米巴性痢疾、伤寒和副伤寒以外的感染性腹泻病。尽管《传染病法治法》(2025年修订)对三类传染病采用了开放式界定的方式，但是仅对于传染病传播的社会后果作出规定，并未对传染病的内涵、认定标准予以界定，在实践中可能容易造成不易把握，适用混乱的情形。另外，对于新发传染病仍然采用了纳入到甲类传染病防治的方式，并未规定专门措施，这也是新法还需继续完善之处。可以说《传染病法治法》(2025年修订)形式上采用了综合模式，但其实质和内涵还是属于封闭式模式。

(四)三种模式对新发传染病法律规范的影响

在采取封闭式列举模式的法律中，没有新发传染病防治的特殊性规定，必须参照适用某一类法定传染病的防治措施。开放式定义模式和综合模式一样，往往对新发传染病采取单独归类制度，即针对新发传染病单独制定防治措施，以区别于其他类型的法定传染病。

因此，建议我国根据传染病的传染性、传播途径、症状严重程度以及是否存在治疗或预防方法进行评估分类，并且定期审查，授权疾病预防控制中心或卫生行政部门根据实际变化情况发布公告。根据不同类别的传染病，需制定相应的防控措施，包括监测、上报等，并规定对各类传染病病例（包括疑似病例和确诊病例）的检查、工作或生活限制和收治，对病例接触过的物品、公共场所等的处置。通过传染病的细化分类，可以有利于分级采取防控措施，使资源得到有效利用，从而更好地控制和预防传染病的流行。①

三、新发传染病归类制度

（一）归类制度定义与内容

在采取将新发传染病防治纳入既有防疫法律体系立法模式的国家中，在纳入时需要对新发传染病进行评估、分类从而确定其是否需要纳入既有防疫法律体系以及纳入后应当采取何种类别的防治措施，这就是新发传染病的归类制度。新发传染病归类制度是指由政府机构或专业的卫生机构根据新发传染病的病原体、传播途径、临床表现等特征进行综合评估，从而确定其是否需要纳入传染病防治法律体系以及需要采取何种级别的法律防治措施的制度。例如，2020 年 1 月 20 日，我国国家卫生健康委发布《中华人民共和国国家卫生健康委员会公告》（2020 年第 1 号），宣布将新型冠状病毒感染的肺炎纳入《传染病防治法》规定的乙类传染病，并采取甲类传染病的预防、控制措施，这就是一种典型的归类行为。②

广义的归类制度还包括归类调整制度，即针对已经纳入传染病防治法律体系的新发传染病，随着其病毒变异，传播性和危害程度产生变化，从而相应调整出传染病防治法律体系，或者采取其他不同级别措施

① 参见陈婉莉、姜晨彦、王继伟：《日本传染病预防控制体系及其对我国的启示》，载《上海预防医学》2021 年第 3 期，第 248 ~ 253 页。

② 参见《中华人民共和国国家卫生健康委员会公告（2020 年第 1 号）》，载中华人民共和国国家卫生健康委员会网站，http://www.gov.cn/xinwen/2020-01/21/content_5471158.htm。

的制度。例如，随着新冠肺炎病毒的变异，其危害程度大大降低，2022年12月26日国务院发出通知，自2023年1月8日起将新冠肺炎调整为“乙类乙管”，这就是典型的归类调整行为。①

较为完善的新发传染病归类制度包括以下内容：(1)监测以及预警，及时开展流行病学调查，收集病例的流行病学资料，并进行病原体的检测和鉴定，以便于掌握新发传染病的流行情况和特征；(2)发现和报告，规定发现新发传染病的医疗机构和医务人员必须立即上报当地卫生主管部门，并采取控制措施；(3)编码和管理，为新发传染病分配唯一的编码，以便于传染病的统计和管理，并建立相应的档案和数据库，便于后续的疫情分析和管理；(4)定义和分类，根据新发传染病病原体、传播途径、临床表现等因素明确新发传染病的定义和分类标准。

(二)归入法定传染病模式与单独归类模式

对于传染病病种采取封闭式列举立法方式的国家而言，如果出现新发传染病，则通过法定程序将其纳入既有法定传染病序列并执行相应的防控措施，即采取归入法定传染病模式。对于传染病采取开放式定义模式和综合模式的国家而言，则会对新发传染病进行单独归类，在立法中对新发传染病的定义以及特殊防治措施进行专门规定。

单独归类模式通过制定相关规定将新发传染病纳入防治法律体系，并由相关机构对其进行专门监管和控制。这种方式具有一定的灵活性和较强的适应性，在一定程度上能够快捷、有效地应对新型传染病的出现和传播，可以根据我国国情和实践加以借鉴。

综上所述，新发传染病的立法模式、列举与分级制度、归类制度的立法差异，导致各国在面对同样的新发传染病的响应速度和具体制度比如预警、监测、报告、认定以及类别调整措施上均存在差异，这让新发传染病的国际合作存在不确定性。这也给各国和地区在应对新发传染病暴发事件时采用共同的标准和框架进行协调和合作增加了难度。

---

① 参见《关于印发对新型冠状病毒感染实施“乙类乙管”总体方案的通知》，载中华人民共和国国家卫生健康委员会网站，http://www.nhc.gov.cn/xcs/zhengcwj/202212/e97e4c449d7a475794624b8ea12123c6.shtml。

第二节　新发传染病防治国际法规范的差异化表现

现代传染病防治的国际法规范体系，主要经历了三个阶段的发展沿革。第一阶段为1951～2004年，主要国际法规范为《国际公共卫生条例》《国际卫生条例》。此时囿于传统国际法主要调整国家间关系的属性，传染病防控的国际法规范重点在于协调，即协调各国在边境采取的控制传染病入境的检疫措施，以避免措施的过度使用对国际经济秩序的阻碍。第二阶段为2005～2018年，以《国际卫生条例（2005）》为主要规范，在前一阶段的基础上，规范重点在于协作，即扩大了世界卫生组织决定"国际关注突发公共卫生事件"和发布建议的权力，及其和成员国之间的合作和援助义务，强调世界卫生组织对成员国的防控措施进行有效性评估、专家援助和成员国对世界卫生组织协调应对活动的支持。① 第三阶段则是2019年至今，基于新发传染病应对中反映出的国际法规范的不足，国际法规范体系正处于战略转变阶段，规范重点在于规制，即通过加强世界卫生组织对相关事项的领导，推动国际法层面的规制对每个国家的影响，并提供有影响力的全球公共产品，具体包括根据国家需求提供法规、科技规范和健康趋势评估等在内的全球公共产品，并在国家一级产生切实、长期的影响。②

经由上述三个阶段发展而来的现行的传染病防治国际法规范，可按防治措施的具体内容分为三类：一是非医药干预制度，包括改善个人卫生、隔离、追踪接触者和限制旅行等，如《世界卫生组织组织法》《国际卫生条例》；二是疫苗免疫制度，即针对特定疾病研制疫苗，并向大量公众注射，以达到较好的防疫效果，如《关于建立国际疫苗研究所的协定》《共享流感病毒以及获得疫苗和其他利益的大流行性流感防范框架》；三是非针对性治疗制度，即定点或区域性分发抗病毒药物，或

① 参见《国际卫生条例（2005）》第12条、第13条、第14条。

② 参见世界卫生组织《2019～2023年第十三个工作总规划（草案）》（总干事的报告），A71/4，2018年4月5日，第29～38页。

使用呼吸机等治疗器械,如《共享流感病毒以及获得疫苗和其他利益的大流行性流感防范框架》。①

由此可见,基于国际法法源间的效力差异、所涉交叉领域的规制目标与内容差异和在国内法适用差异,新发传染病防治的国际法规范在不同维度上存在差异。

一、国际法规范效力差异

新发传染病防治的国际法规范,基于其法源属性的本质不同,无论是在不同法源的规范之间,还是在同类法源的规范之间,存在显著的效力差异。

(一)不同法源规范间的效力差异:软法<硬法?

如前所述,现行新发传染病国际法律规范体系涵盖了多元法源,既包含《国际卫生条例(2005)》、世界贸易组织相关协定在内的国际多边条约,还包含《中华人民共和国政府和法兰西共和国政府关于预防和控制新发传染病的合作协议(2004)》《法兰西共和国政府和瑞士联邦委员会之间关于流行性感冒和健康风险的信息交换协定》等在内的诸多双边协定;又有基于联合国国际法委员会2001年《国家责任条款草案》而被广泛认可的、关于传染病防控国家责任的习惯国际法规则;更有包含世界卫生组织等政府间国际组织和世界公共卫生协会联盟(The World Federation of Public Health Associations,WFPH)、巴斯德国际网络联盟(The Institute Pasteur International Network,IPIN)等非政府间国际组织发布的与传染病防控监管相关的各种决议、标准、指南、建议等具有高度技术性、专业性的"软法"规范体系。

该国际法律规范体系的各个法源间存在效力差异。就条约和习惯国际法而言,尽管学界通说认为,《国际法院规约》第38条所规定的传统国际法各有其渊源,特别是国际条约和习惯国际法,是各自自足的渊源(autonomous sources),相互之间并无当然的效力等级差异。

① 参见马忠法、谢迪扬:《传染病防治国际法制度的现状、缺陷与完善》,载《安徽师范大学学报(人文社会科学版)》2022年第5期,第101页。

但是,在实践中,国际条约与国际习惯法在新发传染病防治的特定时域、特定国际法律事项上的实然适用存在天然的实效差异:相较于习惯国际法需要证明其存在方可适用,条约由于其文本规定的明确性,得以直接适用;相较于由"通例之存在"和"法律之确信"构成的习惯国际法具有普遍适用的效力,条约特别是就新发传染病防治这一特定事项达成的双边、区域条约,常基于特别法或者新法的属性得以优先适用。

就软法规范而言,与传统国际法渊源相比,新发传染病防治相关的国际软法规范体系更具实效。一方面,新发传染病防治的国际条约和习惯国际法规范本身属于软的"硬法",即虽然是传统国际法渊源,因而应当具有法律拘束力,但是由于新发传染病防治的相关国际条约,特别是《国际卫生条例(2005)》项下规定的多为"尽可能"的义务,其不具有强制性。同时,关于新发传染病防治国家责任的习惯国际法本身在证成和具体适用要件上存在诸多不确定性,因而相较于其他领域的国际条约和习惯国际法规范,其属于"软"国际法规范。另一方面,尽管软法被定义为"原则上不具有法律约束力但却具有实际效果的行为规范"。[①] 但是,在国际法律体系中,国际软法越来越多地被接受为"国际法院规约未能预见到的新的国际法渊源,至少是创造国际法规则的新方法"[②],并被定义为"国际关系中缺乏法律效力形式或法律约束力合意,但其实体内容具有类似于条约和国际习惯等主要法律渊源之实际效果的行为规范"[③]。

无论是世界卫生组织等政府间国际组织,还是世界公共卫生协会联盟、巴斯德国际网络联盟等非政府间国际组织出台的、旨在统筹新发传染病防治具体实践的上述国际软法规范,因其相较于《国际卫生条

---

① Francis Snyder, *The Effective of European Community Law: Institutions, Process, Tools and Techniques*, 56 The Modern Law Review 32(1993).

② [法]亚历山大·基斯:《国际环境法》,张若思编译,法律出版社2000年版,第65页。

③ 江河:《从大国政治到国际法治:以国际软法为视角》,载《政法论坛》2020年第1期,第47~61页。

例(2005)》等国际条约和相关国际习惯法,“虽然没有强效的法律约束力,但往往承载着国际社会应对传染病的最新安排,具有更高的专业性和时效性,是传染病国际防治体系中最活跃的部分”,从而对于新发传染病防治国际合作关系的规制更具实效。①

(二)同类法源规范间的等级差异:强行法＞一般强制性规范＞软法?

即便是同类法源,各规范间也存在效力等级差异。由于国际社会是平权社会,国际法规范经由国家间合意的造法行为制定,无法依据制定者的地位或规则制定的程序确定效力等级。因此,国际法规范效力等级次序的确定并非依其所属的法源类别,而是其自身的规范属性。国际法规范间存在效力等级关系已经为国际社会普遍认可,如强行法(*jus cogens*)作为国际社会全体接受并公认为不许损抑的规则,具有至高的效力;普遍义务(*obligations erga omnes*)作为一国对整个国际社会的义务,具有仅次于强行法的地位等。尽管不同性质的规范按何种标准如何排序均存有较大争议,包括强行法范畴如何、强行法与普遍义务的关系如何、一般强制性规范项下特别规范与一般规范间的关系如何等,但是不同标准下的各类国际法规范间,即便属于同类法源,仍毋庸置疑地存在一定的效力等级差异,而决定特定规范效力等级差异的核心要素即在于规范本身所源自和所追求的价值目标。

具体到传染病防治国际法规范体系,该体系的建构源自对人权中健康权的保护。经由《经济、社会及文化权利国际公约》第12条确立的健康权,即“各缔约国承认人人享有能达到的最高标准的身体和心理健康的权利”②,要求缔约国应为充分实现这一权利而采取步骤以实现“预防、治疗和控制传染病、风土病、职业病以及其他的疾病”③,并且明确“在突发事故、传染病和其他可能对健康造成危害的情况下,公民

① 参见马忠法、谢迪扬:《传染病防治国际法制度的现状、缺陷与完善》,载《安徽师范大学学报(人文社会科学版)》2022年第5期,第100～110页。

② 《经济、社会及文化权利国际公约》第12.1条。

③ 《经济、社会及文化权利国际公约》第12.2条(丙)项。

有获得治疗的权利；各缔约国有义务建立一套医疗卫生应急制度，并在紧急情况下提供救灾和人道主义援助；各缔约国还应独自或者通过共同努力来控制疾病，包括提供相关技术，执行和加强免疫计划以及其他传染病的控制计划；采取措施预防、治疗和控制传染病以及对社区出现的主要传染病进行免疫接种是各缔约国应当优先履行的义务”。[①]

以《国际卫生条例(2005)》为核心的传染病防治国际法规范体系即对该健康权国际保护的具体落实。但是，由于健康权既非单独存在的人权内容，其与生命权、自由权等其他人权共同存在、互相关联，更不孤立于其他领域的国际法治价值，如国际贸易秩序、环境生态利益等，虽然由此衍生的相关系列规范是否属于强行法的范畴从而具有至高等级效力尚有待论证，但在新发传染病防治的特定背景下，这些关联的价值目标不可避免地产生冲突，从而导致基于不同价值优位的特定规范间存在效力差异。例如，为了防止新发传染病导致的疫情蔓延而对旅行者采取公共卫生措施(《国际卫生条例(2005)》第五编)，构成对其人身自由权的限制，从而相较于该条例第3.1条所规定的“充分尊重人的尊严、人权和基本自由”存在优先效力。再如，《国际卫生条例(2005)》秉持平衡卫生与贸易的价值目标，虽然赋予国家具有根据其卫生政策立法和实施法规的主权权利，[②]世界卫生组织的临时和长期建议不具有约束力，[③]但仍严格限制成员国采取额外卫生措施的自主权，要求采取的措施必须遵守特定的实体性原则和标准，[④]以避免对国际贸易产生不当影响。无论如何，国际软法的效力源于各国的自愿遵守，因此其具有较低的法律拘束力。

二、国际法规范定位差异

在全球公共问题中，公共卫生、贸易、人权等原本独立的领域日益

---

① 联合国经济、社会和文化权利委员会：《第14号一般性意见(2000)》，E/C.12/2000/4，第44条。

② 参见《国际卫生条例(2005)》第3.4条。

③ 参见《国际卫生条例(2005)》第三编。

④ 参见《国际卫生条例(2005)》第23条。

相互联系和渗透,学术界称其为"问题联系"(issues linkage)。[1] 因此,新发传染病防治的国际机制涉及的国际法规范领域广泛,既有直接规制公共卫生的国际法规范,如世界卫生组织主导下的《国际卫生条例(2005)》;又有间接涉及公共健康的国际贸易法规范,如世界贸易组织各协定中规定的、涵盖公共健康的一般例外条款;还有人权领域的国际法规范,如《公民经济、社会及文化权利公约》中关于健康权、生命权、自由权等条款;更有环境领域的国际法规范,如《控制危险废料越境转移及其处置巴塞尔公约》《生物多样性公约》,因为传染病防治涉及的医疗废弃物、生活垃圾等处理以及因传染病防控引发的野生动物保护等法律问题,也涉及生态环境保护。不同领域国际条约存在关联性,但不同条约的定位和影响也存在差异,如 TRIPS 协定可能对发展中国家药品可及性产生负面影响,而国际人权机制则在公共卫生的促进方面也扮演着重要角色。随着全球化不断深化,"问题联系"的趋势意味着:解决新发传染病防治这一问题,不能仅依靠公共卫生措施这一单一领域的合作与协调。

(一)直接规范与间接规范的多元目标差异

作为直接规制传染病防控国际合作的、里程碑式的国际法规范,《国际卫生条例(2005)》不仅确定其目的为"以针对公共卫生危害、同时又避免对国际交通和贸易造成不必要干扰的适当方式预防、抵御和控制疾病的国际传播,并提供公共卫生应对措施",更明确其"执行应充分尊重人的尊严、人权和基本自由"。[2] 简言之,作为国际公共卫生法律规范,从目的条款来看,该条例尝试兼顾包括健康权、尊严权、自由权等在内的人权和国际贸易秩序多元价值。

间接调整公共卫生利益的国际法规范各有其价值目标。世界贸易组织的各规范"以提高生活水平、保证充分就业、保证实际收入和有效需求的大幅稳定增长以及扩大货物和服务的生产和贸易为目的,同时

---

① See Trachtman J P., *Institutional linkage: transcending "trade and..."*, 96(1) American Journal of International Law 77, 92(2022).

② 《国际卫生条例(2005)》第 3 条原则第 1 款。

应依照可持续发展的目标,考虑更好地利用世界资源,寻求既保护和维护环境,又以与它们各自在不同经济发展水平的需要和关注相一致的方式,加强为此采取的措施"。[①] 不仅关注贸易议题,亦注重贸易与公共卫生、环境议题的平衡,因此在其项下的 GATT、TRIPS、SPS 等协定均明确承认世界贸易组织成员具有为保护人类健康而限制贸易的权利。

以《世界人权宣言》《国际公民和政治权利公约》《国际经济、社会及文化权利公约》为主体的国际人权法,更是包含多元价值的权利集合,既包括生命权、自由权、健康权、平等权、选举权等个人人权,还包括民族自决权、发展权、环境权等集体人权。

以《巴塞尔公约》《生物多样性公约》为代表的国际环境法,则以保护可持续未来为总价值目标。具体至《生物多样性公约》及《卡塔赫纳生物安全议定书》等,则以保护生物多样性、可持续利用生物多样性及公正合理分享由利用遗传资源所产生的惠益为目标,涵盖了与生物多样性及其在发展中的作用有直接或间接关联的所有领域,包括科学、政治和教育、农业、商业和文化等。

(二)直接规范与间接规范的交叉内容差异

前述这种"问题联系"所带来的影响是复杂的,既有正面的也有负面的。一方面,将公共卫生、贸易和人权等各个领域纳入法律框架中,可以实现综合应对新发传染病的方法。考虑到这些问题的复杂性和多样性,需要跨学科的方法才能解决。不同领域的整合有助于解决新发传染病的根本问题。例如,国际贸易对传染病传播的影响可以通过发展食品安全标准、动物福利法规和预防人畜共患病的机制来解决。将多个领域纳入法律框架中可以确保预防和控制新发传染病的措施符合其他国际义务,例如,应对传染病暴发的努力必须同时贯彻尊重人权原则。另一方面,多个领域参与法律框架可能会带来一些挑战。

首先,不同领域的目标和利益之间的冲突可能阻碍在处理新发传染病方面的合作和协调;其次,由于不同领域的目标和内容多样化,法

① 《马拉喀什建立世界贸易组织协定》(序言部分)。

律框架可能缺乏一致性，导致混乱和低效；最后，在某些领域，目标冲突会愈发显著，例如，TRIPS 协定所保障的知识产权与公共卫生需求之间的关系很难平衡，TRIPS 协定可能导致药品价格上涨，从而对发展中国家获得药物产生负面影响。

总的来说，与新发传染病有关联的多领域规制利弊兼具。虽然它可以更全面地应对复杂问题，但也可能面临利益冲突和协调低效的挑战。例如，新冠疫情大流行给国际社会敲响了警钟，新发传染病需要跨领域积极应对。在这个过程中，多个领域的法律和政策互相影响和沟通，并在全球范围内引起持续的讨论和合作。尤其是在公共卫生和国际贸易的交叉领域，存在食品安全标准、医疗物资的出口和进口、药品研发和生产等问题，需要各国协调和合作。此外，在应对疟疾方面也涉及多个领域的合作。据世界卫生组织统计，2019 年全球共有 2290 万人患疟疾，其中 95% 集中在非洲。[①] 疟疾除了是一种公共卫生问题，还涉及人权和贸易方面的问题。例如，开发疟疾疫苗需要遵守伦理准则和法律规定，同时还需要考虑贫困地区的价格因素。此外，疟疾预防和控制需要借助控制病媒虫，使用药物进行治疗和疫苗预防等多种手段，这些措施可能会与贸易政策和人权原则发生冲突。

三、国际法规范适用差异

（一）国际法规范的解释适用差异

国际法规范的解释是其适用过程中无法避免的问题。各成员国对国际卫生条约、法规的解释和理解角度不一致，导致相关的法律实践与条约、法规的原则精神不符，也导致各国的履行行为存在差异。比如在 2009 年暴发的甲型 H1N1 流感疫情中，世界卫生组织发布了国际卫生条例的紧急情况下的建议，包括在有限供应情况下将疫苗优先分配给高危人群。然而，一些发达国家却在该疫苗供应有限的情况下，直接向

---

① 参见《2016—2030 年全球疟疾技术战略》，载世界卫生组织网站，https://apps.who.int/iris/bitstream/handle/10665/342995/9789240041523-chi.pdf，2023 年 2 月 18 日访问。

制药公司支付高价来获取更多的疫苗，导致疫苗分配不均，引发了一些国家对该建议的争议。再如，2003年暴发非典疫情期间，一些国家实施了旅行禁令。这些国家认为，限制来自疫区的旅行者可以减少病毒的传播。而世界卫生组织则认为这种措施并不可行，因为它可能会导致更多的恐慌和隔离。新冠疫情期间，许多国家实施了国际旅行限制措施，认为限制国际旅行可以减缓病毒的传播，但世界卫生组织并未明确建议这种措施。而其他国家则认为，这种措施可能会导致经济和社会的重大损失，应该谨慎考虑。这些例子表明，各国在如何解释《国际卫生条例》和执行这些条例等方面仍然存在不同的看法和方法。为了更好地控制全球卫生威胁，各国应该共同努力制定和遵守明确的国际卫生标准。

而世界卫生组织并没有就这些差异做好协调和统一工作。世界卫生组织长期为科学家、医学专家和医生主导，缺乏法制传统。可以说其在法规制定方面的欠缺源自其组织文化。同样，由于国际组织所依靠和执行的国际法具有软法性质，还会导致其公众信任受损。如果国际卫生标准没有得到广泛遵守，公众可能会失去对全球传染病控制措施的信任，对国际条约所采取的防治措施的接受程度的下降，导致传染病的传播风险增加。

（二）国际法规范的国内适用差异

1. 国际法规范在国内适用的路径差异

无论是作为条约成员方的缔约国，还是受普遍适用的习惯国际法拘束的国家，不同国家对于不同类型的国际法规范在其本国内的适用路径均有不同的规定，大致可分为转化和纳入两种。例如，英国要求特定类型的条约必须经过国会将条约的内容转化为国内法方可在国内适用；荷兰、法国、西班牙则规定条约规定无须转变为国内法，对任何人有约束力。①

---

① 1953年修正的《荷兰宪法》第65条规定："内容可以拘束任何人的协定的条款，自公布时起有拘束力。公布协定的规则以法律予以规定。"《法国宪法》第55条规定："经过正当地批准或核准的条约或协定，公布后具有高于法律的权威，但以他方适用各该协定或条约为条件。"1978年的《西班牙宪法》第96条第1项规定："国际上有效地缔结的条约自在西班牙公布之时起，成为国内法的组成部分。"

中国《国境卫生检疫法》就国际条约和双边协议的适用问题规定，中华人民共和国缔结或者参加的有关卫生检疫的国际条约同本法有不同规定的，适用该国际条约的规定。但是，中华人民共和国声明保留的条款除外。该法第53条规定，从口岸以外经国务院或者国务院授权的部门批准的地点进境出境的人员、交通运输工具、货物、物品的卫生检疫，我国与有关国家或者地区有双边协议的，按照协议办理；没有协议的，按照国家有关规定办理。

2. 国际法规范在国内适用的实效差异

无论采用转化还是纳入方式，在主观方面，由于各国特别是世界卫生组织成员国在能力、语言、机构设置、公共卫生基础、利益相关者的日程安排以及可得到的资源等发展水平方面存在差异，难以确保在同等程度上履行承诺并为其他国家提供相关技术支持，甚至在必要时能调动所需资源，以保证条约法规的实效性。特别是在国际金融危机蔓延的背景下，要保证成员国稳定遵守相互承诺并在资源短缺时仍然保持良好的抵御疾病风险能力，并将资源输入最需要的国家，是一个极大的挑战。

由于法律合作理念的差异，不同国家可能会有不同的反应方式。例如，一些国家可能倾向于采取强有力的措施，如强制隔离和检疫，而一些国家则可能倾向于采取温和的措施，如自我隔离和提供信息。不同国家的法律合作理念可能会导致在国际传染病防治合作中的法律分歧和难度。2020年1月30日，世界卫生组织宣布疫情构成“国际关注的突发公共卫生事件”，并发布了加强国际合作以阻止疫情传播的临时建议，强调不建议采取任何贸易或旅行限制。然而，疫情开始在全球大规模暴发之后，世界卫生组织更新了旅行建议，但仍不建议对遭受疫情的国家采取旅行或贸易限制。尽管如此，为了阻止疫情的蔓延，几乎所有国家或地区都采取了旅行限制措施，包括加强入境检测、签证紧缩、入境限制和入境禁止等，导致全球交通几乎瘫痪。这些措施未采纳临时建议，也未遵循国际卫生条例的要求，其中至少有2/3的国家没有向世界卫生组织通报所采取的旅行限制措施。在客观上，由于各国国内法律、社会、文化传统的差异，特别是所属体系差异，各国对于条约在国内适用过程中,无论是转化或纳入国内法的过程,还是具体的执法、司法适用过程,会遇到法律解释问题,出现差异化的解释结果。在国际合作过程中,文化差异和沟通障碍也可能导致合作效率低下。各国在传染病防控观念、政策理念和实施方法上存在差异,可能导致在疫情应对方案制定和执行过程中出现分歧。

第三节 新发传染病防治规范差异的不利影响及改善路径

一、规范差异的不利影响

新发传染病防治的国际合作受到内国法、外国法与国际法的三重制约。新发传染病防治的全球治理系统依赖于国内法治与国际法治的共同作用,但是现有的国内法规范间、国际法规范间和国内法与国际法规范间的差异在一定程度上导致新发传染病防治国际合作的功能实效不足。

(一)规范积极冲突:差异化国内法规范机制功能瑕疵

经过多年的新发传染病防治法律规范体系建构,绝大多数国家目前已经形成了相对稳定成熟的国内法规范体系,该体系对于新发传染病防治所涉及的法律规制领域均有所涵盖,因此国内法规范差异所导致的规范冲突问题,主要表现为规范间不一致所导致的积极冲突。

1. 国内法之间:“新发”特殊与“非新发”一般规范冲突

基于新发传染病防治的特殊法制需求,即对于其防治法律体系的效率追求与价值平衡不仅有别于法定传染病防治法律体系,更与其他关联法律体系有所差别,因此,规范的冲突不可避免。以我国新发传染病防治法律体系为例,当前我国公共卫生相关法律法规30余部,包括《基本医疗卫生与健康促进法》《传染病防治法》《突发事件应对法》《国境卫生检疫法》《生物安全法》等基础性法律。其中新发传染病防治的主要法律《传染病防治法》与《突发事件应对法》之间存在规范冲突。

例如，关于传染病疫情信息公布制度，《传染病防治法》与《突发事件应对法》之间就信息发布的有权主体存在规范冲突。按照《传染病防治法》的规定，国务院卫生行政部门定期公布全国传染病疫情信息，省、自治区、直辖市人民政府卫生行政部门定期公布本行政区域的传染病疫情信息。① 《突发事件应对法》规定，县级以上地方各级人民政府应当根据有关法律、行政法规和国务院规定的权限和程序，发布相应级别的警报，决定并宣布有关地区进入预警期。②

再如，关于为传染病疫情防控目的进行征用的主体，《传染病防治法》规定传染病暴发、流行时，根据传染病疫情控制的需要，国务院有权在全国范围或者跨省、自治区、直辖市范围内，县级以上地方人民政府有权在本行政区域内紧急调集人员或者调用储备物资、临时征用房屋、交通工具以及相关设施、设备。③ 《突发事件应对法》则规定有关人民政府及其部门为应对突发事件，可以征用单位和个人的财产。④

有学者指出，从生效时间来看，《突发事件应对法》属于新法，《传染病防治法》(2013 年修正)属于旧法；从调整事项来看，《突发事件应对法》属于一般法，《传染病防治法》属于特别法。由此两者出现了新的一般法与旧的特别法之间的立法冲突问题。⑤ 随着《传染病防治法》(2025 年修订)于 2025 年 9 月 1 日起生效，上述立法冲突问题将得到解决。如《传染病防治法》(2025 年修订)第 57 条第 2 款将相关内容修改为“国务院疾病预防控制部门定期向社会公布全国传染病疫情信息。县级以上地方人民政府疾病预防控制部门定期向社会公布本行政区域的传染病疫情信息。”又如《传染病防治法》(2025 年修订)第 69 条第 1 款将有权征用的主体在国务院及县级以上人民政府的基础上，

---

① 参见《传染病防治法》(2013 年修正)第 38 条。

② 参见《突发事件应对法》第 43 条。

③ 参见《传染病防治法》第 45 条。

④ 参见《突发事件应对法》第 12 条。

⑤ 参见王锴、司楠楠：《新的一般法与旧的特别法的冲突及其解决——以〈突发事件应对法〉与〈传染病防治法〉为例》，载《首都师范大学学报(社会科学版)》2020 年第 3 期，第 6 页。

增加了“其有关部门”。

2. 内国法与外国法之间:国内法规范的域外效力冲突

一般而言,一国的国内管制性法律的适用范围为其本国管辖领域。但是,基于新发传染病的高跨境传染率及其防治对于国际协同性的特殊法制要求,一国国内的医疗卫生和健康法律的涉外规范部分必然具有一定的域外效力。以我国为例,《国境卫生检疫法(2018)》是我国涉外卫生法的典型代表,包括检疫、传染病监测、卫生监督、法律责任等内容;《生物安全法(2020)》包括国际合作、进境动植物产品的准入制度、境外重大生物安全事件应对制度、疫情防控国际合作网络、我国人类遗传资源和信息的对外保护、人类遗传资源和生物资源开展国际科学研究合作、对外来物种入侵的防范和应对等涉外因素的规定。在此基础上,加之各国国内新发传染病防治法律体系存在各类差异,各国具有域外效力的国内法规范可能与他国的国内法存在冲突。

3. 国内法与国际法之间:国际法规范的国内适用冲突

国内法与国际法虽为不同的法律体系,但两者间存在互动关联——对一国具有拘束力的国际法规范,经由转化或纳入在该国内适用时,就同一法律问题可能存在与国内其他可适用规范间的冲突问题。仍以我国为例,《国际卫生条例》在我国国内的适用,采用了转化与纳入相结合并融合其他方法的混合模式。① 具体表现为:在传染病检测方面,《国际卫生条例》第 5 条与我国《传染病防治法》(2013 年修正)第 17 条、《突发事件应对法》第 15 条和第 41 条、《国境卫生检疫法》第 2 条和第 15 条;在出入境疫情通报方面,《国际卫生条例》第 20 条和我国《传染病防治法》(2013 年修正)第 32 条和《国境卫生检疫法》第 5 条等。②

其中,当国内法中的其他关联规范未能及时调整以与国际法规范

① 参见龚向前:《论〈国际卫生条例〉在中国的适用》,载《河北法学》2006 年第 4 期,第 63 页。

② 参见金成华:《涉外卫生法治的意涵与建构——理论定位、制度范式、国际张力》,载《中国政法大学学报》2023 年第 1 期,第 61 页。

相衔接,就会导致规范的冲突。例如,《国际卫生条例(2005)》规定旅行限制可以作为一项防疫措施,但对采取该措施规定了严格的条件限制。我国《国境卫生检疫法》第12条规定,国境卫生检疫机关可对传染病染疫人及染疫嫌疑人采取限制措施。但是鉴于重大公共卫生事件暴发时形势复杂且严峻,直接涉及旅行限制的法律规定较少,可能导致"越界的适用",因而该规定与《国际卫生条例(2005)》所规定的"严格限制的旅行限制"存在冲突。①

(二)规范消极冲突:碎片化国际规范机制功能失灵

与新发传染病防治的国内法规范不同,国际法规范体系的建设虽然同样经过国际社会多年的努力,但是,部分领域规范仍然缺失。因此,国际法规范差异所导致的主要问题更多地呈现为规范间的消极冲突。

1. 外在表象:软条例 + 软法的规范碎片化

目前以《国际卫生条例》为主导的,兼具条约、习惯国际法和大量软法等多元法源的新发传染病防治国际法规范体系,呈现规范缺失的碎片化样态。具体表现为:其一,主导性规范《国际卫生条例(2005)》缺乏能够保障自身获得有效实施的强制性约束机制——国际法律责任的相关规定,是"软"条约,从而导致其所统领下的新发传染病防治国际法规范整体呈现"软"法特征;其二,部分新发传染病防治领域的有效国际法规范缺失,如新发传染病的日常预防机制、国家间新发传染病疫情信息共享机制、国际援助机制项下的诸多规范尚未形成。

2. 内在原因:国际法规范的非体系性

法的体系性概念源自国内法中对于不同法律部门及其包含的不同规范间有机协调以保障有效实施的要求。国际法与国内法相比的核心差异就在于国际法的非体系性(non-systematisms)。国际社会是没有上位权威机构的平权社会。平权国家作为造法者,立足本国的短期与长期利益、通过国家实践制定的国际法规范,无法形成如国内法一般的

① 参见韩龙、崔征:《〈国际卫生条例〉中旅行限制滥用及其完善构想》,载《重庆理工大学学报(社会科学)》2022年第3期,第175~186页。

有机协调的规范体系。因此，就整体而言，国际法本质上缺乏体系性，这会导致具体规范间的积极或消极冲突，以《国际卫生条例(2005)》为核心的新发传染病防治国际法规范亦不例外。

3. 本质影响：国际合作机制的功能失灵

新发传染病防治无国界，国际合作的实质即在全球范围内提供公共卫生产品，因此，新发传染病防治的实质功能即全球公共卫生产品供给关系下权利与义务的分配。该功能的实现，在规范的层面，则取决于有效协调的规范体系。因此，现有非体系性框架下的新发传染病防治国际法规范的功能处于失灵的状态。比如世界卫生组织一再强调宣布疫情为“国际关注的突发公共卫生事件”不是要对疫情发生国进行封闭，主要是促使其他国家加强防控，并且不建议实行旅行限制，但各国会基于国情和国家利益考虑主动选择采取各类不同程度的旅行限制措施，国际合作机制功能在一定程度上无法有效发挥。

(三)规范利益冲突：系统性国际合作机制构建阻滞

各国职能机关之间的协调配合机制尚不成熟，这也是影响国际合作的一个重要障碍。由于缺乏有效的协作和沟通机制，各国在应对传染病威胁时往往会产生许多协调和沟通的困难。在危机情况下，各国缺乏快速建立地方行政层面上紧急情况联络机构的能力，以至于无法迅速实现跨境合作和资源共享。为了应对新发传染病的威胁，各国需要加强沟通与配合，建立更加完善的跨国合作机制，实现信息共享和资源互补；同时，还可以加强国际交流与合作，促进各国在传染病防治方面的经验交流和技术创新。只有在加强跨国合作和协调工作的基础上，才能够更加有效地应对新发传染病的挑战，保障全球公共卫生安全。

由于国际法律合作的复杂性，各国在制定共同的法律规范和标准方面可能面临挑战。例如，在制定国际卫生条例时，各国需要在不同的法律框架和法律文化下寻求共识，而这本身就具有较高的难度。

二、规范差异所致弊端的克服路径

(一)完善和统一国内立法及其实施

新发传染病国际合作必须以国际法为基础，世界卫生组织必须动员其成员国对包括世界卫生组织机构在内的国际法律权威进行重大审查,以实现全球卫生法在应对未来新发传染病威胁方面的承诺。① 然而,国家仍然是国际法的主要行为体,要使国际合作顺利开展,缔约国的国内立法也应该有所回应,使其能够反映国际合作的原则和利益。

实现新发传染病防治国际合作领域的国内立法统一,消除立法差异,符合国际法规则,是一项复杂的任务,需要成员国政府、国际组织和利益相关者的共同努力,其核心在于制定统一法律框架和建立成员国立法协调机制。

1. 制定统一法律框架

为确保成员国之间不存在重大的法律冲突,且国内立法符合《国际卫生条例》等国际法规范的要求,履行其国际法义务,成员国应制定一部全面的"公共卫生法",确保国内立法与国际公共卫生标准和公约保持一致。该法律应明确规定国家在国际合作范畴内的预防、监测、控制和应对传染病方面的职责和权力,以及相应的法律程序和惩罚措施。

成员国在国内立法中须参考国际法和准则。在制定国内法律时,参考国际公共卫生法律框架、国际公约和准则,如世界卫生组织颁布的《国际卫生条例》,以确保国内立法与国际法保持一致,避免立法差异和冲突。成员国之间应加强信息交流与合作,建立健全国内外信息交流和合作机制,促进国内各部门和国际组织、其他国家之间的沟通与合作。成员国通过定期交流会议、信息共享平台和专家交流等方式,加强各方之间的合作与协调。

成员国在进行国内立法时还应考虑建立和制定统一的数据采集、报告制度和分享标准,确保国内各级卫生机构和相关部门按照统一的要求收集和报告疫情数据,这有助于提高数据的可比性和可信度,并促进国际数据共享与分析。

在国际组织层面,须制定统一的指导文件,对新发传染病防治国内

① See GOSTIN L O, HABIBI R & MEIER B M., *Has Global Health Law Risen to Meet the COVID－19 Challenge? Revisiting the International Health Regulations to Prepare for Future Threats*, 48(2) The Journal of Law, Medicine & Ethics 376, 380(2020).

立法进行规范和统一。该指导文件应涵盖相关的法律原则、规定和程序，并明确各部门的职责和权限，以确保立法的一致性和协调性。除此之外，还需制定共同目标和原则，促使成员国就新发传染病防治的共同目标和原则达成共识。这些目标和原则可以包括信息共享、疫苗研发与分发、公共卫生基础设施建设等方面。确立共同的目标和原则将有助于促成成员国国内立法的一致性。

2. 建立成员国立法协调机制

国内立法协调机制是一种旨在协调和统一国内各部门、机构或利益相关者之间的立法行动和政策，以减少立法差异和确保立法一致性。而成员国立法协调机制则是由国际组织主导、主权国家政府参与，吸纳相关利益相关者的意见和建议，讨论和协商新发传染病防治相关的立法问题，以消除成员国之间在新发传染病防治领域的重大立法差异，并使国内法符合国际条约之要求的机制。

加强法律协调机制是消除国内法与国际条约冲突的重要举措。成员国应建立国内卫生法律协调机制，包括卫生部门、外交部门和法律机构等的合作机制。通过协调机制，及时发现和解决国内立法差异和冲突，确保国内立法与国际要求保持一致。

第一，在组织层面，世界卫生组织须建立一个专门的机构或组织来协调成员国之间的立法合作。该机构可以设立一个领导机构或委员会，负责协调和监督立法协调的各项工作。同时，须就该专门问题设立由成员国的立法专家组成的工作组或专家组，负责具体议题的研究和讨论。这些专家组可以根据不同的立法领域或议题组织工作，以确保针对性和专业性。

第二，在平台层面，应定期召开研讨会等会议，让成员国代表就立法议题进行讨论和交流。这些会议可以是定期举行的例会，也可以是特别会议，以解决特定问题或达成共识。为分享法律实践方面的经验，鼓励成员国分享各自的立法经验和成功案例，并开展定期的对话和交流。这可以通过经验分享会、专题讲座、研讨会等形式来实现，以促进成员国之间的相互学习和借鉴。

第三，在技术层面，建立信息共享和数据交流机制，以促进成员国之间的信息交流和合作。建立一个在线平台或数据库,用于分享立法文本、最佳实践、案例研究、科学研究结果等信息资源;组织技术支持和援助,包括培训、专家咨询、资源共享等方面的支持,可以帮助成员国提升立法能力,加强法律制定过程中的技术和专业支持;建立监测和评估机制,对成员国的立法进展进行跟踪和评估,包括制定指标和评估标准,定期对成员国的立法情况进行评估,以及提供建议和反馈意见。

第四,在制度层面,确立法律对等和协作原则,即成员国应尊重彼此的法律制度,相互合作和协商解决立法差异。成员国可以致力于推动法律互认和对等的原则。这意味着成员国应该尊重其他国家的法律制度,并在立法中考虑其他国家的利益和需求。通过这种方式,可以促进成员国在新发传染病防治立法方面相互协调,也有助于建立相互信任和合作的基础,促进立法的一致性和协调性。

除此之外,主权国家应主动推动国际合作协定的签署与执行,积极参与国际合作协定的谈判和签署,并确保其在国内得到有效执行。例如,加入并执行《国际卫生条例》等重要国际公约,以确保在疫情发生时能够按照国际规定进行合作与协调。主权国家还需加强对国内立法机关和从业人员的培训,提高他们对国际法律和准则的了解意识。通过加强国际法律培训可以使群众自觉遵守传染病防治的国际举措。

(二)提升国际法律规范的效力

1. 完善软法

迄今为止,世界卫生组织已经颁布了大量包括与传染病控制有关的各种决议、标准、建议和指南,形成了庞大的软法体系。软法因其具有技术性、灵活性,可以弥补“硬法”的不足,具有较大的制度空间拓展性。新发传染病具有较大的不确定性,针对其防治制定硬法必定是较为艰难的过程。对此可以继续利用国际软法所具有的多样性、灵活性、协调性等优势特性,世界卫生组织应继续通过建议、指南和技术标准等加强对各国新发传染病的指导。因为当各国意见存在较大分歧时,或在因条件变动而难以预料未来的情况下,建议性的规范更加可取。

“大流行预防、防范和应对文书”是一项已经在谈判过程中的新国际文书。欧洲理事会主席在 2020 年年底提出制定“大流行预防、防范和应对文书”的想法，获得了一些国家和国际组织的支持。2021年5月，第74届世界卫生大会就是否启动公约谈判展开了讨论。由于各方意见存在分歧，大会未能推动这一文书的磋商进程，但另行通过了一项决定，即要求加强防范应对工作组对“大流行预防、防范和应对文书”潜在利益的评估，并将评估结果向大会报告。① 2021年12月1日，世界卫生大会同意启动一个全球进程，起草和谈判一项具有里程碑意义的协议，以加强大流行预防、防范和应对。世界卫生大会决定设立一个政府间谈判机构，负责起草和谈判世界卫生组织关于大流行病预防、防范和应对的公约、协定或其他国际文书。第一次会议在2022年3月1日前举行，还举行了公开听证会，通报其审议情况。② 政府间谈判机构计划2024年5月前达成具有法律约束力的最终协议。

根据新文书谈判的进展，此份“大流行预防、防范和应对文书”是对《国际卫生条例》的补充。新文书意味着全球作出承诺，国际社会共同努力防疫，防止重演新冠疫情那样的悲剧，避免个人、社区、国家和世界再度遭受重创。重要的是，新文书规定大流行防范和应对原则、优先事项和具体目标，其中就包括建立抵御新发大流行病的能力；支持预防、发现和应对有大流行潜力的疫情；确保公平获得应对新发传染病的抗疫工具；加强世界卫生组织，并增强世界卫生组织责任感，支持全球协调等。为了加强这份新文书的有效性和影响力，强化全球疫情防控中的薄弱环节，以促进国际社会更从容地应对新发传染病。结合此份文书的概念性草案预稿（以下简称“WHO CA + 预稿”），笔者认为新文书应该明确“大流行病”这一概念的内涵包含“新发传染病”。“WHO CA + 预稿”第1条规定：“（b）‘大流行’指某种病原体或变异株在全球传播，通过持续和高度人际传播感染免疫力有限或无免疫力的人群，其

① 参见世界卫生组织：《举行世界卫生大会特别会议审议制定世卫组织防范和应对大流行公约、协定或其他国际文书》，WHA74(16)，2021年5月31日。

② 参见《世界卫生大会同意启动制定关于大流行预防、防范和应对的历史性全球协议的进程》，载世界卫生组织网站，https://www.who.int/zh/news/item/01-12-2021-world-health-assembly-agrees-to-launch-process-to-develop-historic-global-accord-on-pandemic-prevention-preparedness-and-response。

严重的发病率和高死亡率使卫生系统不堪重负,并造成社会和经济混乱,国家和全球必须开展有效的合作与协调予以控制。”可以看出,“大流行”的定义更多是通过传染病所造成的损害判断,达到较为严重的程度才能被定义为“大流行”。但是,新发传染病的严重程度在一开始是难以显现的,第1条第e款对“具有大流行潜力的病原体”的定义仍是空白,那么新发传染病的防治能否被包含在新文书中目前不可知。因此,新文书的谈判应着重解决概念的内涵问题,应明确“大流行”与“国际突发的公共卫生事件”的关系。

除此之外,作为一个以专业性著称的国际组织,世界卫生组织在制定软法的过程中,要不断加大实体内容所具备的科学性。世界卫生组织需最大限度收集与督促各成员国通报与公共卫生健康有关的信息,同时邀请专家参与决策,以便更好论证相关建议、标准与指南等内容。另外,软法涉及的内容要考虑不同国家当前的医疗卫生健康体系,如援助卫生健康系统薄弱的国家、研发疫苗以及检测试剂等方面的国际合作问题,利用此法为成员国遵守及实施法律法规提供充分条件。对于软法的优化及制定,需要积极推动成员国、相关主体与其他国际组织共同参与世界卫生组织的软法改进及制定工作。不同国际主体的共同参与能使软法具备更持久、更稳定的遵从动力。

2. 制定硬法

软法与硬法各有利弊,需要互为补充才能发挥最大效用。现有的国际法制度体系已具备在卫生健康领域建立各种不同硬性规则的能力,并且各国就新发传染病的严重程度已经达成了一定共识,国际社会应采取行动促进软法的硬法化。在这个过程中,世界卫生组织要善于且敢于利用自己的立法权,完善新发传染病国际合作的硬法体系。

首先,可以从修订《国际卫生条例》起步。在修订的过程中,各国应当克服以邻为壑的想法,加强世界卫生组织的主导地位。修订工作应围绕建立相应的强制性措施、补偿制度、奖励政策乃至惩罚机制展开,尽可能补齐《国际卫生条例》的短板。《国际卫生条例》应要求缔约国就防疫措施适当采取干预措施,经济全球化加快了病毒的传播,但国家边境防疫能力的建设却进展缓慢。因此,如果一国的疫情失控,整个国际社会将面临持续的疫情风险。世界卫生组织可以发布一份国内防疫措施的承诺清单，作为《国际卫生条例》的附件，要求缔约国必须选择2～3项作为国家义务。此类承诺可以包括要求疫区居民严格遵守健康安全规定，如必须佩戴口罩、通报个人行程、自我隔离、实行宵禁管制等。缔约国可以采取民意调查等方式，以确定民众更能接受的防疫措施。

其次，加强新文书的法律约束力。《世界卫生组织组织法》第19条提出“世界卫生大会有权通过有关本组织职权范围内的任何公约或协定”。同时援引这一立法权，世界卫生组织又制定出了《国际卫生条例》《烟草控制框架公约》等规范，不过上述规范均属于建议性的“软法”范畴。没有问责机制与法律约束，可能会导致缔约国遵约困难的问题。可以说，现有的部分“软法”先例虽然可以让人对具备法律约束力与问责机制的“大流行病条例”具有一定期待，但是也同样存在令人担忧的问题。

最后，当单方行为不能达到预期目的时就可以采用双方或多方合作的方式，因为合作本身就是人们追求的秩序之一。和国际法相同，国际合作的主体是国家，国际合作是人类社会发展之必然。若是不进行国际合作就没有国际法，国际法存在的目的是更好地实现国际合作。可见，合作是国际法的一般义务，也是其核心所在。基于此，国际社会应当不断强调在应对新发传染病时参与国际合作的国家义务，制定各类政策，促进国际法院承认国际合作的原则，使这一原则逐步成为公认的、成文的国际习惯法义务。

加强新发传染病领域国际合作义务的国际法渊源主要是《国际法原则宣言》与《联合国宪章》。《联合国宪章》明确把“促进国际合作”作为联合国的宗旨，很多条款内容均涉及此义务。而《国际法原则宣言》则更进一步确定了“各国根据宪章开展合作之义务”，同时表明“不管各国在政治、社会与经济制度上存在何种差异，都有义务开展国际合作，共同维护好国际和平及安全，促进国际经济水平的提升、为各国谋福利且不受此差异造成的歧视而影响到国际合作”。所以，可以认为国家合作是国际法的一般原则。

在习惯国际法中,公共卫生并不是首要发展的领域。按照习惯国际法促进国际合作的目标,可以认为国家是国际社会中的一员。据此情况,可否在公共卫生领域中认定国际合作存在一定的习惯国际法规则?根据国际法委员会所作出的关于习惯国际法的报告,在确定某项习惯国际法规则的内容或该内容是否存在时,必须要明确是否存在一项被接受为法律的一般惯例。结合世界卫生组织成立以来各国的实践,可以确定的是各国合作基本围绕公共卫生领域展开。事实上,从各国多次共同应对新发传染病的过程中可以看出,新发传染病防控已经成为全球范围内多边和双边合作较为活跃的领域。[①]

① 参见曾光:《传染病防控与国际合作的新思维》,载《科学对社会的影响》2007 年第 4 期,第 20 页。

第三章　新发传染病防治国际合作的制度兼容性问题

正如前文所述,《国际卫生条例》是传染病防治国际合作的主要法律渊源。在《国际卫生条例(2005)》出台之前的历次修订版本中均没有"新发传染病"这一概念;如 1973 年第 26 届世界卫生大会通过的修订版本中,《国际卫生条例》将其适用的疾病(检验传染病)直接界定为"霍乱包括埃尔·托弧菌霍乱、鼠疫、天花包括轻型天花(类天花)及黄热病",直到《国际卫生条例(2005)》才将"疾病"的定义扩充到"对人类构成或可能构成严重危害的任何疾病或病症,无论其病因或来源如何",将新发传染病纳入传染病防治国际合作机制中。

然而,《国际卫生条例(2005)》的主要制度并未因为新发传染病的纳入而作出专门性响应。该条例的主要制度如监测制度、信息共享制度、突发事件应对制度、额外卫生措施制度、国际援助制度、药品与疫苗获取制度等均是针对法定传染病而设置,在面对有特殊性的新发传染病时,这些制度的兼容性不足。因此,有必要针对新发传染病的特点,对既有国际防治法律制度进行兼容性改造。

第一节　传染病防治国际合作的既有制度

随着全球联系日趋紧密,一种疾病可能在极短的时间内就在全球传播。因此,在传染病升级为全球性威胁的情况下,采取及时有效的措施控制疾病是必要的。为了完成这项任务，需要采用以下三个策略：第一，建立完备的事前预警制度，及时发现传染病的暴发；第二，建立高效的事中响应制度，既能采取有效的防治措施，又能避免措施过度造成对贸易和人员流动的不合理限制；第三，建立融洽的援助合作制度，加强不同发展阶段国家间的互助合作，提高欠发达国家的治理能力和抵御传染病的公共卫生能力。然而，新发传染病的新颖性、不可预见性、高度致病性、医学认知有限性等特性对现有的国际公共卫生合作制度产生了消极的影响。

一、信息合作制度

信息合作制度包括监测制度和信息共享制度，其目的是监测和预警，做到事前防控。

（一）监测制度

自20世纪90年代早期至今，全球卫生合作不断发展并取得了显著的成果。其中，监测体系的完善是在控制传染病国际传播方面取得的重要进步之一。监测制度作为防治新发传染病的第一道防线，能够时刻监测各类公共卫生突发事件，并成为世界卫生组织协调各国应对新发传染病的前置要求与逻辑起点。监测制度越完善，就越能尽早地识别新发传染病，从而为后续的评估和决策争取宝贵的时间。20世纪90年代中期，通信技术取得了重大进展，特别是电子邮件和因特网的普及应用，几乎一夜之间改变了全球公共卫生监测体系。如今，监测体系已经是一个开放的通信系统，信息来源多元，包括卫生专业人员、非政府组织的代表和政府官员等。各国政府第一次无法完全掌控其国内的公共卫生信息系统。监测项目的计算和控制系统能够及时发现疾病暴发信息，并立刻警示适当的应对者，从而极大改变了全球疾病监测系统。据统计，大约65%的传染病暴发的第一手报告不是来自各国的官方报告，而是来自非官方渠道，比如媒体报道和网络等。①

---

① See Heymann D L, Rodier G R, *Hot spots in a wired world: WHO surveillance of emerging and re-emerging infectious diseases*, 1(5) The Lancet Infectious Diseases 345, 353 (2017).

1.《国际卫生条例(2005)》对监测制度的完善和发展

《国际卫生条例(2005)》第5条明确规定了"监测"的内容,并从缔约国能力建设视角规定了监测四要素:发现、通报、评估与报告。该条例将监测作为指导针对跨境疾病威胁采取有效公共卫生行动的核心。该条例第1条第1款将监测定义为:为公共卫生目的系统地持续收集、分析及整理数据,同时根据相关需求及时通报公共卫生信息,从而便于公共卫生组织作出评价及应对措施。

监测是《国际卫生条例(2005)》第5条第1款确立的公共卫生目标的关键,这解释了为何《国际卫生条例(2005)》要求所有缔约国发展、加强和保持核心监测能力。这一义务超越了《国际卫生条例(1969)》中关于监测的任何内容,后者仅要求缔约国向世界卫生组织通报条例规定的任何疾病的暴发。[①]《国际卫生条例(2005)》详细描述了从地方到全球监测过程的重要方面。作为核心建设能力的一部分,每个缔约国必须发展和保持在中央、地方国家各级发现、评估和报告疾病事件的能力。在国家层面,主权国家需要在严格的时间限制内向世界卫生组织通报信息;面对国内法和国际法的交汇地带,地方需要遵守各国法律,及时对信息进行评估并上报给国家级机构;在社区层面,则需要依托当地社区开展各类日常监测。一旦发生具有严重公共卫生影响、严重传播危险和国际限制等危险因素的事件,缔约国应根据附件2中的决策文件评估和判断事件对本国的危害程度。

2. 全球传染病监测体系

根据《国际卫生条例(2005)》第4条和第6条,各国必须确保国家一级官员能够通过国际卫生条例的联络点向世界卫生组织报告传染病情况。建立联络点是《国际卫生条例(2005)》推动的另一项监测倡议,旨在促进监测信息的快速共享。通过联络点制度,世界卫生组织建立了一个全球网络,改善和保障监测信息能够实现从地方到全球的实时流动。此外,《国际卫生条例(2005)》还提供了针对入境点(如机场、海

---

① See Michael G. Baker & David P. Fidler, *Global Public Health Surveillance under New International Health Regulations*, 12 Emerging Infectious Diseases 1058(2006).

港和地面过境点)采取的监测措施的具体指导,以防止疾病的国际传播。接下来概述近半个世纪以来发展较为成熟的监测制度。

(1)全球流感监测和应对系统

世界卫生组织的全球流感监测和应对系统网(Global Influenza Surveillance Response System,GISRS)是全球公共卫生治理制度中建立最早、最完善的监测制度,其前身为成立于1952年的全球流感监测网络(GISN),2011年正式更名。现在,它已经涵盖了127个国家、地区或领土的150多个实验室,每年在其系统网内测试数百万个样本并交换数十万种病毒。①

全球流感监测和应对系统是全球流感预警系统的支柱,该制度运行效率较高,它能够监测流感病毒的致死率,并且在流感有可能发展成世界大流行前对医学界进行预警。尽管该系统是为应对流感而建立的,但它也是处理非流感紧急情况的国家的重要资源。对于新冠肺炎疫情大流行,该系统网从一开始就作出了重大贡献。例如,该系统网的长期合作伙伴GISAID在可用后数小时发布了第一个"SARS-CoV-2"序列数据。②

(2)全球疫情警报和反应网络

2000年4月,世界卫生组织正式建立了全球疫情警报和反应网络,以满足早期识别疫情和开展应对准备的需要。该网络联合了120多个国家的政府、非政府组织和多边合作卫生机构,由几个新的制度和一个计算机驱动的工具支持。它主要承担四项任务:收集传染病的相关信息、对疾病暴发传闻进行核实、在疾病暴发时对相关团体进行预警、必要时组织快速应对行动。在应对方面,该框架采用不同的策略来应对已知的风险和突发事件,以提高全球和各国的准备程度。由于该

① See Monto,A. S., *Reflections on the Global Influenza Surveillance and Response System (GISRS) at 65 years: an expanding framework for influenza detection,prevention and control*,12(1) Influenza and other respiratory viruses 10(2018).

② 参见《调整全球流感监测和应对系统及哨点监测系统在新冠肺炎疫情大流行期间坚持流感监测的同时开展SARS-CoV-2监测 临时指导文件》,载世界卫生组织网站,WHO/2019-nCoV/Adapting GISRS/2020.1,2020年11月8日访问。

网络的存在,世界卫生组织能够在核实疾病暴发信息后的24小时内向暴发疫情的国家派遣医疗小组。全球疫情警报和反应网络的领导部门是由卫生专家组成的筹划指导委员会和位于世界卫生组织总部的运行支持小组,但是该小组不对任何政府的或政府间的组织负责。[①]在2011年至2018年,全球疫情警报和反应网络追踪传染病事件共计1483次,遍布172个国家和地区。

(3)新发传染病监测计划

为适应20世纪90年代早期的科技进步,全球公共卫生监测体系也于1903年开始发生变革。同年,一些医学专家举行会议,商讨启动"新发传染病监测计划"(The Program for Monitoring Emerging Diseases, ProMED),并在全球建立联系公共卫生专家的电子网络,即基于互联网的全球新发传染病电子通报系统(ProMED-mail)。该系统于1994年启动,旨在"识别并快速通报全球疾病暴发信息,传播与新发传染病和影响人类、动物和植物的毒素有关的不寻常健康事件的信息"[②]。这一系统的信息来源渠道非常广泛,不只包括政府组织,是全球公开可用的最大传染病暴发全球报告系统。系统上的信息经过专家确认后,公布在全球新发疾病电子通报系统的官方网站上,并发送给系统用户。新发疾病监测计划最初由美国科学家联盟管理实施,从1999年开始,由国际传染病协会接手管理。在它创建后不久,"新发疾病监测计划"就在7个国家有了40个系统用户。截至2016年,该计划在185个国家拥有超过75,000名订阅者。在过去的28年里,该计划率先报告了许多重大和轻微的疾病暴发和生物威胁,包括非典、基孔肯雅热、埃博拉和寨卡病毒的早期传播、新冠疫情等。该计划是全球新发传染病监测领域的长期贡献者。

---

① See GREIN T W et al., *Rumors of disease in the global village: outbreak verification*, 6(2) Emerging Infectious Diseases 97, 102(2002).

② *ProMED-mail*, About ProMED, at https://promedmail.org/about-promed/(Last visited on 1 May, 2023).

(4)全球公共卫生信息网

1997 年,加拿大政府与世界卫生组织合作共同建立了"全球公共卫生信息网",该系统的功能是监测全球范围内疾病暴发信息、生物恐怖主义威胁、受污染的食物及供水系统、核物质泄漏和自然灾难等媒体信息来源。全球公共卫生信息网与其他监测系统的不同之处在于:它一旦发现相关信息,就会立即通知合适的医学专家。全球公共卫生信息网在控制疾病方面的重要性不容忽视,世界卫生组织每年调查的约 250 例疾病暴发信息显示,有 40% 的疾病暴发信息源于全球公共卫生信息网。

总而言之,现行的传染病监测制度通过主动和被动监测方法相结合的方式运作。主动监测是从医疗保健提供者、实验室和其他来源收集数据,而被动监测则依赖于个人或卫生当局对病例的报告。监测的途径也是多样的,从加强对国际旅行的监测到建立跨境通信网络。可见,近几年在跨国传染病和新发传染病监测方面都已取得了重大进展;但这并不是说传染病监测就已经完全透明且措施行之有效,事实上其还存在许多局限性和改进的空间。

(二)信息共享制度

由于新发传染病的知识有限性、不可预测性等特征,信息共享制度对新发传染病的防治格外重要,信息共享也因此贯穿于各类应对新发传染病的国际合作制度中。要想让 PHEIC 制度发挥其应有的效果,就必须加强各国之间的信息共享,建立更加完善的网络系统,制定更加有效的激励措施,以便加强和扩大分享病原体、生物样本和基因组数据。新冠疫情大流行以及其他近期暴发的流行病凸显了快速和广泛共享病原体、生物样本和基因组数据以进行有效监测和及时开展诊断、治疗或疫苗等医疗应对产品的重要性。① 然而,目前大量的信息共享仍多以双边或临时的方式进行。这样做不仅效率较低,并且有可能将一些国家排除在外,而且没有涵盖重要的、新出现的病原体。从历史经验来

① 参见世界卫生组织执行委员会:《世界卫生组织在突发卫生事件领域的工作:总干事的报告》2021 年,第 3 页。

看,信息共享制度方面的国际合作仍任重道远。

1.《国际卫生条例(2005)》与信息共享制度

信息共享制度最初被确立在《国际卫生条例(2005)》的第6条与第7条,这两个条款构成了建立国际信息共享制度的合法性来源。根据第6条第1款的规定,缔约国应在24小时内采用最有效的通信方式,通过国家归口单位尽可能详细地向世界卫生组织联络点通报公共卫生信息,并采取有效的防控措施。此外,根据规定,缔约国需要详尽、充分地通报具有持续性的医疗信息,包括临床记录、实验室检测结果、患病和死亡人数等。同时,缔约国应把通报范围扩大到既存、重现和新发的全部疾病及紧急情况中。另外,也要求缔约国通报可能构成PHEIC的事件。2017年世界卫生组织发布了《公共卫生监测伦理指南》,阐明了信息共享制度的伦理挑战和基本要求,这一指南细化了缔约国履行信息共享义务时应该遵循的标准与程序。①

如果缔约国存在报告意愿不足或监测能力较弱的情况,世界卫生组织获取信息的途径就会受到阻碍。不过,世界卫生组织获取疫情信息也并不完全依赖缔约国的通报。按照《国际卫生条例(2005)》第9条"其他报告",世界卫生组织可以考虑使用非官方信息来源,但必须先与缔约国协商并经核实后才可以使用这类信息。第5条第4款赋予了世界卫生组织通过监测活动收集有关事件信息的权利。如前所述,全球疫情警报和反应网络便是世界卫生组织为了实现这项权能而设立的行动网络,其主要作用就是凝聚联合国各组织、区域技术网络、医学与监测行动等的合作伙伴,收集与突发公共卫生事件相关的信息并及时识别潜在的公共卫生威胁。

在每次传染病暴发事件中,世界卫生组织发挥的全球治理作用不容忽视,包括安全共享、风险共担等。按照《国际卫生条例(2005)》第10条的规定,世界卫生组织获取非官方信息时,可以要求缔约国向当事国归口单位核实信息内容,并且要求提供后续的信息。若是缔约国

① See WHO Guidelines on Ethical Issues in Public Health Surveillance, World Health Organization, License: BY-NC-SA 3.0 IGO (2017).

确定存在跨境传播疾病的风险，全球疫情警报和反应网络可在24小时内与当事国的国际预警反应归口单位联系，第一时间成立国际疫情反应小组，协调各方资源为当事国提供支持和协助。

2. 信息共享的范围和方式

信息共享的范围必然包括患者的个人健康信息。患者的个人信息对预防与遏制新发传染病的传播及研究均有着十分重要的意义，但这些信息的共享必然需要在个人隐私保护和公共卫生治理之间取得平衡。[①] 除了个人信息保护这一问题外，另一个令人担忧的问题是，在疫情暴发期间共享患者数据可能会导致污名化和歧视。例如，如果公开分享患者数据，可能会导致基于种族或国籍对个人或群体的歧视，使控制疫情变得更加困难。因此，缔约国在履行医疗信息共享义务时，应当以维护本国公民在疫情防控与应急处理时的隐私权、知情权与健康权等权益为前提条件。

《国际卫生条例(2005)》为可以利用和共享哪些医疗信息提供了指引，包括官方来源的缔约国监测和通报信息，以及非官方来源的全球卫生应急行动网络监测信息。特别是第45条"个人数据的处理"规定了医疗信息的处理和保护原则，这对公共卫生治理过程中的人权保障意义非凡。

《国际卫生条例(2005)》仅提供国际法律框架，表现在第45条的规定并不涉及信息共享的细节。第45条第1款属于原则性规定，表明在个人数据的处理方面采用双轨制模式。缔约国既具有收集个人健康信息的权利，又需要根据国家法律履行保密或匿名处理的义务。因此，个人健康信息的处理标准取决于各国法律体系的设定。第2款是知情同意原则的例外情形。若经过公共卫生风险评估，信息被认定为"至关重要"，则可以不需要经过个人健康信息主体权利人的同意，就可以采取强制措施，将个人资料披露给世界卫生组织并进行处理。缔约国与世界卫生组织在共享个人健康信息时，明确提到了履行义务的标准：

① 参见王贵国：《国际公共卫生秩序与后新冠前瞻》，载《中国政法大学学报》2020年第5期，第5～27、205页。

第一,共享信息遵循比例原则;第二,不得用于非法目的;第三,实时更新、删除与纠正信息,保证信息共享无误;第四,设定存储时间限制,赋予信息主体“被遗忘权”。缔约国有义务遵守国际最低标准,并保护共享获得的信息,成员国自身国内的法律规定不能作为不履行国际义务的借口。这一条款的主要目的在于把保护个人医疗信息的标准列入各缔约国的法律中,作为履行义务的有效方式。如果各成员国的国内法能达到甚至超过第45条第2款规定的最低标准,那么全球范围内的个人健康信息保护水平就能满足最低要求。第45条第3款规定了世界卫生组织的协助查询义务,如果缔约国收集的信息存在疏漏或有误,那么对于所涉及的个人错误信息,任何人均有权向缔约国提出修改意见。该条款保护了个人的知情权,每个信息来源主体都有权了解缔约国掌握何种信息、如何使用信息以及存储信息的时间长度。在个人提出了解与查询要求后,世界卫生组织可以采用科学合理的手段,以便各国以了解和认识的方式向个人提供信息,其中,不得延迟提供信息,提供信息也不得收取任何费用。

二、公共卫生措施制度

在传染病事中防控阶段,防治新发传染病的关键是及时采取必要的公共卫生措施,与此同时又要避免不合理的措施。公共卫生措施主要包括突发事件应对制度和额外卫生措施制度。

(一)PHEIC 制度

起初,《国际卫生条例》规制对象只包括天花、鼠疫以及霍乱等几类传染病,对其他传染病不做具体法律约束。这也就意味着,只有在暴发这三类传染病时才会向国际卫生组织进行通报。从此类法定传染病规定模式反映出了人类对新发传染病认识不足的问题,治理程度受制于科学发展的程度。

1. PHEIC 制度之缘起与发展

2005年,世界卫生大会吸取非典防控的教训,对《国际卫生条例》做了进一步修改,使规制对象由原来的传染病拓展到“对人类构成或可能构成严重危害的任何病症,无论其病因或来源如何”。同时,根据《国际卫生条例(2005)》第1条,PHEIC指的是“疾病通过国际传播构成危害到其他国家的公共卫生,且可能需要采取协调一致的国际应对措施来应对不同寻常的事件。”将该定义进行拆解,则可以认为PHEIC的认定需要满足以下三个标准:第一,传播给国家的医疗能力带来巨大负担;第二,在国际发生大范围传播;第三,需要国际协同努力以防控疾病不断加快传播。也就是说,新发传染病若符合这三个条件将有可能被认定为PHEIC。当认定某事件为PHEIC时,世界卫生组织的相关成员国与总干事就要依据突发事件委员会的建议,承担起迅速反应的责任。①

自2005年《国际卫生条例》修改以来,世界卫生组织共发布过7次PHEIC,②其认定流程是相对明确且严格的,有提出建议、开展评估、发表声明、维持和取消等。根据《国际卫生条例(2005)》第12条第4款,世界卫生组织总干事在认定PHEIC时应该考虑的信息包括突发事件委员会的建议、缔约国提供的信息、附件2中所含的决策报告、现有科学依据、人类健康危险度、疾病国际传播风险及其他信息和对国际交通干扰危险度的评估。宣布PHEIC需要遵循《国际卫生条例》的目的,在该条例中规定PHEIC的目的是“避免给国际贸易及交通带来不必要的干扰,预防、控制及防止疾病不断进行国际传播,并相应提供公共卫生应对方法”。由于《国际卫生条例(2005)》的规定存在模糊性,世界卫生组织总干事在宣布PHEIC时可能过于谨慎,不能及时预警新发传染病。从《国际卫生条例》的框架来看,世界卫生组织可以单方面决策是否宣布PHEIC,因此,PHEIC制度过于依赖世界卫生组织的专业判断能力。另外,各大成员国的国内法律在面对突发传染病时,基本都选择实施分层次、多路径的预警模式。从《国际卫生条例(2005)》看,宣布

① 参见马忠法:《新冠肺炎疫情事件的法律应对》,载《海关与经贸研究》2020年第2期,第1~14页。

② 7次PHEIC分别为2009年H1N1流感疫情、2014年脊髓灰质炎疫情、2014年西非埃博拉疫情、2015~2016年寨卡病毒疫情、2018~2019年刚果埃博拉疫情、2020年新冠肺炎疫情、2022年7月23日宣布的猴痘疫情。

PHEIC是国际合作的真正起点。在世界卫生组织总干事尚未宣布PHEIC之前,世界卫生组织只能利用开会的方式来评估新疫情,并就疫情的现况开展沟通;但除此之外,并没有相应具有建设性的措施。《国际卫生条例(2005)》要求世界卫生组织在全球传染病毒盛行期间权衡好各方利益,但是并未提供完善、有效的法律保障,导致世界卫生组织总干事在考虑发布PHEIC时前后反应时间过长,在各缔约国中引发了较多争议。世界卫生组织在PHEIC决策中考虑过多的政治问题,使自身和各大缔约国关系变得紧张。因此,哪怕世界卫生组织发出PHEIC警告后,有些缔约国依旧无视《国际卫生条例(2005)》提出的要求,致使国际卫生合作陷入僵局。

以新冠肺炎被认定为PHEIC的过程为例,当新冠疫情暴发后,2020年1月22日,中国政府向世界卫生组织报告认为有一种新型冠状病毒需要引起注意。随后,世界卫生组织召开了紧急委员会会议,讨论此次疫情是否符合PHEIC认定标准。紧急委员会会议1月24日认定此次事件不构成PHEIC。随着事态的发展,世界卫生组织成立了由16名专家组成的评估团队,前往中国进行实地考察和评估,专家组与我国卫生部门和当地医疗机构合作,对病毒的传播和疫情的规模及严重程度进行了评估。终于在2020年1月30日,世界卫生组织将新冠肺炎认定为PHEIC。[①] 这意味着新冠肺炎已经成为全球公共卫生紧急事件,需要全球范围内的协调和合作来应对。自新冠肺炎被宣布为PHEIC以来,世界卫生组织持续监测和评估疫情的发展,以确定是否需要继续维持PHEIC认定。在2021年5月,世界卫生组织决定继续维持新冠肺炎为PHEIC的认定,以确保全球范围内的协调和合作继续进行。新冠疫情的暴发给PHEIC制度的有效运行带来了考验,同时也反映出在其决策和执行阶段在协调应对措施等方面存在不确定性与部分

① 参见《世界卫生组织总干事在关于2019新型冠状病毒的〈国际卫生条例〉突发事件委员会新闻通报会上的发言》,载世界卫生组织网站,https://www.who.int/zh/director-general/speeches/detail/who-director-general-s-statement-on-ihr-emergency-committee-on-novel-coronavirus-(2019-ncov),2023年3月30日访问。

问题。例如,在新冠疫情流行期间,部分缔约国没有严格执行和遵守世界卫生组织的建议与指导,成员国出现违背或无视总干事临时建议等问题。部分成员国在一定程度上限制疫情发生国的贸易和人员往来,特别是在 PHEIC 宣布不超过 3 天,以美国为首的国家就开始作出中国旅游限制,拒绝中国旅客入境。

2. PHEIC 对成员国的影响

根据实践经验,宣布某一新发传染病成为 PHEIC 有正反两方面的影响。

一方面,宣布 PHEIC 可以提高全球对疫情严重性的认识,调动不同国家和国际组织的资源,协助受影响国家控制疾病。在新冠肺炎成为 PHEIC 后,世界卫生组织向中国派遣了一个多学科技术专家组,以协助了解疫情态势并促进分享经验和成功措施。世界卫生组织还成立了由全球领先的公共卫生专家组成的新冠肺炎技术指导小组,该小组制定了包括预防、治疗、监测和控制在内的全面的指南。[①] 世界卫生组织还在全球范围内启动了一个名为"联合临床试验"(Solidarity clinical trial)的试验,旨在比较多种新冠肺炎治疗方案的疗效,并确定最佳治疗方案。[②] 截至 2021 年 4 月,世界卫生组织已向诸多国家和地区提供指导和技术支持,向 130 多个国家分发了超过 4700 万份诊断试剂、700 万套个人防护装备和 330 万疗程的抗病毒药物。它还通过"新冠肺炎疫苗实施计划"设施促进了疫苗的公平分配,该设施的目标是到 2021 年年底向低收入和中等收入国家提供 20 亿剂疫苗。这些行动表明:世界卫生组织致力于应对新发传染病,旨在减轻其对公众健康的影响。

另一方面,宣布 PHEIC 也有负面影响,尤其从疫情暴发地所在国

---

① See *Coronavirus disease (COVID－19) outbreak: Rights, Roles and Responsibilities of Health Workers, Including Key Considerations for Occupational Safety and Health*, World Health Organization and International Labor Organization, WHO/2019－nCoV/HCW advice/2021. 1, 2 Feb. 2021, p. 16.

② See *WHO's Solidarity Clinical Trial Enters a New Phase with Three New Candidate Drugs*, at https://www.who.int/news/item/11-08-2021-who-s-solidarity-clinical-trial-enters-a-new-phase-with-three-new-candidate-drugs (Last visited on 30 May, 2023).

家的角度看,在经济方面,宣布 PHEIC 可能会对上述国家的经济产生重大影响,因为它可能导致旅行和贸易限制等不利于经济发展的后果。根据联合国发布的《2022 年世界经济形势与展望》报告,"随着货币及财政刺激效果减缓,供应链发生严重的中断问题,截至 2021 年年底,经济涨幅趋势不明显,中国、美国、欧洲联盟尤为如此。按照中国的经济增长趋势来看,2021 年、2022 年、2023 年的经济增长约为 7.8%、5.2% 和 5.5%。2023 年,全球经济增速约为 1.9%,并成为数十年以来涨幅最低的又一年份"①。在政治方面,PHEIC 可能引起主权国家的主权担忧和国际政治局势的不稳定。② 例如,当世界卫生组织在 2014 年西非埃博拉疫情期间宣布 PHEIC 时,一些非洲国家批评该决定受到西方国家的影响,没有考虑该声明的经济和社会成本。

同样,在 2020 年,许多国家例如日本、俄罗斯等表示关切的是,PHEIC 关于新冠肺炎的声明没有充分的证据,并且没有与受影响国家进行充分协商。最后,PHEIC 的宣布会导致受影响国家产生负面的社会和心理影响。③ 例如,在新冠疫情暴发初期,美国社会中对亚裔语言甚至人身攻击的现象激增。④ 尽管世界卫生组织为了抗争这种歧视,已经于 2015 年与世界动物卫生组织和联合国粮农组织共同制定《病毒命名最佳实践原则》,目的就在于防止人们使用带有歧视的名字,避免将流行病同某个地域的人相联系。

---

① 《联合国预计 2023 年全球经济增长将放缓至 1.9%》,载联合国网站,https://news.un.org/zh/story/2023/01/1114487;《联合国报告:世界经济面临巨大阻力 全球经济复苏面临风险不容忽视》,载联合国网站,https://news.un.org/zh/story/2022/01/1097462。

② See Nidhi Subbaraman, *Harvard Chemistry Chief's Arrest over China Links Shocks Researchers*, Nature (2020).

③ See *COVID-19: How to Include Marginalized and Vulnerable People in Risk Communication and Community Engagement*, World Health Organization, at https://www.who.int/docs/default-source/coronaviruse/covid19-stigma-guide.pdf?sfvrsn=226180f4_2 (Last visited on 6 August, 2018).

④ 参见黄惠康:《借疫情污名化中国,于法不容》,载人民网,http://world.people.com.cn/n1/2020/0424/c1002-31685828.html。

（二）额外卫生措施制度

额外卫生措施是指世界卫生组织推荐或建议以外的其他卫生措施。[①]《国际卫生条例》允许缔约国采取可获得与世界卫生组织的建议相同或更大程度的健康保护的卫生措施或者一般情况下条例第43.1条禁用的卫生措施。[②]《国际卫生条例》规定额外卫生措施是为了最大限度防止疾病传播与最小限度干扰国际贸易和交通，为医疗卫生条件落后的缔约国提供额外的保护以及回应国家的主权关切。

额外卫生措施具有补充性、例外性和较大自主性的特征。目的是在维护公共卫生与促进贸易之间找到一个动态的平衡。为了实现这一目标，自19世纪后半叶开始，国际卫生制度就开始关注和考量卫生方面以外的议题，主要是和卫生措施相关的贸易限制问题。

1. 额外卫生措施的产生与发展

额外卫生措施首次出现于2005年修订的《国际卫生条例》。尽管1926年《国际卫生公约》、1951年《国际公共卫生条例》、1969年《国际卫生条例》均未有此概念，但早在1969年《国际卫生条例》前言中就强调了"最大安全"和"最小干扰"两个原则。[③] 以此为根基，当年的《国际卫生条例》就国家可以采取的卫生措施制定了"正面清单"，然而由于疫情暴发国家与防疫国家之间的利益相悖，这一清单并未完全发挥作用、实现目标。[④]

几十年来，受疫情暴发影响的国家往往受到其他国家实施的贸易和旅行限制。纵然，在疫情大规模蔓延的情况下，为防止病毒跨境输

① 参见李长升、崔毅：《解读〈国际卫生条例〉(2005)中"额外的卫生措施"》，载《口岸卫生控制》2006年第4期，第3~5页。

② See David P. Fidler & Lawrence O. Gostin, *The New International Health Regulations*: *An Historic Development for International Law and Public Health*, 1 The Journal of Law, Medicine & Ethics 85, 94(2006).

③ 参见[加拿大]马克·扎克、[加拿大]塔尼亚·科菲：《因病相连：卫生治理与全球政治》，晋继勇译，浙江大学出版社2011年版，第41页。

④ 参见郭中元、邹立刚：《全球卫生治理视域下〈国际卫生条例〉中额外卫生措施之适用》，载《江淮论坛》2020年第5期，第131~139、156页。

入,各国都在加强边境管控措施。虽然世界卫生组织强烈希望能开放边境,但也不得不考虑到人员和货物流动可能会成为传染病传播的渠道。因此,限制人员跨境流动成为各国应对疫情采取的一种有效措施。这虽然对疫情的传播有一定的阻断作用,却不可避免地会损害国家经济,使各国不愿公开报告疫情,并在受影响国家处理公共卫生危机时,在重要援助和受影响国家之间制造障碍。① 因而,额外卫生措施的规则就是希望继续保持公共卫生与贸易自由之间的平衡,在新发传染病暴发的场景下,国家也能有限度地、有规矩地使用卫生措施。

额外卫生措施的主要法律渊源便是《国际卫生条例》第43条第1款:"本条例不应妨碍缔约国为应对特定公共卫生风险或国际关注的突发公共卫生事件,根据本国有关法律和国际法义务采取卫生措施。"缔约国可以依照《国际卫生条例》提出的建议采取卫生措施,但也可以在符合一定条件和原则的情况下,额外采取一些《国际卫生条例》没有提及的措施来应对公共卫生风险。这些额外措施的意义在于给缔约国提供更大的自主权,以便它们能够更好地应对特定的公共卫生风险,更符合本国的需求。

2. 额外卫生措施的实施原则

各国政府当然有权采取措施保护本国人民的健康,但是额外卫生措施的争议之处就在于给其他缔约国带来额外的、不利的影响,尤其是对国际交通和贸易的不利影响。因此,采取额外卫生措施必须遵循一定的原则,主要包含以下三个方面。

(1)科学性原则

根据《国际卫生条例(2005)》第43条,具体包括以下三点:①科学原则;②根据科学原则、对于人类健康危险的现有科学证据,现有信息包含来自国际机构、世界卫生组织及其他政府机构的信息;③世界卫生组织的任何现有特定指导或建议。这三点的适用存在先后顺序,首先

---

① See Cash RA & Narasimhan V, *Impediments to global surveillance of infectious diseases: consequences of open reporting in a global economy*, Bull World Health Organ 2000; 78: 1358 - 1367.

是科学原则，其次是科学证据及现有信息，最后是世界卫生组织的指导或建议。各成员国为了使卫生应对措施更符合条例规范，要先以科学证据为依据，特别是第一层次的科学证据要求更高，但是在《国际卫生条例(2005)》中并未对此提出明确要求。正因如此，未来各国采取措施的合法性可能会存在争议。现有科学证据尽管尚不确定，但可以为缔约国提供最新可靠的信息，以帮助它们及时采取预防疾病国际传播的措施，给缔约国更多的时间。在科学证据不足的情况下，第二个层次的标准要求较低，以便缔约国基于现有信息采取相应的措施，该层次的设计体现了卫生领域的预防原则。即使存在科学上的不确定性，但若有合理理由认为可能造成严重损害，国家仍然有权利和义务依据现有可靠信息，采取预防措施。如果科学证据消失，不再有证据能够证明采取额外卫生措施可以预防、防御和控制疾病的传播，就不能够滥用《国际卫生条例(2005)》第 2 条关于减少对国际交通和贸易造成不必要干扰的条款。第三个层次，如果没有现有的信息，就应该参考世界卫生组织现有的具体指南或建议。为了避免缔约国之间发生争议，在没有现有信息的情况下，《国际卫生条例(2005)》规定，实施额外卫生措施的缔约国应当结合世界卫生组织的指导和建议，审慎评估和精准制定相关措施，以兼顾即时性和准确性，来应对"突发公共卫生事件"。

(2)比例原则

根据《国际卫生条例(2005)》第 43 条第 1 款，如果额外的卫生措施对健康带来的保护小于或等于可能引起的国际交通和贸易的干扰，就不应该采取这些额外的卫生措施，以获得与世界卫生组织建议相同或更大程度的健康保护。根据该款规定，缔约国应当在综合考虑所有因素、权衡利弊的基础上，采取额外卫生措施，以确保最大限度地保护健康，同时最小化影响国际交通和贸易。学者将这一规则总结为"比例原则"。国家公权力在边境执行额外卫生措施，避免过度干预私人权利；同时，行使边境管控措施时要依据比例原则，这些措施涉及国际货物、集装箱、运输工具的卫生措施和旅行者及其个人数据的管控措施等。

新发传染病大流行期间，各国往往倾向于加大旅行和国际交通的限制,不再严格遵循比例原则。例如,2014 年埃博拉疫情发生时,有 69 个国家采取极端措施干扰国际交通,但很少有国家主动向世界卫生组织报告。当秘书处发出核实要求后,作出回应的成员国仅为 40%。尽管有些成员国取消了签证与航班,不过它们表示采取的应对措施和卫生不相关,不属于《国际卫生条例(2005)》规制范畴。[①] 显然,采取的限制措施已对国际交通和贸易造成了严重干扰,因为全球贸易及相关供应链的维护、物资的运输十分依赖海上运输;其中,船员作为海上运输的贡献者,却因为不同国家采取的限定措施无法进行轮班,航行事故率提高,可以说这种对国际贸易的妨碍是违背比例原则的。[②]

(3)保障人权原则

《国际卫生条例(2005)》第 3 条第 1 款规定:"本条例的执行应充分尊重人的尊严、人权和基本自由。"这意味着所有额外卫生措施的实施都需要遵循这一原则。主权国家在实施额外卫生措施时遵循人权原则需要做到以下两点:第一,不歧视疫区的人民;第二,不得超过必要的限度。《公民权利和政治权利国际公约》第 4 条虽然承认在部分紧急情况下,国家所负的人权保护义务可以有所克减,但是克减程度需以紧急情势需要所限。基于此,有学者在新冠疫情期间指出,在任何情况下,公共卫生或外交政策决定都不应基于针对亚裔的种族主义和仇外心理。[③]

启动额外卫生措施除需要符合适用条件外,还需要遵守一定的程序。《国际卫生条例(2005)》第 43 条规定的额外卫生措施的程序义务可以概括为三点。其一,通报义务。缔约国应当在执行相关措施后的 48 小时内,向世界卫生组织通报其采取的额外卫生措施,并说明该措施属于《国际卫生条例(2005)》第 43 条第 3 款中的"明显

---

① 参见世界卫生组织审查委员会:《〈国际卫生条例(2005)〉在埃博拉疫情和应对方面的作用》,A69/21,2016 年 5 月 13 日,第 35～37 页。

② 参见张丽英:《新冠疫情下额外卫生措施的适用及其局限性研判》,载《清华法学》2021 年第 2 期,第 177～189 页。

③ See Roojin Habibi et al., *Do Not Violate the International Health Regulations during the COVID－19 Outbreak*,395 The Lancet 664 (2020).

干扰"依据。成员国采用该条例中的第43.1条确定明显干扰额外卫生措施时,世界卫生组织应和其他成员国之间共享相关信息。其二,重新审查义务。成员国采用额外卫生措施后,需在90天内按照《国际卫生条例(2005)》第43条第2款规定以及世界卫生组织提出的建议进行具体复查,世界卫生组织会进一步评估成员国使用的额外卫生措施及其公共卫生依据和相关科学信息,同时就相关情况要求事件所在国对这些执行情况进行重新审视。其三,遵守协商结果的义务。一般情况下,受到额外卫生措施影响的成员国,基本为疫情事件所在国,该国有权与措施国进行协商,共同探求双方都可接受的解决方案,以确定执行措施的科学信息与公共卫生依据。

三、援助合作制度

在事后援助阶段,注重加强不同发展阶段国家间的互助合作,提高欠发达国家的治理能力和抵御传染病的公共卫生能力,包括国际援助和疫苗及药品获得的援助合作制度。

(一)国际援助制度

国际卫生援助是应对突发公共卫生事件、维护全球公共卫生安全的重要方式。如何开展国际援助从而提高各国尤其是发展中国家应对新发传染病的能力,是国际卫生合作中较为复杂且颇具争议的课题。

1.世界卫生组织主导的国际援助制度的发展

20世纪90年代初期,由于自发性卫生援助的广泛开展,援助计划越来越受到重视。作为应对新发传染病的关键制度,国际援助制度对落后的卫生体系所产生的影响表现在其不但极大地拓展了援助战略的范围,而且也扩大了行为体提供卫生援助的合作路径。《国际卫生条例(2005)》出台后,国际卫生援助呈现出援助主体多样化、专业化程度增强以及多边合作方式日益重要的三大新趋势。但在国际卫生援助迅速发展的同时,新发传染病所带来的挑战暴露出国家公共卫生能力不足、信息披露透明度低和国际责任难以确认等主要法律问题。

《国际卫生条例(2005)》第13条规定,缔约国在遇到突发公共卫生事件时,应当根据要求及时提供技术指导,并对采取的措施进行有效评估,在必要时,还要派遣专家到现场援助,以便更好处理及控制突发的公共卫生事件。若是国际上出现了突发公共卫生事件,世界卫生组织可以联合各大缔约国,经过相互磋商,提供有效的防治措施,包括对该次事件可能带来的国际性影响进行评估,以及评估采取的控制措施是否具有效力。世界卫生组织能为其他缔约国提供建议,鼓励各大成员国积极寻求国际援助,以便准确落实相关的合作事项和完成调查评估。世界卫生组织接收到成员国发出的请求后,要给予一定的支持,且需要提出相应的、具有针对性的建议。对于缔约国来说,要尽量遵守世界卫生组织提出的要求,并给予必要的支持。如果 PHEIC 对其他缔约国造成影响或威胁,根据该国的要求,世界卫生组织将为其提供指导和支持。

相比《国际卫生条例(2005)》对国际援助制度的原则性规定,世界卫生组织的"软法"涉及的国际援助规范要更为详尽。

世界卫生组织于 2016 年公布了《传染病暴发时的伦理问题应对指南》,并提出遇到传染病暴发事件时,各国政府及国际社会需采取相应对策,以有效抵御包括新发传染病在内的众多疫情。[①] 有援助能力的国家在应对全球范围内流行的疾病的过程中,应向能力不足的国家提供支持,包括保证公共卫生资源供应充足、参与全球监测和防灾准备工作,以及提供财政、技术和科学支持,促进疫苗研发工作,以提高其他国家公共卫生应对能力和水平等。在世界卫生组织发布的第 68 届《全球卫生应急队伍》报告中,具体规范了全球卫生应急队伍的部署、合作、撤回、应用范围和援助过程中所需遵循的制度。[②]《确保世界卫生组织有能力防范和应对未来的大规模和持久的疫情和突发事件的能力》是世界卫生组织秘书处于 2015 年发布的报告,该报告提出了一系列行动

① 参见世界卫生组织:《传染病暴发伦理问题管理指南》,世界中医药学会联合会伦理审查委员会译,熊宁宁等译校,中国中医药出版社 2021 年版,第 1 ~ 10 页。

② 参见世界卫生组织:《全球卫生应急队伍:总干事的报告》,A68/27,2015 年 5 月 15 日。

和改革方案，以加强世界卫生组织在未来突发事件中的能力和作用。[①]这份报告明确规定了世界卫生组织和其他国家在突发事件处理过程中所需要承担的合作与援助义务，如建立一支可以快速部署以支持处于危机局势中的国家的全球卫生应急队伍、为应急行动和准备活动调动充足和灵活的资金等。

由此可见，以《国际卫生条例(2005)》为核心的各类国际条约已经在世界卫生组织与主权国家之间搭建起较完善的援助网络体系。而世界卫生组织为进一步提升自身的危机管理能力，明确自身职权，拉近与网络伙伴之间的关系，提供了应对紧急情况的筹资制度、完善问责制度以及推动各国援助平台的建设和有效运行，努力推动各项工作的有效落实与发展。应加强国际社会的合作，共同构建出一支强劲的世界卫生组织应急队伍与国家应急医疗团队，从而满足应急人员的储备需求，优化全球范围内的疫情警报与反应网络设计，加强各大技术机构的合作交流。面对突发事件时，各国都有责任和义务共同合作，为公共卫生产品的供应提供有力支持和保障。2016 年，在世界人道主义首脑会议上，世界卫生组织提出，需要把健康及卫生问题放在人道主义行动的核心地位。此举是构建一个更加人道的世界的重要基石。[②]世界卫生组织将包括埃博拉以及非典等大范围疾病暴发、武装冲突及自然灾害描述为对人类健康造成重大风险的“人道主义紧急情况”，同时提到“应对疾病暴发引起的危机事件需要人道主义救援界与卫生界的共同努力”。为此，世界卫生组织已明确提出和人道主义组织一起实施卫生援助的方案，但此方案对缔约国不具有法律约束力。

2. 其他国际组织倡导的国际援助制度

除了世界卫生组织，其他国际组织管辖下的相关法律规范也对国

---

① See Executive Board, *Special Session on Ebola*, *Ensuring WHO's capacity to prepare for and respond to future large-scale and sustained outbreaks and emergencies: report by the Secretariat*, World Health Organization, at https://apps.who.int/iris/handle/10665/251731 (Last visited on May 25, 2023).

② 参见《世界人道主义首脑会议》，载联合国网站，https://www.un.org/zh/conf/whs/index.shtml，2023 年 5 月 22 日访问。

际援助制度有所涉及。联合国大会于 1991 年 12 月通过的《46/182 号决议》是一项旨在加强联合国对复杂紧急情况和自然灾害的应对的决议。[①] 该决议改善了联合国人道主义行动的总体实效,创立了紧急救济协调员这一高级别职位,并设立了机构间常设理事会、联合呼吁程序和中央应急循环基金,作为紧急救济协调员的关键协调制度和工具。该决议是联合国人道主义援助体系的基础,至今仍有效。国际人权法与公共卫生领域的联系日益密切,《经济、社会及文化权利国际公约》第 2 条指出,缔约国承诺尽其资源能力所及,采取种种步骤,包括通过立法措施和国际协助与合作等方式,逐渐使本公约所确认的各种权利完全实现。可见,该公约要求缔约国尽力参与国际援助。《实施卫生与植物检疫措施协议》(以下简称 SPS)是世界贸易组织管辖下的国际条约,它的出台是为了确保政府的食品安全和动植物健康措施不会不合理地限制国际贸易。SPS 适用的疾病范围仅为"动物或植物携带的疾病",这一范围显然小于但属于《国际卫生条例(2005)》。[②] SPS 第 9 条关于技术援助的条款明确规定援助模式可以是双边或是多边模式。各成员应在力所能及的范围内向发展中国家成员提供技术援助,帮助其遵守进口成员的卫生与植物卫生措施。技术援助可以包括建立检验、检测和检疫设施、实验室和认证系统,提供专家咨询、培训和设备,促进区域合作等。该条第 2 款还要求,当发展中国家为了满足进口国家的卫生与植物卫生需求,在亟须大规模投资的情况下,相关进口国可以考虑为扩大产品准入机会提供技术援助。但需要注意的是,SPS 规定的技术援助并非国际义务,主要取决于双方的意愿。

(二)疫苗与药品获取制度

当新发传染病大规模暴发后,疫苗与药品是重要的控制病毒传播的手段。现行的国际法需要从多个方面进行研究,包括但不限于:

---

① 参见《联合国人道主义援助》,载联合国网站,https://www.un.org/zh/issues/humanitarian/,2023 年 4 月 7 日访问。

② 参见韩永红、梁佩豪:《突发公共卫生事件中过度限制性措施的国际法规制》,载《国际经贸探索》2020 年第 7 期,86 ~ 90 页。

(1)如何推动医药技术的发展及创新;(2)如何才能更好地满足发展中国家对防控传染病的疫苗和药品的迫切需求;(3)如何保障药品专利不受侵害。

1. 与疫苗与药品获取制度相关的多重国际条约

疫苗与药品的获取并不是一个单纯的公共健康问题,而是一个公共卫生与知识产权保护、国际贸易等多领域交叉的议题。因此,除了《国际卫生条例(2005)》外,《关税与贸易总协定》、TRIPS 协定等也有相关的规定。世界卫生组织、世界知识产权组织(WIPO)和世界贸易组织(WTO)三大国际组织长期以来一直致力于合作研究公共健康相关的知识产权,特别是促进医药技术和发明的可及性。自新冠肺炎疫情大流行以来,世界各国都在努力实施公共健康政策、贸易政策与创新框架及其管理,以及相关知识产权等交叉问题的解决方案。

《国际卫生条例(2005)》虽然属于传染病防治的国际法律渊源,但是并没有涉及各成员国公平获取疫苗的制度规定。然而,由于这一制度的重要性,一些相关的制度安排接连出现。

病毒的利益分享制度是疫苗与药品成功研发的前提,因此也是全球关注的焦点问题。2007 年禽流感暴发后,印度尼西亚因担心各大跨国制药公司利用禽流感病毒样本研发、制造印尼无法负担的“天价”疫苗而选择拒绝与世界卫生组织共享病毒样本。从那以后,国际社会就一直在探索建立透明畅通的共享病毒与疫苗获取制度,最终于 2011 年世界卫生组织第六十四届世界卫生大会上制定了“大流行性流感防范框架”(Pandemic Influenza Preparedness Framework,以下简称 PIP 框架)。① 该框架利用标准材料转让协议(SMTA)对病毒、疫苗在利益方面的转移行为做了规范处理。这一文件被认为是全球卫生治理中的一个重要里程碑。PIP 框架要求建立一个公正、公开、公平有效的制度,

① See *Pandemic Influenza Preparedness: sharing of influenza viruses and access to vaccines and other benefits*, Six-Fourth World Health Assembly, WHA64. 5, 24 May 2011. 世界卫生组织的大流行性流感防范框架(PIP)包括共享流感病毒及相关临床和流行病学数据的规定。该框架用于促进新冠疫情期间的数据共享。

实现多种流行病毒的共享，如 H5N1 病毒等；还要共享研发效益，如及时向发展中国家的需求者提供诊断试剂，如疫苗等；同时要确保这些需求者能够负担起这些诊断试剂。PIP 框架将整个环节整合在一起，如病毒分享、病毒治疗以及利益共享。疫苗的制药商应定期向世界卫生组织缴纳一定额度的资金，具体是 GISRS 运营费用的 50%，这是其中利益共享制度最突出的贡献。根据附件 2 中的 SMTA2 承诺了解到，针对捐赠流行病疫苗与药物的行为，SMTA 合同为其赋予了法律效力，在出现相关纠纷以后可以通过仲裁的方式来解决。无论是捐赠疫苗还是捐赠资金，都会推动对抗流感疫情的防治工作的开展，使发展中国家可以享受到抗病毒的药物和疫苗。

在病毒及其惠益共享方面，PIP 框架填补了国际社会的空白，但该方面依然存在一些漏洞。首先，PIP 框架不具备法律效力。PIP 框架明确了成员国的义务，要求其促进流感疫苗生产商为发展中国家分配疫苗，以此达到疫苗公平分配的目标。[①] 不过，PIP 框架并没有就发达国家的利益分配制定相关的“软”规范。此外，该框架也未规定疫苗生产商的相关责任。有学者认为，PIP 框架只是加强了以 GIS/RS 为基础的病毒传播管理，而没有彻底改变现状。[②] 在施行 PIP 框架以后，部分企业接受了大流行性流感防范生物材料，但是这些企业却故意延迟加入 SMTA2，也没有及时作出有关公平共享利益的保证。由此可以看出，PIP 框架不具备法律效力导致世界卫生组织无法确保可分配的利益得到实现。其次，PIP 框架中成员国的“分享病毒样本”与“获取惠益”的权利义务不对等，即便成员国没有提供病毒样本，也无法从法律角度废除其享有“稀缺的医疗资源”的权利。最后，PIP 框架仅适用于流感病毒，其他传染病乃至新发传染病都不在其调整

---

① See David P. Fidler & Lawrence O. Gostin, *WHO's Pandemic Influenza Preparedness Framework: A Milestone in Global Governance for Health*, 306 The Journal of the American Medical Association 200(2011).

② See Kolitha Wickramage, *State Sovereignty over Deadly Pathogens: Ensuring Global Health Security*, 25 Sri Lanka Journal of International Law 85 – 102(2016).

范围之内。

新冠疫情期间,世界卫生组织、全球疫苗免疫联盟以及流行病预防创新联盟经过深入探讨,共同提出了"新冠肺炎疫苗实施计划"。其中,明确指出发达国家有义务为疫苗的研发提供资金支持,该实施计划包括负责与疫苗生产厂家谈判,主要商讨疫苗价格、供应以及利益等问题,通常以合同方式确定商讨的事宜,当疫苗被成功研发后就可以通过该实施计划批准的渠道分发,旨在确保新冠病毒疫苗能够公平地分配。该实施计划的制度对所有国家和经济体都是自由开放的。中低收入的经济体或部分发展中国家均可以参与"预先市场承诺"。高收入的经济体或发达国家均可以通过自筹资金的方式参加该实施计划。该制度具备的优点为:基于集体采购方式,将疫苗的供需双方整合到一起,双方可以共同承担疫苗的研发、生产风险及资金支出。对经济体及参与国家而言,该实施计划保证会采购其提供的候选疫苗,以此提高其生产能力。在成功研制出疫苗以后,参与该实施计划制度的经济体及国家会优先获取到一定数量的疫苗。早在2021年,该实施计划就采用分阶段方式完成了20亿剂疫苗的分配任务。第一阶段,依据参与经济体、国家的人口比例完成疫苗的分配任务,确保所有参与的经济体、国家能够及时获取到疫苗,包括一些没有购买疫苗能力的国家和地区。第二阶段,重点考虑这些经济体和国家的特殊情况,如被疫情侵害的程度以及特殊的疫苗需求等。该实施计划制度会预留部分疫苗,用这些疫苗为国际救援组织提供疫苗支持,确保一些难民、特殊群体能够及时得到疫苗。考虑到早期疫苗的稀缺问题,该实施计划制度设置三类优先使用疫苗的群体:第一,一线医护人员及社区工作人员;第二,超过65岁的群体;第三,小于65岁但存在健康风险的群体。①

2. 国际贸易与知识产权保护相关条约

1948年,《关税与贸易总协定》生效,其中第20条(b)款明确指出:

---

① See *Fair allocation mechanism for COVID－19 vaccines through the COVAX Facility*, WHO Headquarters (HQ), 9 September 2020, p. 17－20.

为了遵守相关措施及要求的行为,不能存在歧视性手段和任意性,更不能限制国际贸易。“本协定中的规定均不能用于组织缔约方实施下述措施……为保护人类等生命健康的必要措施”。[①] 不过,在 TRIPS 协定第 8 条第 1 款中首次规定:“在制定新的法规或修改现行的法规时,各成员可以采用对保护公共健康……的措施,只要确保该措施不违背协定中的要求”。可见,TRIPS 协定将公共健康相关的知识产权保护作为基本原则,制定该条款的初衷并不是要求公共健康权高于知识保护权,而只是在原则上规定各成员可以采取基于公共政策而限制知识产权的措施,但是需要强调的是任何成员国不能在违背该协议规定的情况下采取公共健康保护措施。经过多哈宣言乃至新冠疫情后,公共健康问题被推到一个前所未有的高度,与公共健康相关的疫苗与药品专利的国际法问题又得到大规模的重新讨论。

TRIPS 协定第 27 条第 1 款规定:“在所有技术领域中,专利均可以授予任何发明,不管专利是一种产品或是方法,其只要具备新颖性,均可以应用到工业中。”无论是应对新发传染病的疫苗或是药物,专利申请流程、条款应当与其他专利产品相同,必须遵循各国制定的专利法规,且应得到 TRIPS 协定及相关国际法的相应保护。由此可知,针对公共健康专利,并没有现行的国际知识产权法律规定。如果专利产品为疫苗或相关药品,那么世界贸易组织中经济水平最弱的成员方,或 TRIPS 理事会认定的不具备疫苗与药品生产能力的成员国,均可以根据 TRIPS 协定第 31 条第 2 款,由接受该条款的世界贸易组织成员方实施强制许可使用。为了保护公共健康,世界贸易组织成员方依据 TRIPS 协定第 8 条第 1 款的规定,可以对相关法律条款进行修改,以确保法律条款与协定规定相一致。

除了疫苗与药品,国际知识产权领域中还有一类特殊的治疗手段——“传统知识”(traditional knowledge),我国的中医药品及疗法就

① 李仲周、易小准、何宁主编:《世界贸易组织乌拉圭回合多边贸易谈判结果法律文本(中英文对照)》,法律出版社 2000 年版,第 455 页。

属于这个范畴。[①] 在抗击新冠疫情中，中药及疗法发挥了重要作用，中西药结合治疗的成效全球瞩目。我国不仅将中医药作为治疗新冠肺炎的重要方案，还进行了全球直播，积极向其他国家和地区推广相关治疗方案。[②] 存在较多因素可能导致传统知识得不到充分保护，如持有人的权利、共有领域的局限性以及知识产权体系中的私权不同等。因此，传统中药及其疗法只能通过专利申请中的遗传资源披露及商业秘密方式得到相应保护。不过，TRIPS 协定并没有就遗传资源披露专利申请制定相关规则，世界贸易组织成员方在该方面的立法存在较大差异。[③] 中医药秘方在批量生产或普遍使用的情况下保密难度很大，故国内外对中医药及相关疗法的保护效果不佳，远不及知识产权法的保护效果。

3. 其他领域的国际条约

在《生物多样性公约》中，为了实现"公平合理分享由利用遗传资源而产生的惠益"的目标，2010 年通过的《名古屋议定书》旨在确保公正和公平地获取遗传资源，且能够享有这些资源所产生的收益。《名古屋议定书》明确指出，针对生物遗传资源，部分国家享有完全所有权，且在获取遗传资源时必须获得资源所有国的"事前知情同意"，并且就有关遗传资源的共同分享所带来的收益达成协议。《名古屋议定书》并没有对病原体的应用范围作出准确描述，成员国可以依据协定中的条款作出相应的解释。不过第 8(b)条明确指出：当出现威胁人类安全，侵害到动植物的健康安全问题或出现一些相关紧急情况时，缔约国可以快速获取遗传资源，并利用这些遗传资源创造的收益，推动疫苗研发、制作的进程。故《名古屋议定书》可以适用于病原体。事实上，许多国家、地区将《名古屋议定书》的适用范围延伸到了病原体。这样的惠益分享制度有助于提前就病毒及相关利益达成

---

① 这个范畴包括传统医学知识、本地药材（草药、动物或微生物）的遗传资源和药品使用的传统疗法。

② 参见《〈抗击新冠肺炎疫情的中国行动〉白皮书》，载《人民日报》2020 年 6 月 8 日，第 13 版。

③ 参见吕炳斌：《专利披露制度研究：以 TRIPS 协定为视角》，法律出版社 2016 年版，第 83 页。

相关协议,有效解决了病毒提供方的弱势问题,从而能够更好地实现效益分配。

第二节 既有防治合作制度应对新发传染病的局限性

传统制度在面对新发传染病的新生问题时存在一些共有的局限性,主要体现为:(1)在制度设计之初未考虑新发传染病的“知识有限性”,导致行动延迟和反应滞后;(2)对缔约国的行为与资源缺乏全局统筹,忽视了非国家主体的参与,导致跨国合作协调不力;(3)缺乏补偿制度,导致疫情报告和疫苗共享缺乏经济动力;(4)法律制度约束力和强制执行力不够,缺乏相应的法律责任追究手段和措施,导致缔约国遵守意愿不强;等等。

因此,传统制度的响应速度可能无法满足应对新发传染病的紧迫需求。国际法上的防控措施往往依赖于国家的自愿遵守和履行国际法义务。然而,在新发传染病暴发时,一些国家可能因为政治、经济或其他原因而不愿意或无法履行国际法义务。这也可能导致信息的不透明和滞后,并且阻碍了国际社会采取协调一致的措施。同时,传统制度因其缘起和设置均针对传统已知的法定传染病,在应对新发传染病时难免出现各种兼容性问题和适应性问题。

一、针对性不足

传染病防治国际合作的传统法律制度基本将重点放在全球检疫协调视角,此类模式在防控疾病方面极为有限。在国际交流不频繁的情况下,此种方法确实能防控住部分传染病,然而在全球经济一体化的背景下,形成了牵一发而动全身的局面,传染病并非仅凭单个国家就能堵住。传统的边境检疫措施难以防止国际传染病的传播,也可能导致针对新发传染病兼容性不足的问题。

新发传染病通常意味着科学界对其了解有限。病毒的传播方式、潜伏期、致病制度等方面的知识可能仍然不健全。以传统制度应对新发传染病可能缺乏足够的针对性。国际传染病防治通常需要各国之间的合作和协调。然而,针对新发传染病的合作制度可能尚未建立或不够完善,导致在信息共享、资源调配和紧急行动方面存在困难。还可能存在跨国合作方面的法律障碍,或者缺乏灵活的政策、决策和制度来快速响应应对新发传染病的需求。

以《国际卫生条例》规定的传染病警报制度为例。该制度设计的初衷在于在传染病流行初期对各国进行预警,以便各国能够采取防范措施来阻止传染病的进一步蔓延。然而,过去的非典疫情在最初时期持续加重,并在全球蔓延和传播,该制度基本没有发挥应有的作用,这证明其存在一定缺陷。这表明《国际卫生条例》的预警制度主要是针对地理分散背景下持续的传染病,而忽视了其他更为猛烈的传染病,也低估了当今全球化的程度。世界卫生组织会议于2009年修改了流行病警报等级制度,但这一举措并未触动机构权力,而且成员国并未被告知需要采取任何行动。[①] 总结来看,该制度的问题在于,其一,报告疾病范围不够广泛,尚未涵盖对国际公共卫生具有重要影响力的所有传染病,只适用于鼠疫、黄热病和霍乱。由于在未知传染病暴发时无法正确评估该病的严重性与紧迫性,卫生部门不知道是否应当上报病情并采取相应控制措施。其二,信息来源具有局限性。仅将官方渠道作为了解传染病暴发事件的唯一渠道无法及时有效地控制危急情势。因此,预警制度需要加入多元化的因素,使其更加全面和灵活,应将各种类型和程度的传染病特别是新发传染病都纳入考量。同时该系统还可以进一步扩大信息来源的渠道,利用科技手段和社会网络等多种形式获取与传播有关传染病的信息,增加对新发传染病变化的跟踪和分析,以更好地抵御疫情流行的威胁。

在这样的新形势下,可以要求各国加强“国家核心能力”的建设,要求各个国家能够在最短时间内,完成传染病的监测与发布工作,同时还能够在病菌起源国采取行之有效的防控方案。同时,新的传染病防治形势要求建立全球统一的传染病监控系统,并赋予国际组织依托

---

① 参见《世界卫生组织宣布将流感大流行警戒级别升至6级》,载新华社网站,https://www.gov.cn/jrzg/2009-06/12/content_1338153.htm。

“全球疫情紧急反应网”进行国际协调的法律职权。而对于各成员国来说,要通过最快捷的通信手段将应对突发事件所用的方法上报给国际组织,并且和国际组织相配合,把好出入境关卡。[①] 也就是说,新的形势要求确立事前全球检测控制理念,这将是国际传染病防控史上的里程碑,表现出了极其重要的现实意义。

总而言之,面对新发传染病的特殊性,国际社会需要不断改进和调整传统制度,以更好地适应和应对新的挑战。这包括加强全球卫生监测和信息共享、提高科学研究和创新、加强国际合作和协调制度、制定灵活的政策和决策框架等。

二、制度预设偏差

传统制度基于法定传染病设计,未考虑新发传染病的特殊性。在传统制度下,无论是监测制度还是突发卫生事件制度都可能需要较长时间来协商、决策和执行,这在新发传染病暴发的情况下是行不通的,由此导致的行动延迟和反应滞后可能致使疾病的快速传播和影响扩大。以 PHEIC 制度和信息共享制度为例,二者都反映出传统制度在这方面的滞后性。

(一)PHEIC 制度面对新发传染病无法及时响应

尽管 PHEIC 的诞生很大程度上是因为新发传染病的屡次暴发,PHEIC 制度也是应对新发传染病的关键法律工具,但在面临新发传染病时 PHEIC 仍然存在诸多困境。由于国际社会对新发传染病的了解有限,意味着 PHEIC 制度难以及时有效地界定一种新发传染病是否足够符合 PHEIC。实践中“是否宣布 PHEIC”与“宣布 PHEIC 的时机”往往是个国际难题。例如,新冠肺炎在 2019 年 12 月首次被发现时表现为源头不明的一系列肺炎病例,直到这种新型冠状病毒被确定为病原体,中间花费了许多时间,而其全面影响和严重性在数周后才变得清晰,因而新冠肺炎才被宣布为 PHEIC。

① 参见龚向前:《传染病控制与当代国际法变革的新趋势——以〈国际卫生条例〉(2005)为例》,载《法学评论》2011 年第 1 期,第 110 ~ 114 页。

根据大流行病防范和应对独立小组的一份报告，在最初应对新冠肺炎疫情的过程中出现了“损失月”，在这段时间里由于缺乏足够的防护装备和医疗设备，导致医护人员感染甚至死亡，造成了巨大的人员和物质损失。[①] 这种识别和应对的延迟突出了新发传染病“有限知识性”所带来的挑战。同样的情况也出现在2014年的埃博拉病毒暴发中，当年3月，利比里亚与几内亚等国便向世界卫生组织上报了疫情，但世界卫生组织历时5个月才宣布其构成PHEIC。

（二）共享信息范围未包括“病毒样本”

《国际卫生条例(2005)》第6条规定了“公共卫生信息”的范围，但并未明确强调“病毒样本”的共享。[②] 另外，第46条使用了“生物物质、诊断样本”的概念，但这一条款存在模糊性，也没有明确包括“病毒样本”。显然，信息共享义务上的模糊文义是因为没有将新发传染病纳入制度考量，因为传统法定传染病的病毒样本是已知和无须共享的。

因此，在PHEIC事件中，各国提交病毒样本仍是基于其主权权利，而非出于某种共同认可的法律义务。[③] 当缔约国在行使病毒样本主权权利时，需要承担全球共享义务吗？有学者指出，按照《维也纳条约法公约》中提到的第31条的解释，医疗信息要相应包含基因序列、病毒菌株等关键内容。实际上，被认定为疫情发源地的国家（特别是中低收入的地区和国家）可能想要保留同医疗信息相关的潜在知识产权，从而可以确保在此基础上更好获取到疫苗，所以出现了PIP框架。不过PIP框架并不适用于新型流感以外的病原体，同时也尚未对序列制定具体规定。这表明病毒样本共享涉及国际法体系漏洞和条约解释矛盾的问题，同时表明国际法分配正义存在缺陷，造成不能有效防控和解决

① 参见《大流行防范和应对独立小组：需采取一系列大胆和重要的改革以防止出现下一次危机》，载联合国网站，https://news.un.org/zh/story/2021/05/1083982。

② “病毒样本”的共享包括病例定义、实验室检测结果、危险的来源和类型、病例数和死亡数、影响疾病传播的情况及所采取的卫生措施等的共享。

③ 参见龚向前：《病毒共享的国际法思考》，载《政法论丛》2010年第5期，第56～63页。

共同卫生危机的困境。

(三)监测制度与新发传染病监测技术发生脱节

目前的监测技术对于法定传染病来说是驾轻就熟,但是对新发传染病的监测能力却是非常有限的。传统监测制度通常是建立在对已知传染病的监测和报告基础上的,然而在新发传染病出现时,可能需要一定的时间才能意识到其存在和规模,从而导致反应滞后。这种滞后可能给疾病的传播和影响造成进一步扩大的机会。

在发展中国家或资源有限的国家,薄弱的互联网基础设施对监测工作构成了挑战。值得注意的是,目前的监测系统主要针对由已知病原体引起的风险。例如,传染病信息报告管理系统(National Notifiable Diseases Reporting System,NNDRS)未能在新冠疫情暴发初期发出预警信号。原因之一是该制度只适用于法定传染病的早期发现和预警,而不能对新的和未知的传染病提供预警。用于检测未知或新型病原体引起的新发传染病的方法仍然是监测系统所使用技术面临的挑战之一。

迄今为止,各国监测活动的主要目标一直是人类传染病,人畜共患疾病得到很少的关注。① 这也导致新发传染病更易成为监测体系的"漏网之鱼"。因为60%的新发传染病是人畜共患病,且70%来自野生动物,这表明野生动物病原体对人类的影响很大。由动物传播给人类的传染病病原体已经引起了几次重大流行病,如非典、甲型 H5N1 禽流感和甲型 H7N9 禽流感以及埃博拉病毒。②

尽管有许多数据收集和分析的方法已经应用于各类传染病监测系统,但没有一个能完全应对新发传染病所带来的挑战。③ 此外,尽管发

① See Mrinalini Watsa and WILDLIFE DISEASE SURVEILLANCE FOCUS GROUP, *Rigorous wildlife disease surveillance*,369 Science 145,147(2020).

② 参见《与冠状病毒有关的六大自然事实》,载联合国环境署网站,https://www.unep.org/zh-hans/xinwenyuziyuan/gushi/yuguanzhuangbingduyouguandeliudaziranshishi,2023年5月30日访问。

③ See Rongzhang Hao et al., *Surveillance of emerging infectious diseases for biosecurity*, 65(8) Science China Life Sciences 1504,1516(2022).

展中国家的数据分析能力在逐步提高，但大多数缔约国的监测系统仍然不具备足够的实时与自动监测能力，没有足够的资源或能力来发现、分析和应对有可能在全球蔓延的新发传染病。互联网和移动卫生技术大大加快了用于监测的数据生成，但仍需要有效收集和分析数据的方法。

面对监测技术在新发传染病面前的局限性和滞后性，传统监测制度和报告预警制度并没有作出有效响应，导致对新发传染病监测也需要像对法定传染病那样得以明确清晰后才能报告和预警，而那时新发传染病往往已经无法控制了，导致新发传染病成为监测制度的"漏网之鱼"。

（四）额外卫生措施制度在面对新发传染病时"科学证据"成为模糊地带

根据《国际卫生条例（2005）》第43条第2款，主权国家采取额外卫生措施时须遵循科学原则，即须依据对于人类健康产生危险的现有科学证据，包含来自国际机构、世界卫生组织以及其他政府机构的信息、世界卫生组织的任何现有特定指导或建议等。然而对于何为科学原则、何为科学证据，条文并没有明确的定义。尤其面对新发传染病，其科学证据的标准是什么更处在模糊地带。

就新发传染病而言，在疫情暴发初期，人们对其致病机理、传播途径、致死率、感染率等都缺乏明确的科学认识，导致采取额外卫生措施时所能依据的科学证据较少；而科学证据本身也存在临时性、不确定性，因此所采取的措施可能不够准确，存在误差。[①] 在新冠疫情初期，政府部门和科研系统未能充分识别新型冠状病毒的传播能力。经过我国科学家的不懈努力，新型冠状病毒被成功分离，确认其病原体，显示病毒可通过人与人之间的密切接触而传播，以及通过飞沫在空气中传播，更准确地预测出应对病毒的措施。

---

① 参见张丽英：《新冠疫情下额外卫生措施的适用及其局限性研判》，载《清华法学》2021年第2期，第177～189页。

三、制度实施缺乏统筹性

由于新发传染病的隐蔽性大,传播力更强,其防治尤其需要国家间的协调和联动。需要强有力的制度保障促使成员国在世界卫生组织的统一领导下步调一致,资源共享。而传统制度的设计和实践并未实现这一目标。

(一)世界卫生组织的领导力缺乏制度保障

自埃博拉疫情以来,世界卫生组织其组织结构和治理能力就一直饱受争议。新发传染病的各种独特属性决定了全球合作的必要性与艰难是并存的,需要一个领导核心才有望克服这些困难、促进全球合作。但是,世界卫生组织一直致力于将自身的功能定位为"协调"而非"主导",尽管这符合其组织实力,但却不利于领导各国共同应对新发传染病。①

以新冠疫情为例,世界卫生组织在协调各国信息共享方面就表现出局限性。世界卫生组织协调缔约国履行信息共享义务的正当性来源主要是《国际卫生条例(2005)》,但当 PHEIC 事件被认定后,世界卫生组织只能以非强制的方式协调国际合作,根据上述条例第 15 条提出临时建议和长期建议。这些建议一般不被认定为法律规则,不具备法律约束力。除软法的权威性不足外,世界卫生组织的领导力下降还源于部分缔约国对世界卫生组织的支持度降低。例如,世界卫生组织在新冠疫情期间发出了多次政策声明,要求各会员国公开信息、共享病例详细数据。总干事谭德塞特别指出,高收入国家在信息共享方面表现不佳,②响应者寥寥。这凸显了世界卫生组织的领导力缺乏制度保障。

---

① 参见王明国:《全球公共卫生治理的制度重叠及其应对之策》,载《东北亚论坛》2021 年第 1 期,第 77 ~ 91、128 页。

② 参见《世界卫生组织总干事在关于 2019 新型冠状病毒的技术介绍会上的开幕词》,载世界卫生组织网站, https://www.who.int/zh/director-general/speeches/detail/who-director-general-s-opening-remarks-at-the-technical-briefing-on-2019-novel-coronavirus, 2023 年 5 月 30 日访问。

(二)对监测数据和信息的共享缺乏全球统筹

1. 监测数据呈碎片化特征,信息共享形式单一

目前的监测数据在各国地方政府的指导下运行,较为分散。以美国为例,联邦、州和地方各级的不同政府部门有数百个监控系统。然而,由于缺乏安全的信息传播制度,部门之间的信息共享受到阻碍。有效的监测需要各级政府的数据整合和资源利用。2007 年,美国成立了国家生物监测集成中心(NBIC),以整合监测信息并支持跨机构监测社区。[①] 然而,美国总会计办公室的一份评估报告显示,该中心仍然缺乏跨机构边界的协调和互操作性,无法在数据的及时性、敏感性、特异性和常规分析方面满足新发传染病监测的要求。[②]

新发传染病可能出现在资源有限的地区或国家,其中包括许多发展中国家。这些地区的卫生基础设施较为薄弱,缺乏有效的监测和报告制度。因此,依靠国际法的传统监测制度可能无法获得准确、全面的数据,这对于采取及时和有效的应对措施是不利的。

另外,传统的信息共享制度下的共享形式较为单一。根据《国际卫生条例》第 7 条的规定,成员国履行对流行疾病的监测及报告义务,仅需将相关信息纵向上报给世界卫生组织。其中并未具体就涉及疫情当事国、受传染病影响缔约国和邻国之间怎样履行横向医疗信息共享义务作出规定。世界卫生组织通常要经过多番分析和评估,才能制定行动方案并将结果反馈给缔约国。这样一来,就有可能错过最佳的疫情防控时机。当疫情发展与其他政治、经济因素发生纠葛时,世界卫生组织因缺乏可用医疗信息,无法精准判断各缔约国的应对能力,存在信息盲区。

---

① See United States Government Accountability Office, *Biosurveillance: Developing a Collaboration Strategy Is Essential to Fostering Interagency Data and Resource Sharing*, 2009.

② See Nicholas E. Kman & Daniel J. Bachmann, *Biosurveillance: A Review and Update*, 2012 Advances in Preventive Medicine 1, 9(2022).

2. 监测系统和监测能力发展不均衡，缺乏统筹平衡

新发传染病的威胁超越国界，它可以通过高度发达的运输系统迅速在全球传播。然而，大多数先进的监测系统分布在发达国家，很少分布在新发传染病流行的发展中国家（如非洲地区的发展中国家）。发展中国家需要精确的检测系统，然而这些国家的医疗基础设施十分匮乏，有的甚至连肺结核和艾滋病等一些常见传染病的简单诊断和检验都无法进行。在非洲国家，监测系统的严重缺乏不仅限制了对埃博拉等新发传染病的及时响应，而且由于新发传染病在世界范围内的迅速传播特点，还可能导致全球风险。因此，有必要加强对包括非洲在内的脆弱地区的新发传染病监测能力。然而，缺乏基础设施的地区很难建立数字监控系统，全球监测水平不均衡很可能导致每一次新发传染病的肆虐。

监测能力的不均衡还表现在对动物疾病监测的不到位，因为"除非一个国家的农业部门提交了有关野生动物疾病暴发的官方信息，否则世界动物卫生组织就无法获得任何相关信息。然而，仅有很少国家任命或组织有关部门对野生动物疾病进行监测"。① 动物疾病监测与人类疾病监测的发展并不是同步进行的，前者相对而言一直处于一种缓慢的状态。因此可能会出现这样一种情况，当某种畜类病毒已经开始全球大流行，尽管人类尚未感染，却存在感染的风险。传统的监测制度并未考虑到这种监测能力上的不平衡，更未着手弥补和消除这种能力差异导致的现实负面后果。

3. 各国数据保护相关的法律规范存在差异，缺乏统一指引

缔约国国内立法在数据共享和个人隐私等方面存在的差异可能会阻碍新发传染病信息的有效、快速共享。其实这本是平衡个人数据隐私和公共卫生利益的必然结果，但是新发传染病的独特属性却似乎使这一平衡被打破。例如，美国有一套复杂的联邦和州法律来管理个人数据保护，其中最著名的是《健康保险流通与责任法案》（HIPAA），这

① KARESH W. B. & COOK R. A., *The Human-Animal Link*, Foreign Affairs, 2005, 84:38.

一法案规范医疗保健提供者和保险公司对受保护健康信息的使用和披露，虽然它也允许出于公共卫生目的使用和披露个人健康信息，但是对数据“脱敏”的要求可能会限制其在跟踪和响应新发传染病方面的有效性。① 日本的《个人信息保护法》(APPI)也规范了个人数据(包括健康数据)的使用和披露，要求个人同意共享其数据，这一获得同意的要求和有限的豁免范围可能导致新发传染病的信息无法及时、高效地共享。欧盟的《通用数据保护条例》(The general data protection regulation, GDPR)要求个人明确同意使用其个人数据，并严格限制与第三方共享该数据，该条例也包括了出于公共卫生目的共享个人数据的条款，但是这些条款的解释和实施可能因欧盟成员国而异。② 总体而言，该条例被认为是最全面和最严格的条例。美国和英国在允许出于公共卫生目的使用个人数据方面更为宽松。面对这些国内法的差异，传统制度束手无策，未能起到应有的统一规范作用。

(三)对国际援助缺乏统一协调

1. 缺乏系统性的国际援助制度设计

《国际卫生条例(2005)》等国际卫生条约对国际援助的规定过于笼统，并未详尽规范国际援助的实质性问题，比如国际援助的启动要求、责任承担以及资源分配等问题尚待细化，并且有些并未提及。③《国际卫生条例(2005)》第44条赋予缔约国从其他缔约国和世界卫生组织获得援助的权利。但这一规定存在三大不足：一是限制了世界卫生组织发挥其处于中立地位的优势，未能充分赋予世界卫生组织协调缔约国间援助行动的权限；二是条例仅“建议”缔约国提供国际援助，

---

① 参见[美]丽莎·M. 李主编：《公共卫生监测：理论与实践》(第3版)，顾沈兵等译，复旦大学出版社2018年版，第213页。

② See Regulation(EU)2016/679 of the European Parliament and of the Council of 27 April 2016 on the protection of natural persons with regard to the processing of personal data and on the free movement of such data, and repealing Directive 95/46/EC (General Data Protection Regulation) (Text with EEA relevance)2016.

③ 参见龚向前：《传染病控制与当代国际法变革的新趋势——以〈国际卫生条例〉(2005)为例》，载《法学评论》2011年第1期，第110～114页。

但没有说明缔约国在援助过程中应尽的义务及承担的责任，例如确保援助物资合规、向社会公开援助信息等；三是该条款所规制的援助主体、内容、方式、时间都存在局限，使国际社会各类援助主体之间的衔接和援助行动的实施往往效率低下、进展缓慢。

从国际援助的实际效果看，这些规定的短板将会表现在以下方面：首先，援助的提供往往受到政治考虑的影响，导致实际需求与提供的援助不完全匹配，存在一定差距。其次，部分成员国为了自身利益，可能会拖延或直接拒绝国际援助及合作事项。例如，美国因在新冠肺炎疫情大流行期间未提供有关援助捐赠的具体信息以及延迟向受援国提供援助而受到批评。此外，在国际社会迫切需要团结一致对抗疫情之时，美国先在2020年4月14日宣布暂停资助世界卫生组织，随后于2021年7月6日退出世界卫生组织。[①] 美国的接连举动削弱了该组织的能力，给世界卫生组织带来巨大的财政压力，不利于全球抗疫合作。总的来说，这些缺点凸显了应对新发传染病需要创建更有效和协调的国际援助制度的必要性。这将需要解决政治考虑，制定更明确的规则和条例，并促进所有利益相关者之间的合作及其透明度。

2. 国际援助所需资金不足，无法平衡调配

有限的资金可能导致响应延迟和应对疫情的资源不足问题，从而导致发病率和死亡率提高。目前的援助体系严重依赖捐助者的自愿捐款，而捐助者往往受到政治利益、媒体关注和公众压力的驱动，这导致新发传染病准备和响应的需求与可用资源不匹配。这种资金不足的现象在2013年就已经显露，世界卫生组织的流感预算为770万美元，不到美国纽约市用于突发公共卫生事件预算的1/3。[②] 2014年8月，埃博拉疫情被列为“国际关注的突发公共卫生事件”；到了2015年2月，捐助方捐款与联合国机构要求的埃博拉应对“需求和要求”之间也存在

① 参见张朋辉等：《“世界卫生组织的重要作用不可替代”（患难见真情　共同抗疫情）》，载《人民日报》2020年4月17日，第2版。

② See Lawrence Summers, 4 *World Can't Hide from Pandemics*, Washington Post, November 9, 2014.

10亿美元的资金缺口。直到新冠疫情暴发,应急资金不足的现象也仍然存在。联合国非洲经济委员会关于新冠疫情的报告警示,这场大流行可能会造成非洲30万人死亡,并使2700万人陷入极端贫困。报告还提出了1000亿美元的“一揽子”刺激计划,以帮助非洲国家应对危机对健康和经济的影响。可以想象,如果没有相关国际组织的帮助,非洲国家凭借自身的能力很难应对此次大流行。倘若非洲疫情失控,新冠疫情的高速传播能力也会波及全球其他地区。①

不仅应对新发传染病的应急资金短缺,用于加强发展中国家核心能力建设的长期资金也十分稀缺。根据世界银行的说法,“公共卫生投资是卫生系统融资中一个臭名昭著的盲点:卫生保健消费者往往看不见干预措施,因此在优先事项列表中垫底”②。许多发展中国家自身由于资金有限,用于疫情应急响应的资金出现短暂激增的模式,随后资金投入就迅速下降,很少继续投资传染病预防和控制的基础建设。尽管《国际卫生条例(2005)》明确规定了缔约国都应当针对公共卫生风险和突发事件建立起足够的核心能力,但依旧存在许多卫生条件差、经济水平低、管理模式落后的国家,而且这些国家在新发传染病的评估、监测与报告等方面的核心能力较差,不能有效满足《国际卫生条例(2005)》所提出的要求。发展中国家在加强和维持公共卫生事件应对能力的过程中本可以获得世界卫生组织的支持,但是没有实现。发展中国家的公共卫生系统是全球合作抗击大流行威胁的薄弱环节,但是国际援助资金远远不足。根据世界经济论坛的报告,资金缺口损害了发展中国家遏制新冠疫情的努力。尽管国际社会越来越关注全球公共卫生安全,但是与2019年相比,2020年用于公共卫生的拨款大幅下降

① See *Are Developing Countries Getting the COVID – 19 Funding They Need?* World Economic Forum, at https://www. weforum. org/agenda/2020/12/funding-global-health-security-systems/(Last visited on April 7,2023).

② Timothy Grant Evans, *Solidarity and Security in Global Heath: What Can We Learn from the Ebola Crisis*, Keynote Address to the Prince Mahidol Award Conference, Bangkok, January 2015.

了34%。[①] 这意味着联合国2019年的呼吁超过1/3没有得到实现，而许多发展中国家在很大程度上依赖外部支持来维持其重要职能。无论是疫情发生之前针对发展中国家核心能力的国际援助，还是疫情出现后的援助措施，均未满足预期需求。实际上，低经济缔约国的国际卫生发展援助由援助国决定，基本上没有涉及全局性统筹规划。其中，以美国为首的缔约国也并未把《国际卫生条例(2005)》的实施列入本国内外部卫生援助工作中。总的来说，能为发展中国家提供的卫生发展援助金比官方或条例援助目标低。[②]

四、忽视非国家主体的参与

(一)有限的地方参与

地方参与是指受新发传染病影响的社区和当地卫生系统积极参与响应工作的设计和实施。地方参与对于有效应对新发传染病至关重要的原因体现在以下方面。首先，当地社区和卫生系统往往最先发现并应对疫情，它们是重要的信息来源。由于新发传染病的知识有限性，这些"第一手"信息显得格外重要。其次，由于新发传染病的新颖性，许多应对措施都必须因势利导，从头制定。由于当地社区和卫生系统通常最适合了解疫情的社会和文化背景，当地社区的参与有助于确保新型的措施在文化上是适当的，并且符合受影响社区的具体需求。例如，当地社区可以知道哪些知识和谣言正在传播，可以深入了解疫情发展和防治的结构性障碍。在应对西非埃博拉病毒时，社区在追踪和处理谣言方面就发挥了重要的作用。再次，地方参与有助于在援助者和受影响社区之间创建信任与达成合作。当有本地社区和卫生系统参与援助行动时，当地居民更有可能信任和支持干预措施，这有助于促进应对新发传染病的公共卫生措施(如接触者追踪和疫苗接种计划)的实施。

---

① See *Annual Report* 2019 – 2020, World Economic Forum, 2020.

② See Milan Brahm Bhatt & Olga Jonas, *International Cooperative Responses to Pandemic Threats: A Critical Analysis*, 21(2) The Brown Journal of World Affairs 163, 178 (2015).

最后,地方参与有助于确保应对工作的可持续性。在参与应对时,当地社区和卫生系统可以掌握干预措施,并在外部参与者离开后很长时间内继续实施干预措施。

另外,当前的援助系统也往往无法承认和尊重当地参与者在新发传染病预防和应对中的权利、角色和责任,这可能导致援助受益人之间缺乏信任、主人翁精神和问责制。大流行的应对措施主要是政府告诉社区该做什么,社区参与的比例很少。例如,西非埃博拉应对的早期将社区参与这种关键的工具边缘化,这种做法导致了应对政策未能满足受影响人群面临的需求和现实。[①] 导致地方参与度不足的障碍有很多,其中包括地方层面缺乏资源和能力、语言障碍以及援助者和受影响社区之间的文化差异。

（二）有限的私主体参与

首先,忽视了监测中的非国家行为者。传统监测制度通常着重关注国家层面的监测和报告,而忽视了非国家行为者(如非政府组织、国际组织和私营部门)在传染病监测和应对中的作用。然而,这些非国家行为者在新发传染病的监测和应对中可能发挥着重要作用,因此,忽视他们可能会限制有效监测和应对的能力。

其次,在国际援助中存在大量的私主体或者公私合作关系的主体,传统制度对其缺乏规制。国际援助主体数量庞大、种类众多。现有国际援助体系涉及多类组织和机构,如国家政府、多边机构、民间社会组织、私营部门实体、个人捐助者等。不同国际援助主体的职责、资金来源和应对方法都各不相同,这可能会导致国际援助中的重复工作、效率低下、分散和衔接不畅。在新冠疫情大流行期间,各国际组织在基本医疗用品和个人防护设备的分配方面缺乏协调和沟通,导致一些地区供应短缺,而另一些地区供应过剩的问题。

不同国际援助主体之间缺乏沟通。如果没有适当的沟通渠道和协议,就可能会导致响应效率低下和出现漏洞。例如,在新冠疫情大流行

---

① See DuBois & Marc et al. , *The Ebola response in West Africa: Exposing the Politics and Culture of International aid*, Overseas Development Institute, 2015.

期间，有些国家不知道邻国有关键医疗用品和个人防护设备。

五、补偿制度缺失

要想在疾病刚暴发时就加以控制，不仅需要及时发现疾病暴发的信息，而且还需要社会和经济上的因素配合才能取得最佳效果。在疾病暴发的贫困地区，当地居民出于经济考量，会在未向政府报告病例的情况下尽快将家禽出售，而不会主动去宰杀。一些暴发禽流感疫情的国家可能担心向世界卫生组织报告事件信息会引发恐慌，从而导致游客减少和外汇收入下降。但正如联合国粮农组织动物传染病紧急控制系统负责人所言："如果隐瞒有关疾病暴发的信息，那么将得不偿失。"①如果建立一套补偿制度，就可以在一定程度上避免上述情况的发生。

（一）左右为难的 PHEIC 制度

新发传染病的不确定因素与 PHEIC 宣布结果的严重性存在张力，使得 PHEIC 的认定更加困难。长期以来，世界卫生组织都在尝试发展为具备中立权威的科学机构，其 PHEIC 紧急委员通过各国权威专家筛选得出。尽管紧急委员会会基于科学视角来评估突发性公共卫生事件有没有构成 PHEIC，但如前所述，宣布 PHEIC 会造成一系列的影响，因此也必须考虑对经济、社会及政治方面所带来的影响。在世界卫生组织宣布为 PHEIC 的情况下，紧急事件委员会与总干事要相应为国际贸易及旅行管理提供指导建议，这就暗示了这一决定仍然含有国际政治、经济的考量。宣布 PHEIC 不仅是一项专业判断，更是一项治理决策。在前面几次 PHEIC 决策中，世界贸易组织总干事对其悬而未决的原因在于相关公共卫生事件是否满足《国际卫生条例》所规定的标准。2009 年，时任总干事的陈冯富珍在宣布 H1N1 流感病毒构成 PHEIC 的

---

① *A Shot of transparency*, Economist, August 12, 2006, 65.

声明中并没有明确表明其是否存在“国际传播”的情况。① 后续的事实也表明，甲型 H1N1 并未造成世界范围的大流行，世界卫生组织因此饱受质疑。2018 年，在刚果民主共和国暴发埃博拉病毒后，紧急事件委员会和世界卫生组织总干事经过了多次讨论，拒绝将此次疫情宣布为 PHEIC，其理由在于两点：一是埃博拉病毒不满足“国际传播”要素；二是宣布其成为 PHEIC 对疫情控制没有好处。② 但随后于 2019 年 7 月 17 日，世界卫生组织总干事还是宣布此次埃博拉疫情构成 PHEIC。由此可见，新发传染病的不可预测性加剧了卫生组织总干事决策的困难，其也常常因这一制度的启动与否承受着来自缔约国地质疑。

（二）难以取舍的疫苗与药品获得制度

在应对新发传染病的过程中，作为国际公共产品的疫苗或特效药，承载着公众健康权与知识产权的价值取舍，必须综合衡量知识产权保护与人权保障因素。当前疫苗与药品获取制度面临着严峻的挑战，在许多情况下，那些最需要疫苗和药物的人无法获得疫苗和药物，而获得疫苗和药物的机会往往取决于收入、地理位置和政治等因素。

1. 疫苗与药品的供求失衡

新发传染病往往具有传播速度快、初期致死率高的特点，疫苗与特效药是应对这两个特征的主要工具。基于生命至上的理念，疫苗及特效药应属于国际公共产品，且需要在全球范围内共享。在研发、生产疫苗、特效药时往往需要投入较多的人力与财力，且还需要较高的技术水平，每个国家未必都能够达到研发和生产的要求。据《专利形势报告：COVID－19 相关疫苗和疗法》，由世界知识产权组织统计，中国提交了 276 件与新冠疫情有关的疫苗专利申请。除我国以外，许多发达国家

---

① See Belinda Bennett & Terry Carney, *Public Health Emergencies of International Concern: Global, Regional, and Local Responses to Risk*, 25 Medical Law Review 223 (2017).

② 参见魏庆坡：《〈国际卫生条例〉遵守的内在逻辑、现实困境与改革路径》，载《环球法律评论》2020 年第 6 期，第 174～186 页。

也提出了专利申请。其中,美国申请件数达72件,俄罗斯则有21件,英国有9件。[①]

关于疫苗、药品的分配问题。其产生的根本原因是发展中国家有疫苗需求,但其自身的生产能力较差,两者存在显著矛盾。导致这种矛盾的因素有两方面。一方面,在生产端,开发新的疫苗和药物是一个复杂而昂贵的过程,当制药公司没有获得充分的激励时,可能很难投入过多资源用于那些主要影响低收入国家的疾病疫苗与药物的研发,导致其产量严重不足。而发展中国家自身的财政水平难以支撑对制药公司的大规模激励,因此不得不依赖于进口。更糟糕的是,新发传染病的知识有限性可能导致疫苗和药物的开发和批准的延迟。因为各国的监管机构在批准使用这些疫苗或药品之前可能需要重要的安全性和有效性证据。与此同时,一些国家缺乏监管能力,可能会使假冒或不合格产品进入市场。[②] 尽管世界卫生组织努力协调国家审批程序,但是不同国家在新药批准、评估方面的能力存在较大差异,部分国家的疫苗审批流程较为烦琐,因而审批时间较长。同时,由于一些发展中国家的核心能力不足,社会应对新发传染病的韧性较弱,需要依赖疫苗和药品来及时减缓病毒的传播速度、降低致死率,因而对疫苗和药品的需求远高于发达国家。另一方面,低收入国家难以获得足够的疫苗与药品,疫苗和药物的成本对低收入国家来说可能望而却步。与此同时,由于发达国家拥有足够的资金可以及时购入大量疫苗,因此在疫苗未满足国内需求之前可能不愿意将疫苗出口给较为贫穷的国家。

2. “疫苗民族主义”的阻碍

“疫苗民族主义”是指较为发达的国家将本国公民的疫苗接种置于疫苗公平分配给其他国家或地区之上的做法,表现为囤积疫苗、优先

---

① See *COVID – 19 – related vaccines and therapeutics: Preliminary Insights on Related Patenting Activity During the Pandemic*, World Intellectual Property Organization, 2022.

② See Mary Moran et al., *Registering New Drugs for Low-Income Countries: The African Challenge*, 8 PLoS Medicine e1000411 (2011).

为低风险人群接种疫苗以及阻止疫苗出口等行为。谭德塞总干事在2020年8月13日的记者会中发表了意见，在成功研发疫苗以后，必然会出现疫苗供不应求的情况，供与求之间的失调会导致"疫苗民族主义"出现，甚至可能会引发疫苗价格上涨的风险，只有全球团结、公共部门投资和参与才能解决这种市场失灵的问题。[①] "疫苗民族主义"会在三个方面损害全球疫苗的公平分配。其一，它限制了全球疫苗的供应，使中低收入国家更难获得为其人口接种疫苗所需的剂量，这会延长病毒的流行周期，增加新变种出现的风险，并导致疾病、死亡和经济损失。其二，"疫苗民族主义"使较为富裕的国家及其公民不成比例地获益，从而加剧了不平等的现象。鉴于低收入和中等收入的国家遭受新发传染病的打击往往更为严重，而且其应对新发传染病的资源较少，这一点的危害将被加倍放大。其三，"疫苗民族主义"将破坏全球合作和团结，使应对新发传染病变得更加困难，也可能对全球局势的稳定产生不利影响。

"即将出现的疫苗能够治愈一个严重分裂的世界的裂痕，但如果国家囤积疫苗且破坏疫苗的公平获取，那么疫苗必然会推动分裂进程"。[②] 在全球范围内，如果没有国际性的公平分配疫苗的协议及政策，那么"疫苗民族主义"将继续蔓延，许多国家将更加注重自身的需求，而非努力减缓疫情。如果每个国家只关注自身利益，忽略全球防疫的责任，最终可能导致悲剧的发生。

传统制度只规定了应然性义务，并未区分这些义务的性质，并辅以强制性惩罚措施或者自愿性补偿制度。针对突发公共卫生事件宣布后给有关国家或地区造成的经济损害，以及遵循疫苗与药品制度而给相

---

① 参见谭德塞：《世界卫生组织总干事2020年8月13日在COVID－19疫情媒体通报会上的讲话》，载世界卫生组织网站，https://www.who.int/zh/director-general/speeches/detail/who-director-general-s-opening-remarks-at-the-media-briefing-on-covid-19---13-august-2020。

② Lawrence O. Gostin, Safura Abdool Karim & Benjamin Mason Meier, *Facilitating Access to a COVID－19 Vaccine through Global Health Law*, 48 Journal of Law, Medicine & Ethics 622 (2020).

关主体造成的利益损失,应当建立补偿制度,激发相关国家或地区为了国际公共卫生利益而主动遵守国际条约义务的动力。

六、强制约束不力

在全球范围内,传染病的暴发和传播已经超越了国界,因此国际合作至关重要。然而,当前的国际合作制度往往是基于自愿性的参与和合作,缺乏强制性的法律约束。一方面,这是主权原则在国际法领域的体现。国家主权原则是国际关系的基本原则之一,国家在内部事务上享有独立性和自主权,因此,强制主权国家遵守国际传染病防治措施可能会受到抵制,因为这可能被视为干涉国家内政。另一方面,缺乏强制力的国际法律制度本身也限制了对国家的强制执行措施。世界卫生组织在制定和推动国际传染病防治措施方面发挥着重要作用,但其权力和法律约束力有限,这也使其在具体制度层面约束乏力,各国遵守具体规则意愿不强。

(一)对额外卫生措施的适用规则缺乏强制性惩罚措施

在新冠疫情被宣布为PHEIC以来,超过150个主权国家采取了各类临时卫生措施,部分措施对经济、贸易和旅行都产生了较大的负面影响;且更令人不安的是,至少有2/3的国家没有向世界卫生组织报告其额外卫生措施。主权国家公然无视及时报告任何额外卫生措施的法律要求,影响了世界卫生组织协调全球应对新发传染病的能力。国家无视《国际卫生条例》采取额外卫生措施的情况在新发传染病的场景下更为普遍,也暴露出了这一制度在应对新发传染病时的局限性——国家缺乏遵循动力。

实践中,尽管"额外卫生措施"的使用规则相对严格,但是国家缺乏遵循动力。2011年以来,世界卫生组织每年都会发布报告,详细描述缔约国实施《国际卫生条例》时采取的额外卫生措施情况。根据2011年《国际卫生条例》审查委员会的报告,在世界卫生组织调查的56个国家中,有6个国家采取了超出临时建议的措施,以限制受疫情影响的国家的动物或货物入境。世界卫生组织要求各国提供公共卫生的理由,但是这些国家并未主动履行。甚至在世界卫生组织提出要求后,仍有部分国家没有作出详细说明。审查委员会表示《国际条例》中的第43条属于基石。不过,因为尚未对不遵守行为规定作出制裁管理,因而履约效果甚微。对此,为了提高透明度,强化以证据为基础的额外措施决策,同时消除缔约国的忧虑,应对国际应对协调加以着手改进。①

造成国家缺乏遵循动力的主要原因是《国际卫生条例》问责与制裁制度的缺位。条例的初衷是尊重国家自主权,设想的是通过透明度和公开性吸引国家主动遵循额外卫生措施的使用原则。实际上,尽管世界卫生组织的建议具有权威性,可以起到调节过度卫生措施的作用,但由于缺乏法律约束力和合规监督制度,也没有规定法律后果和制裁办法,因此《国际卫生条例》本身和世界卫生组织在实际执行方面都欠缺一定的力度。此前任职于世界卫生组织的法律专家曾指出,《国际卫生条例(2005)》的制度设计在较大程度上取决于以下因素之间的权衡:世界卫生组织的紧急权力及其规范的合法性和可信度,受影响国家的开放与合作政策,第三国的友善、团结和自律程度以及国家保留的最终决策权。② 所以,这样的治理结构最终还是围绕着主权国家展开的,主权国家是否遵循《国际卫生条例》的规定或者世界卫生组织的建议,取决于世界卫生组织本身的公信力、专业性以及成员国的合作意愿。

此外,新发传染病的知识有限性也使国家更趋向于追求安全。一些国家争辩说,它们宁愿安全也不愿后悔。但证据表明,非法的旅行限制并不会使国家更安全。③ 在短期内,旅行限制会阻止物资进入受影响地区,减缓国际公共卫生反应。从长远来看,国家选择遵守哪些国际

---

① 参见世界卫生组织审查委员会:《关于与2009年甲型H1N1流感大流行有关的〈国际卫生条例(2005)〉实施情况的报告》,A64/10,2011年5月5日,第85~86页。

② See LUCA BURCI G. *The Outbreak of COVID - 19 Coronavirus: are the International Health Regulations fit for purpose*? at https://www.ejiltalk.org/the-outbreak-of-covid-19-coronavirus-are-the-international-health-regulations-fit-for-purpose/ (Last visited on May 20,2023).

③ See Mateus ALP et al. ,*Effectiveness of travel restrictions in the rapid containment of human influenza: A systematic review*, Bull World Health Organ,2014,92: 868 - 80D.

法会鼓励其他国家效仿,反过来则会破坏更广泛的基于规则的世界秩序。当各国不能相互依赖以遵守国际协定时,就不可能进行有效的全球治理。① 然而,主权国家面对新发传染病这样的“意外”时,往往站在最符合国家利益的立场,因此国家采取额外卫生措施的主观性较强。从各国政府应对疫情的视角来看,尽管各国优先考虑自身国内问题具有一定合理性,但是全球卫生治理工作也不容忽视,否则会给全球卫生的基本安全带来压力和挑战。

(二)对于疫苗和药品共享缺乏强制约束力

在开展全球性的疫苗共享时,发达国家与一些发展中国家间会因知识产权保护而产生一些矛盾。其中,一些发展中国家很难有效保护病毒样本,而发达国家会为疫苗申请专利保护。在这种背景下,受到传染病疾病侵害的发展中国家在获取疫苗的谈判中就很难占据有利地位,为此不得不承担购买疫苗、药物和其他相关产品的费用。而新发传染病的疫苗和药品一旦研发成功,一系列的生产技术就能得到专利保护,其中会涉及非常多的专利技术,为此在疫苗的开发活动中就要取得多项专利的认可,这就很有可能造成“知识产权丛林”问题的出现。

发达国家会重点保护自身的疫苗知识产权,而一些发展中国家很难承担疫苗的专利费用,两者间存在较为严重的矛盾,这本质上是知识产权与公共健康的矛盾。《多哈宣言》重点解释了基于有利于公共健康角度来执行、解释《与贸易有关的知识产权协定》的重要性,以促进制药企业能力不足的国家能够获取现有药品和开发新药。目前有关技术转让与公共健康有关的准则较多,而具体操作则较少。采用强制许可方式虽然能够打破生产廉价仿制药的产权壁垒,但很难将该方式应用到疫苗生产中,其主要原因是疫苗生产涉及多种要素,如技术水平、基础设施、监管认可等,而这些都是无法通过强制许可来解决的。因为缺乏公平合理的疫苗技术交易制度,疫苗与药品的分享只能依靠主权国家的自觉履行。例如,中国已多次表明,为了构建人类卫生健康共同

① See Hoffman SJ. *The evolution, Etiology and Eventualities of the Global Health Security Regime.* ,Health Policy Plan,2010, 25: 510 – 522.

体,新冠疫苗完成研发且被投入使用后,就属于全球公共产品,以此确保其他发展中国家有能力负担疫苗的应用费用。我国的这一理念与《多哈宣言》中的保护公共健康理念基本相同,两者均为促进全球所有人都拥有药品的使用权利。同时,我国与全球疫苗免疫联盟达成合作协议,并成为"新冠疫苗实施计划"中的重要成员。[①] 新冠疫苗具备"全球公共产品"的属性标志着疫苗具备了可及性,也就是在满足本国的疫苗需要以后,必须优先向发展中国家和地区供给疫苗。除了考虑可承受性外,还应该充分考虑疫苗研发生产的成本以及销售使用的合理定价。公共产品的知识产权保护与定性并非矛盾,它们只是在不同的层面上起着不同的作用。对于疫苗专利所有权人而言,其享有限制第三方生产、销售疫苗的权利,从而能够最大限度保护疫苗研发人员及制作商的经济权益。尽管根据 TRIPS 协定第 31 条之二可以进行药品强制许可专利使用,但仍应给制药厂商提供经济回报。为了兼顾疫苗的可及性与企业生产的可持续性,中国在抗疫一线区域中采取了成本定价方法,该方法可以被其他国家和地区借鉴。

第三节　破解制度兼容性问题的合理方案

为了使既有的传染病国际合作体制能够应对新发传染病的挑战,关键的一步在于使各类制度能够更新换代,使之能够同时应对传统传染病与新发传染病,解决此前国际合作制度应对新发传染病兼容性不足的难题。

一、建立更为完备的监测制度

早期的《国际公共卫生条例》就已经认识到传染病监测的重要性,了解传染病暴发的来源、性质及其严重性程度对于及时控制新发传染病十分重要。目前,依托世界卫生组织建立的"全球疫情预警和

① 参见《外交部就加入"新冠肺炎疫苗实施计划"答记者问》,载中华人民共和国中央人民政府网,http://www.gov.cn/xinwen/2020-10/09/content_5549856.htm。

反应网络”,新发传染病的监测制度在近几次大规模传染病暴发中都发挥了应有的作用。如在2003年非典危机所表现出来的那样,传染病暴发的监测、通报与数据国际共享对于减少恐慌和反应过度十分重要。然而,针对新发传染病的监测仍然有很大的发展空间,具体可以归纳为以下三点。

其一,加大对发展中国家监测系统建设的援助。一些发展中国家的医疗基础设施十分匮乏,死亡率和死亡原因等最基本的健康数据都不得而知,一些国家可能会出于压力编造一些卫生报告,其中的数据可信度不高。因此,加强各国尤其是欠发达国家的公共卫生设施的建设与完善对新发传染病的监测十分重要。

其二,建立通报激励制度。为了有效应对新发传染病,《国际卫生条例》规定各成员国应及时向世界卫生组织报告并共享卫生信息,这也是缔约国获得来自世界卫生组织的专业指导和外部援助的必要前提条件。由于新病毒的发现、检测、评估和识别过程需要耗费一定的时间,而且对公共卫生信息的评估是基于事件的合理判断,属于国家主权范畴的自由裁量权,因此不可能明确规定通报的时间。与此同时,《国际卫生条例》未规定对履行义务表现良好的成员国给予奖励,也未设立监督制度对不履行或未充分履行义务的国家进行问责,导致一些国家选择不与世界卫生组织及其他成员国合作,或者不及时准确地通报甚至根本不通报疫情信息。因此,上述条例需要建立通报奖励制度,以加强各国之间在通报环节的合作。为了及时传播和分享卫生信息,向尽职尽责地履行通报和共享义务的缔约国提供技术支持和财政支持;在必要的情况下,向这些国家提供医疗物资和疫苗,并对因报告疫情而遭受损失的缔约国给予适当的补偿。①

其三,加强对动物疾病和环境因素的监测。加强监测系统的一个基本方法是运用“同一个健康”概念。这一概念认识到人类健康、动物健康和环境健康是相互依存的。因此,监测和控制动物种群可以极大

① 参见黄瑶、徐琬晴:《从新冠肺炎疫情看〈国际卫生条例〉关于传染病防范阶段规则的修订》,载《法治论坛》2021年第3期,第349~359页。

地帮助预防新病原体的出现。此外，监测温度和湿度等环境因素可能有助于预测新型病原体的出现，包括媒介传播疾病。在人类感染某种疾病之前，这种传染病就可能已经在动物中传播了，如果能及时在动物这端加强监测，或许能用更小的成本遏制灾难。但《国际卫生条例》在这一方面并无相关规定。可以通过修订或补充条例的方式，具体细化各国边境检疫、畜养动物疾病防治、野生动物交易查处等工作义务，同时还要细化国家责任，加大国家重视预防工作的力度。事实上，气候变化、城市化和土地利用都会影响媒介的动态以及宿主种群和媒介传播病原体的传播。在此背景下，虫媒病毒的地理分布正在扩大；它现在影响了五大洲，并已成为一个主要的公共卫生问题。鉴于大多数新出现的传染病具有人畜共患的性质，在动物和人类公共卫生系统之间建立合作和协调的“一个健康”方法至关重要。需要符合国际兽疫局标准的强大的兽医系统来提供早期预警，遏制微生物的抗生素和其他药物抗性，并在新出现的动物疾病威胁人类之前以具有成本效益的方式控制它们。

二、建立有效和可靠的信息共享制度

信息共享可以说是贯穿应对新发传染病国际合作的全过程，事件发生国通报信息的效率会对其他国家作出应对措施的速度存在一定影响，也就是会影响疫情防控的效率，所以信息的及时准确传递对疫情防控起着重要作用。为此，完善信息共享制度应从“提高信息共享动力”“明确信息共享范围”“研发信息共享技术”三个方面入手。

其一，完善制度激励各国主动、及时地报告新发传染病。加强信息共享透明度，应鼓励各国及时准确地报告传染病事件，而不必担心会产生影响。为了提高透明度，世界卫生组织可能需要与各国合作，解决各国对报告疫情的经济或政治后果担忧的问题。同时，帮助发展中国家提高共享能力，降低其开发和维护必要的基础设施以检测和报告疫情的成本。许多国家，特别是低收入和中等收入国家，缺乏满足《国际卫生条例》要求的财政和技术资源，应对这一挑战可能需要增加对全球卫生安全的投资以及能力建设举措，以帮助各国发展必要的基础设施。

其二,尽管《国际卫生条例》2005年修订的附件2明确了各国向世界卫生组织通报义务的责任范围,其界限为"可能构成国际关注的突发公共卫生事件的所有事件",不过在该条例中没有详细说明通报的内容。从经济价值与技术价值层面来看,病毒菌株作为生物资源,能带来的价值利益可以通过客观数字来体现,所以,部分国家在上报或公开病毒菌株时有所隐瞒,往往只上报专利权部分。2007年,印度尼西亚在暴发的H5N1禽流感中,就拒绝向世界卫生组织上报病毒菌株,并向外声称具有该类病毒的所有权,以获取研发带来的技术收益。[①] 由于《国际卫生条例》不具备强制力,且也没有明确规定通报的信息内容。由此可见,通报信息的权利主要由各国自身决定。应通过修订《国际卫生条例》或在新文书中明确《国际卫生条例(2005)》第7条规定共享"公共卫生信息"的义务,就发展中国家和发达国家存在争议的"疫情数据和信息共享"是否包括"病毒材料及样本共享"和相关经济利益问题,基于发展中国家和发达国家的利益诉求,制定出更为明确的规定;同时还应补充成员国信息共享的疫前防御、疫后根治检测、平行渠道等的规范性内容。可以加大激励制度的创设力度,以此来优化及完善缔约国之间的信息共享制度、公开病毒生物信息获得的收益分配制度,尽可能缓解世界卫生组织和成员国之间存在的信息不对称问题。

其三,新兴技术的开发可以提高信息采集与共享的效率。随着新发传染病的暴发,各国和国际组织越来越重视研发新技术以用于检测、跟踪和应对疫情。例如,来自手机、社交媒体和其他数字平台的数据可用于监测疾病的传播、跟踪个人的活动以及识别潜在的感染热点。数字接触者追踪系统(Digital Contact Tracing System)是一种接触者追踪方法,依靠跟踪系统(通常基于移动设备)来确定感染患者与用户之间

① 参见曾瑞声:《全球公共卫生治理机制的形成与演变:国家利益》,暨南大学2012年博士学位论文,第87页。

的接触。[1] 在新冠疫情大流行期间，该系统得到了广泛应用。数字接触者追踪使用蓝牙或 GPS 来检测人们何时相遇。世界卫生组织将用于接触者追踪的数字工具分为两类：邻近跟踪工具和症状跟踪工具。[2] 接触者追踪的数字工具只有集成到现有的公共卫生系统中才能有效，该系统包括卫生服务人员信息、检测服务和手动接触者追踪基础设施等功能。除此之外，还需要提高各国之间实时电子信息共享的能力。信息技术和通信的进步有可能彻底改变疫情期间信息共享和分析的方式。世界卫生组织正在探索利用这些技术提高信息共享的及时性和准确性的方法，包括通过使用移动应用进程和社交媒体。

数据存储也是一个容易被忽视却十分关键的问题。例如，患者数据可能以不同的格式和位置存储，可能会使共享和分析变得困难。展望未来，必须建立一个标准化的信息存储与展示系统，以便系统地收集、可视化和共享关于新发传染病的高质量数据。[3] 然而，将技术用于这些目的会引发与隐私、数据保护和人权相关的重要法律问题。例如，出于疾病监测目的收集和共享个人数据可能会与个人隐私权发生冲突。此外，使用数字接触者追踪应用进程会引起人们对敏感健康信息可能被滥用或处理不当的担忧。因此，重要的是要考虑使用技术进行疾病监测的法律影响，包括与数据隐私、安全和人权相关的问题。这可能需要为健康数据的收集、使用和共享制定明确的法律框架和标准，并确保采取适当的保障措施来保护个人的权利和隐私。

三、建立以快速响应和预防理念为主的突发事件应对制度

运用风险预防框架，建立规范透明的应对新发传染病启动和运行

---

① See *Digital Contact Tracing*, Wikipedia, at https://en. wikipedia. org/w/index. php?title = Digital_contact_tracing&oldid = 1146622306 (Last visited on April 1, 2023).

② See *Digital tools for COVID - 19 contact tracing: annex: contact tracing in the context of COVID - 19*, World Health Organization, No. WHO/2019 - nCoV/Contact Tracing/Tools Annex/2020. 1, 2 June 2020.

③ See Lauren Gardner et al., *A need for open public data standards and sharing in light of COVID - 19*, 21(4) The Lancet Infectious Disease 80(2021).

制度。当前,《国际卫生条例》采用"安全化"框架,回避政治干扰,提升防疫措施成效。这种框架在表面上具有中立性、紧迫性和包容性,但掩盖了全球健康治理的政治意义。《国际卫生条例》表明,全球卫生不是独立于政策之外的孤岛,每个国家都会以自身的利益、观念和价值观来处理与全球卫生有关的问题,这不仅不会影响世界卫生组织的工作,反而会加大缔约国对该组织的支持力度。为了限制不同观念、利益和价值之间的不当争论、竞争和妥协,我们必须建立一个客观公正的风险框架,为世界卫生组织提供必要的政治支持,避免因成员国的政治争端无端耗费世界卫生组织的有限资源。全球健康至少可以划分为三个风险框架:一是医学框架,分析病毒对人体健康的影响,为预防和控制病毒的决策者提供科学依据;二是权利框架,保护人的尊严、人权和基本自由,特别是不歧视易感人群和感染者;三是经济框架,预测人员流动和贸易限制措施给全球经济发展带来的风险。[①]

在应对新发传染病方面,风险预防理念主要体现在宣布 PHEIC 制度上。根据前文分析,PHEIC 的认定程序、执行制度及治理体系亟待完善,比如 PHEIC 认为程序透明度不够及权威性缺乏、额外措施与应对制度合法程序不够等问题,进而造成新发传染病国际法合作难以顺利开展。对于此弊端,世界卫生组织需要细化并规范宣布 PHEIC 的程序且提高这一程序的透明度。[②]

其一,在 PHEIC 响应制度方面,可在国际关注的突发公共卫生事件或非国际关注的突发公共卫生事件这两种可能性之间建立一个中间警报级别。[③] 例如,制定区域性预警制度,向疫情暴发国家人员流动频

---

① 参见魏庆坡:《〈国际卫生条例〉遵守的内在逻辑、现实困境与改革路径》,载《环球法律评论》2020 年第 6 期,第 174 ~ 186 页。

② 参见魏庆坡:《〈国际卫生条例〉遵守的内在逻辑、现实困境与改革路径》,载《环球法律评论》2020 年第 6 期,第 174 ~ 186 页。

③ 参见《关于 2019 新型冠状病毒疫情的〈国际卫生条例(2005)〉突发事件委员会第二次会议的声明》,载世界卫生组织网站,https://www.who.int/zh/news/item/30-01-2020-statement-on-the-second-meeting-of-the-international-health-regulations-(2005)-emergency-committee-regarding-the-outbreak-of-novel-coronavirus-(2019-ncov),2023 年 3 月 8 日访问。

繁的国家发出提醒，动员国际社会汇集各国医疗卫生资源以使更好地为疫情发生国提供支持与援助，力求将疫情控制在局部范围内，并进行有效防治与处理，避免疫情进一步扩散。

其二，制定临时建议失灵的救济措施。当新发传染病被宣布为PHEIC之后，世界卫生组织便会向疫情暴发国家发布临时建议；但这些建议往往得不到普遍遵守和落实，因为这毕竟只是一种非正式制度，其本质仍是软法，只有在此基础上搭建更为完备的与临时建议有关的国际法治体系，才能更好应对上述问题。首先，为了规范临时建议的制定及发布，制定相关的程序，积极收集科学建议源；同时，突发事件委员会要发布会议声明，采用附件形式表明临时建议存在一定科学性。其次，若是成员国没有及时履约，世界卫生组织可以对该国进行通报批评。临时建议的作出主要和成员国的本国疫情信息相关，但《国际卫生条例(2005)》并没有规定解决不及时履行信息提供义务的措施，使通报义务的规定失去约束力。所以，在外部司法机构不能介入时，世界卫生组织可以在内部设立纠正部门，以便更好地对突发事件委员会与临时建议总干事进行追责，从而弥补临时建议中的不足。最后，创建多元化临时建议失灵救济制度。采用卫生治理合作谈判的方式，赋予世界卫生组织更高权力，各国提供一定支持，为临时建议失灵救济奠定基础。此外，还要设立专项资金，以便较好地为临时建议失灵救济提供资金支持，必要时还能向经济落后、受灾严重的成员国进行补偿，如，以资金方式为成员国提供更多的公共卫生物资等。

四、建立更细化和更具可操作性的额外卫生措施制度

(一)细化适用原则条款

如前所述，《国际卫生条例》第43条关于“额外卫生措施”的规范存在较大的模糊地带，这在一定程度上助长了某些缔约国的滥用行为。因此，应提高《国际卫生条例》第43条法律规范的清晰度，以明确额外卫生措施的滥用标准。笔者认为，结合比例原则，可以将额外卫生措施的标准分为适当性、必要性和相匹配性三类。其一，适当性标准要求缔约国的目的和手段必须适当。《国际卫生条例》只提及实施该类措施

的前提,尚未规定实施的对象、目的,因此需加以补全。其二,必要性标准指国家为了保护本国民众免受疫情侵扰,所采取的措施具有相当高的必要性,需要结合现有的科学证据,遵循科学原则。但是,《国际卫生条例》却没有对“科学原则”“科学证据”等关键词进行进一步的阐释。就“科学原则”一词而言,争议焦点主要围绕以下两点:第一,科学原则在各国的认知里可能各不相同;第二,科学并非完全中立,在涉及价值判断的问题上,不同专家依据某一相同科学原则进行评估时可能会形成截然不同的结论。比如针对此次新冠疫情,一国是否采取额外卫生措施,决策基础能否设法切断引起疫情的传播路径,能否缓解事件影响力及能否遏制未来可能出现的变异情形。其三,相称性标准指采取的措施造成的损害低于采取其他合理措施造成的损害。具体而言,缔约国采取的行动必须与所面对的疫情严重程度相契合,将限制或影响贸易或旅行的程度降到最低。

(二)建立分类预警制度

目前《国际卫生条例》仅有“PHEIC”和“非 PHEIC”一个分级,一旦宣布 PHEIC 就等于给各国发出了一个明确信号:要想控制住疫情,必须采取大规模的应对措施。各国政府还应评估是否有必要采取重要的社会干预措施,比如关闭学校等。世界卫生组织建议,疫情暴发国之外的国家不应该关闭边境,也不要实施任何形式的旅行和贸易限制。如果疫情暴发国隐瞒疫情的真实情况,将会对全球抗疫形成不利的影响,使疫情大规模流行的可能性大大增加。但是仅有一个等级的弊端在于,各国很难依据疫情发展的程度确定采取措施的轻重程度。因此,可以参考中国的《国家突发公共卫生事件应急预案》,根据突发卫生事件的性质、危害程度、范围等将突发公共卫生事件划出更细致的等级并配以完备的分级分类应急处置方案。① 这样一来,世界卫生组织也能更具灵活性。例如,世界卫生组织如果能被授权采取早期行动来限制旅行,世界卫生组织需要能够在宣布 PHEIC 之前就提出旅行建议,否则

① 参见《国家突发公共卫生事件应急预案》,载中央政府门户网站,http://www.gov.cn/gzdt/2006-02/28/content_213129.htm。

就会错过防止疾病传播的最佳时机。①

（三）完善复查制度

《国际卫生条例》所规定的额外卫生措施的复查制度在实际运行中存在诸多不足，甚至可以说处于“有名无实”的状态。主要问题包括复查主体公正性欠妥、复查期限过于僵化以及复查程序规定缺失等。②因而，有学者提出在《国际卫生条例》中尝试建立“落日条款”（sunset provisions）以完善复查制度。③ 具体可以改善三点。其一，建立“落日条款”时需要注意复查主体的改变，其由世界卫生组织的工作人员担任，以增强复查的公平公正，世界卫生组织也可以主动与其他国际组织合作共同完成复查工作。其二，在确定额外卫生措施的期限时，应当考虑该措施针对传染病的传播方式和速度。因为不同国家的疫情防控能力存在差异，在确定“落日期限”时，应当考虑各方面的因素，比如国家的经济实力、医疗卫生设施等。因而，世界卫生组织可以将3个月作为默认期限，但如果受上述因素影响，具体期限则需要综合考虑后再确定。其三，实施对复查结果的跟进措施。当世界卫生组织根据疫情变化情况认为必要时，为了有效防止成员国滥用额外卫生措施，应在引入“落日条款”时明确规定，让这些措施继续有效。

（四）建立监督制度

2018年2月，世界卫生组织与澳大利亚新南威尔士州悉尼大学合作推出了一个新工具，以监测《国际卫生条例（2005）》关于额外卫生措施要求的遵守情况。这一举措是世界卫生组织秘书处致力于加强《国

---

① See LUCA BURCI G, *The Outbreak of COVID-19 Coronavirus: are the International Health Regulations fit for purpose*, at https://www.ejiltalk.org/the-outbreak-of-covid-19-coronavirus-are-the-international-health-regulations-fit-for-purpose/ (Last visited on May 25, 2023).

② 参见高峰：《论WHO额外卫生措施之滥用及其防范》，载《广西政法管理干部学院学报》2022年第2期，第20~28页。

③ See Goldfarb S R, *The phase-out and sunset of travel restrictions in the international health regulations*, 2 Brooklyn Journal of International Law 781-824 (2016).

际卫生条例》框架的一部分,该框架是一项具有法律约束力的文书,旨在保护全球公共卫生,防止对国际交通和贸易造成不必要的干扰。该框架已被196个缔约国采用,包括世界卫生组织的194个成员国。这个新工具依靠媒体报道来确定潜在的与疫情有关的贸易和旅行制裁,它使用一套标准的程序进行核查并要求缔约国遵守。悉尼大学的研究人员正在与瑞士日内瓦的世界卫生组织秘书处合作,将该工具纳入现有的通知和报告系统,以实现及时监测。整合后,世界卫生组织能够实时跟踪各国实施的可能严重损害国家和地区经济的贸易或旅行制裁,并与各国政府进行建设性合作,以取消制裁。这是加强执行《国际卫生条例(2005)》的一个关键步骤,该条例仍然是专门为保障全球卫生安全而制定的唯一国际条约。

通过使用这一新工具,世界卫生组织将能够实时监测旅行和贸易措施并采取相应行动。例如,当发现有严重干扰国际交通或贸易的措施时,世界卫生组织将与有关政府联系,以获得正式核实和实施这些措施的科学理由。一旦得到核实和评估,世界卫生组织将通过该组织的事件信息网站与其他政府分享这一信息。如果这些措施与公共卫生风险不相称,或严重干扰国际交通或贸易,世界卫生组织将与政府合作,确保取消或修正这些措施。

更为重要的是,各国可以实施更具成本效益的措施来保护其人民的健康。这些措施包括教育旅行者了解个人保护措施,提高对如何管理身体不适的旅行者或如何管理受污染产品的认识,以及改善沟通和管理风险认知。① 利用新的监测工具,世界卫生组织秘书处将与各国政府合作,优先考虑那些已被证明有助于防止疾病传播、保护生命和防止对国际交通和贸易造成不必要干扰的措施。

① See Cohen NJ, Brown CM & Alvarado-Ramy F et al., *Travel and border health measures to prevent the international spread of Ebola*, Morb Mortal Weekly Reception 57, 65 (2016).

五、推动建立行之有效的国际援助制度

针对国际援助时常失灵或援助不及时的情况,世界卫生组织可以参照联合国维和部队的方式,牵头组建国际医疗救援队。各国自发组织的医疗团队因为缺乏较强的联系性,所以开展工作时往往容易遇到较多阻碍。欠缺统一行动会出现医疗资源分配不均的问题。为了提高新发传染病的应对效率,应当由世界卫生组织领导,组建一支能够及时响应、统一行动,并确保服务质量和调配指挥的标准化常备国际应急医疗救援队。在组建救援队伍时可以参考联合国建立维和部队的经验,进而能够通过统一方式来对不同国家的医护人员进行培训,提高救援团队的医疗水平,培养人员之间的默契程度与合作能力,构建出高效的联合国医疗援助制度,以便更好应对突发事件。出现突发公共卫生事件时要第一时间采取高效的救援行动。当流行病持续发展时,对医护人员的专业性也有了更高要求,世界卫生组织也可以联合其他非政府组织,如无国界医生,联合建设国际医疗救援队。①

六、发展多维度、多主体参与的疫苗与药品获取制度

新发传染病治疗制度的核心是对疫苗的获取。从新冠病毒肆虐与应对的经验来看,疫苗是控制疫情的主要措施。世界卫生组织指出,安全有效的疫苗已经以创纪录的速度得到开发和批准。现在的挑战是确保每个有需要的人都可以使用疫苗,在可承受价格范围内进行全球供应,采取公平性原则实行分配。所以为了抵抗"疫苗民族主义"的兴起,不仅各国需要开展合作模式,国家与非政府组织之间也要开展合作。从世界卫生组织根除天花的接种疫苗可以看出,国际合作不容忽视,协同合作才是应对新发传染病的主要出路。

(一)建构疫苗获取全球协议

随着国与国之间的竞争日益加剧,没有哪个国家能够完全确保本

---

① 参见姚天冲、鲁思睿:《浅析国际突发公共卫生事件中的合作机制》,载《中国卫生法制》2020 年第 5 期,第 1 ~6、49 页。

国制药公司或科学家可以率先研发出安全有效的疫苗。因此,制定出公平疫苗分享协议十分重要,这样就可以更好保障疫苗实现公平分配,保障全球人民接种疫苗的权利。疫苗全球获取制度应该由世界卫生组织、流行病防范创新联盟(The Coalition for Epidemic Preparedness Innovations,CEPI)以及全球疫苗免疫联盟三大组织牵头,旨在有效克服“疫苗民族主义”所带来的全球风险。同时,G20组织也在积极为达成一个疫苗贸易与投资协议做努力,包括设立疫苗投资基金等协议。一旦经过测试确认疫苗是有效且安全的,就可以按照公共卫生需求来进行分配。各国政府将以认购的方式向投资基金缴纳资金。

(二)利用全球卫生基金

若疫苗利润不高,部分疫苗制造商就会缺少投资动力,所以需要缔约国一起构建公共卫生应急基金。在世界卫生组织的协同下,缔约国通过磋商明确使用基金的详细条件,为中低收入国家提供研发、部署疫苗和治疗所需的资金,这对于实现全球公共卫生安全极为重要。

(三)建立自愿知识产权池

2020年3月,哥斯达黎加总统和卫生部长向世界卫生组织建议设立一个全球知识产权池,以更好地使用与获取监测、控制、预防与治疗新冠病毒大流行技术的知识产权。① 提案涉及“此知识产权池由权利人决定是否转让包括专利发明及现在或未来权利,此外,还包括监管测试数据、制造诊断测试、设备或药物等知识产权。且在成员国之间以合理的条件提供免费使用”。专利池指对于特定领域或产品,专利人之间或授予第三方单个或多个专利。可以将新发传染病的知识产权池视为一个信息交换所或中介,从在全球自愿提供权利的持有者处获取更多的医学数据和相关知识产权的许可,接着通过减免费用或平等条件把这些权利再许可给疫苗制造商或开发者等对象。这样一来,有利于

① See *Failures to Disclose U. S. Government Bayh-Dole Rights in Patented Inventions*, Knowledge Ecology International, at https://www.keionline.org/bayh-dole/failure-to-disclose(Last visited on May 25,2023).

实现疫苗技术整合、减少交易成本以及防止出现专利丛林现象。①

然而,仅凭疫苗是无法战胜新冠疫情的。医用氧气机、个人防护设备以及可靠的诊断试剂和药物也至关重要。世界卫生组织发起的“获取新冠工具加速计划”(ACT Accelerator)旨在为中低收入国家的数亿人口提供检测和治疗方案。② 但是,该计划仍需要221亿美元才能取得最佳效果。庞大的资金使这个计划很难落地。未来,应该在该计划的基础上,以应对新发传染病为立足点,继续完善制度设计,拓宽资金来源渠道,使计划更加灵活、高效,以推进计划的实现。

① 参见刘强:《新冠肺炎疫情专利问题若干思考》,载《福建江夏学院学报》2020年第1期,第35~42、52页。

② See *What is the ACT-accelerator*, World Health Organization, at https://www.who.int/initiatives/act-accelerator/about(Last visited on May 22,2023).

第四章　新发传染病防治国际合作中的主体协调性问题

新发传染病防治国际合作中的主体协调性问题指在应对新发传染病时,各国或各个国际组织在合作过程中如何进行恰当协调,以实现有效防治。这一问题可能包括以下三个方面:其一,新发传染病的防治国际合作涉及诸多类型主体,包括各国政府、政府间国际组织、非政府国际组织以及私主体等。如何清晰界定各主体在合作中的角色,如何明确彼此的责任以及相互间的协作制度,亟须探究。其二,传染病的有效防治需要建立及时准确的信息共享和沟通制度,对于波及面甚广、影响巨大的新发传染病,其防治的国际合作更是如此。然而,各国的信息收集能力、传染病监测和报告能力差异极大,信息共享存在许多现实障碍。这一现实的窘迫导致许多国家和地区难以及时了解疫情的发展,更遑论采取有效应对措施。特别是在国际法碎片化的背景下,世界百年未有之大变局的大幕徐徐展开,一系列政治、经济因素夹杂其中,使新发传染病防治的国际合作很难仅在医学层面展开。全球范围内资源紧张与资源过剩或未能充分利用问题同时存在。法律、政策和制度的差异性在公共卫生领域非常突出。另外,地缘政治、经济鸿沟还深刻地影响着防治合作方面的许多谈判。如何在这重重障碍之下实现各类主体在一定程度上协调行动,是非常棘手的问题。其三,相较于一般的传染病防治,新发传染病由于其影响国际化,更需要协调大量资源,包括人力、物资、技术支持等,而且需跨越、弥合或避开政治、经济等方面的冲突与摩擦,在全球范围内寻求能够被广泛接受的、合理的、恰当的解决方案。现有国际法律框架下的一些协调性安排是否能够发挥作用?如何发挥作用?基于当下的新情况新问题,如何进一步构建新的协调制度,以便有效地消解甚至最终有效解决当前国际合作中出现的障碍与问题?这些都是新发传染病防治国际合作中的主体协调性问题所涵盖的内容。

第一节　新发传染病防治参与主体跨国间协调的必要性和可行性

一、主体协调的必要性

新发传染病防治国际合作主体的协调十分必要,主要基于以下三个方面原因。

(一)新发传染病带来的挑战广泛、全面而综合

新发传染病危害的严重性及其带来的全球性挑战决定了国际社会多主体间必须进行有效协调。新发传染病通常在全球范围内传播,影响极为广泛,无国界是其特点之一。单个国家难以应对和控制其蔓延,客观上需要各国通力合作。主体协调是确保各国能够共同行动的重要方式,只有通过国际合作才能有效地应对新发传染病的全球性威胁。任何国家都不可能独善其身。

全球化所形成的人员和商品的快速流通机制客观上加速了传染病全球传播的速度,传播范围也快速拓展,使国际防控合作具有必要性和紧迫性。在封建社会,以自给自足的小农经济为主,人员货物的流动往往局限于一定的狭小区域,跨越国界的流动非常有限。因此一旦有传染病发生,往往在一国境区就能得到治理,防控国际合作的必要性和紧迫性并未显现。人类社会发展到资本主义阶段后,田园牧歌式的生产和生活方式被打破,社会分工和产业链分工逐渐在全球范围内产生,跨国间的人员、货物流动开始变得频繁。在全球范围内,随着欧洲资本主义殖民的不断扩张,致使全球陷入"统一疾病储存池"的危险局面。原

本只存在于欧洲的病原微生物迅速向着新地区易感人群传播。①

之后,随着《关税及贸易总协定》体系的建立,全球化浪潮席卷而来,世界范围内传染病蔓延的速度呈指数级增长,迅速突破了原有国界的限制,向着更为广阔的范围肆意传播,给人类带来前所未有的冲击和震荡。这些冲击和震荡使社会冲突或摩擦此起彼伏,主权国家应接不暇,进而严重削弱了它们的公共卫生管理控制能力。原本各国独立奋战、分而治之的个人健康问题也就演变成国际性的卫生治理问题。为了解决这一关乎人类发展生存的根本性问题,全球范围内各主体开展各种形式的国际合作是大势所趋。

(二)国家履行其防治义务所需的资源数量庞大且多样

首先,国家作为国际法的重要主体,对内对外均负有法律上的义务。在传染病暴发之时,应迅速采取有效措施,防止相关危险和损害进一步蔓延扩散。无论新发传染病是基于何种原因产生,一国都具有保护自身国民的义务以及不损害其他国际法主体的义务。而要迅速阻止危险和损害的蔓延,有效的应对措施至关重要。然而,对于传染病防治而言,措施的选择和确定仰仗于及时准确的信息。各国在疫情监测、诊断和治疗等方面都积累了宝贵的数据和经验甚至教训,这些对于探寻有效应对措施也是极有价值的。通过主体间的协调,可以促进信息共享、互相学习。各成员进而可以及时了解其他国家的优秀实践和应对策略,包括教训,从而更好地应对新发传染病。其次,传染病防治需要大量的资源,包括人力、物资、技术等,只有通过主体间协调,才能优化资源配置,避免浪费和重复。各国共享资源,提供互助和支持,可以更有效地应对传染病的挑战。再次,传染病的传播不受国界限制,合作进行跨国监测和应对十分必要。只有通过主体协调,各国之间才可能建立跨国合作机制,加强疫情监测、流行病学调查和信息交流,共同抵制病毒的传播和扩散。最后,新发传染病往往以突发性和迅速蔓延为特点,可能会迅速跨越国界。只有各国主体协调合作,及时分享信息,采

① 参见龚向前:《传染病全球化与全球卫生治理》,载《国际观察》2006 年第 3 期,第 24～29 页。

取联合行动,才能有效遏制疫情的国际传播,保护全球公共卫生安全。

(三)国际社会共同利益之维护,"单防"乏力、需要"联治"

从1648年的《威斯特伐利亚和约》开始,国际社会治理开始从以战争、武力争夺为主,转变为主要基于主权国家的无政府状态,遵循主权原则,并以不干涉与国家同意为基础。① 这种特别强调彼此独立性的理念和政策,较之以往的"干涉主义"具有突出的进步意义。但是,全球性问题的国际合作在彼时并没有引起特别重视,或者说国际合作的基本制度框架并未形成。这一点也充分体现在《国际健康治理协定》(以下简称《治理协定》)之中。《治理协定》奉行不干涉成员国内部事务的做法,主张成员国有自由处理国内传染病相关政策与措施的公共健康治理权利,不受国际组织及其成员国的干涉。② 但是,显然,这一协定最初在构建传染病防控国际合作机制时,并没有考虑到国际公共卫生治理的合作、协同问题,而是重在"单防"而非"联治"。除部分宗主国与附属国之间基于特殊关系形成的合作外,多数国家仍是各自为政。因此,当时所建立起来的传染病防控体系并不完善。

国际健康治理机制的转变发端于"二战"后一系列重要国际法律机制的建立和实施。要想改变传染病国际合作的旧理念,就不得不重新界定和理解主权原则,也就是说,须在一定程度上突破原有的僵化理解之下各自为政措施的限制,才能使公共卫生治理在空间上具有真正的全球性,并且将全球公共卫生的有效治理确立为现代国际法的一个重要目标。首先,《联合国宪章》序言中明确提到,重申基本人权、人格尊严与价值,以及男女与大小各国平等权利之信念。人的健康权、人类联合的重要性包含其中。其次,《世界卫生组织组织法》与《国际卫生条例》也更改了以成员国利益为中心的做法,而是开始把工作重点放在全球范围内的疾病防控与个人健康权的保护工作上,明确规定了可

① 参见[美]卡伦·明斯特、[美]伊万·阿雷奎恩-托夫特:《国际关系精要——东方编译所译丛》(第7版),潘忠岐译,上海人民出版社2018年版,第21页。

② 参见熊建军:《国际法治理公共健康的理念与实践探讨》,载《现代商贸工业》2008年第11期,第318~319页。

以达到的最高健康标准以及再分配资源的义务。显然,公共健康权保护的法律地位得到了提高,世界卫生组织不再仅关注国家间的贸易关系,也改变了任由主权国家随意决定任何疾病防控措施的做法。同时,还进一步规定,国际社会有权通过一定程序对成员国的政府行为是否违背国际社会整体利益进行审查。因此,这一阶段所形成的传染病防控国际合作在理念上已经发生了根本性的转变,即在仍然强调主权独立、不危害国家利益的同时,也更强调合作防治,减少合作障碍,并辅之以明确的审查制度约束。国际健康治理的本质内容得到进一步彰显,体现出了国际社会在全球公共健康遭遇严重威胁时,联手协同治理的国际法理念。

综上所述,新发传染病防治国际合作必须有效协调各类主体的行动。只有通过各主体之间的协调合作,才能充分发挥各方的优势,加强信息共享和学习,有效地应对新发传染病的威胁,全球公共卫生安全也才有可能得到维护。

二、主体协调的可行性

在新发传染病防治国际合作的实践中,主体协调虽然极其必要,但究竟是否可行?当下,各主体间的行动协调确实存在许多现实的挑战。第一,多样性本身带来巨大挑战。国际合作涉及多个主体,包括各国政府、国际组织、非政府组织等。这些主体具有不同的目标和政策导向,协调各方的意见和行动可能会面临困难。第二,利益冲突带来的矛盾容易加剧挑战。在国际合作中,各国的利益和优先事项不同。有时候,一些国家可能因为自身利益而不愿意共享信息或资源,或者可能出于政治、经济等方面考虑而不愿与其他国家或组织合作,进而影响协调的可行性。第三,法律和政策差异也带来巨大挑战。不同国家存在不同的法律、政策和制度框架,这可能导致国际合作出现障碍,在涉及生命健康权的公共卫生相关政策的制定和实施中,尤其如此。合作需要建立共同的合作机制和协议,但是在协商和制定这些机制和协议时,各方可能会因为法律和政策差异而产生分歧。第四,资源的有限性也是导致主体协调困难的重要因素。传染病防治需要大量的资源,包括人力、物资、技术支持等。一些国家可能因为资源有限而无法提供足够的支持,这会对合作的可行性产生影响。此外,资源的分配和共享也可能存在不均衡的情况,进一步加剧协调的难度。第五,沟通和协作机制也会给主体协调带来障碍。有效的沟通和协作机制对于国际合作的成功至关重要。然而,语言和文化差异、信息技术基础设施的不足等因素可能对此造成阻碍。

尽管可能存在上述障碍,但是在传染病防治国际合作过程中,进行主体间多种形式、多维多层面的协调仍然是可行的。国际社会虽然一直存在关于国际合作方面的诸多教训,但也并非没有任何经验可循。总体而言,这种可行性的基础表现在两方面:一是主体协调具有坚实的国际法基础;二是主体协调已有部分具有实效性的国际实践可资借鉴。

（一）坚实的国际法基础

在传染病防治国际合作领域,多维度的国际法律体系已经形成,为防治新发传染病不断面临的复杂形势挑战下的多方主体协调奠定了坚实的基础。

1.《联合国宪章》为构建人类卫生健康共同体奠定了坚实的国际法基础

事实上,《联合国宪章》这一奠定"二战"之后国际秩序的基础性、核心法律文件本身即包含着国际社会对于以往诸多重大事件经验和教训的总结,包括许多关涉人类健康、公共卫生方面的议题。比如,欲免遭战祸,应当"重申基本人权,人格尊严与价值","促成大自由中之社会进步及改善之民生","运用国际机构,以促成全球人民经济及社会之进展"①。显然,此处提及的不仅是直接的武器伤害,其中也涉及生物医药、公共卫生工作方面的问题。为了促进公共卫生方面的国际合作,《联合国宪章》第1条和第3条鼓励各国通过合作来达成共同目标和宗旨,第13条更是强调了国际合作这一国际法原则的重要性。这3个条款奠定了国际健康治理的国际法基础,体现了"人类卫生健康共同体"所追求的"共同"之意。《联合国宪章》还用了其他几个条款来细

① 《联合国宪章》序言第一段。

化这一合作原则：第55条规定，联合国应当推动国际社会对卫生与相关议题的解决；第57条则要求联合国成员国需按照协议成立相关特定机构以便开展卫生事务，同时，也要和联合国保持密切关联；第62条规定经济暨联合国和社会理事会要共同讨论卫生方面的问题，并就所研究内容发布相关报告，另外，需向联合国大会、会员国及其他机构提出有关建议。这些规定为新发传染病防治国际合作诸多具体措施的实施奠定了法律基础。

2. 国际卫生法律条约成为建设人类卫生健康共同体的主体法律规范

《世界卫生组织组织法》的序言规定，该组织应以保护全人类的健康为目标。该组织是实现各国传染病防治有效国际合作的重要平台。这一目标要求与人类卫生健康共同体所追求的愿景一致。《国际卫生条例(2005)》是目前与保护人类卫生健康关系最紧密的国际法文件。截至目前，已有196个成员国签署该条例。[①] 这一庞大的数字足以表明国际社会对人类卫生健康国际合作必要性与可行性的普遍认可。尤其是专门的卫生管理措施条款，更是集中体现了对防治国际合作可行性的确认。

3. 国际人权法为人类卫生健康共同体划定了基本权利范畴

《世界人权宣言》明确提到，主权国家要根据基本人权与自由，采取国际合作的方式，加大保障力度；并且界定了人权的范围及具体表现形式，包括人类卫生健康权利。该文件第25条规定，“人人有权享受为维持本人及家属的健康与福利所需的生活水准”[②]。另外，该宣言也对社会服务与医疗等方面作出了规定，指出健康是确保生命安全和福祉的基础。由此可知，维护好个体生活的基础即为保护个体的卫生健康。所以，《世界人权宣言》中有关基本人权的规定，与构建人类卫生健康

---

① See *International Health Regulations*, PAHO, at https://www.paho.org/en/topics/international-health-regulations (Last visited on May 20, 2023).

② 《世界人权宣言》，载联合国网站，https://www.un.org/zh/about-us/universal-declaration-of-human-rights，2023年3月9日访问。

共同体的具体内容要求是一致的。因此,构建人类卫生健康共同体,建立国际健康治理的国际合作机制是可行的。

4. 国际环境法进一步为人类卫生健康共同体的构建提供了条件

《人类环境宣言》原则之一即为"人人都有在过着尊严和幸福生活的优良环境里享受自由、平等和适当生活条件的基本权利,同样也有为当代及后世保护与改善环境的神圣责任"。"具有尊严和福利的生活环境"与人类健康存在紧密的联系。国际环境法发展至今,已有相当一部分法律文件强调了环境保护与卫生健康之间的关系。《联合国气候变化框架公约》第 4 条规定,缔约国"在本国有关的社会、经济与环境政策及可行范围内考虑气候变化问题,且应采取已拟定和确定的合理手段,如进行影响评估,要尽量降低这些国家为了适应或减缓气候变化而采用危害到环境质量、公共健康以及经济发展的措施"[①]。这些实践事实上已经推动了国际健康治理的机制建设,因而,可以为新发传染病防治的国际合作提供可行性参考。

5. 国际经贸法律构建了公共健康与贸易自由发展之间的规则框架,促进协同治理

国际经贸法律已经构建了公共健康与经济贸易自由发展之间的平衡框架体系。尽管不甚完美,但颇有建树,推动了协同治理理念、规则的普及和统一,可兹参照。国际经贸法律文件通过许多"例外条款",在促进国际经济贸易自由的同时,针对那些可能给国际投资或国际贸易发展带来严重威胁的要素,也要求缔约国采取必要的应对措施,承担一定的国家责任或国际义务。例如,《关税及贸易总协定》第 12 条规定:为更好地保障人类、动植物的健康或生命安全,缔约方可以采取相关的应对措施,但这些措施对各成员必须一视同仁,不得有任何形式的歧视,也不能构成对国际贸易的变相限制。这一条款确认了世界贸易组织成员在特定情况下可以采取限制性贸易措施的权利。即使这些措施违反《关税及贸易总协定》其他条款项下的义务,也不会引发法律责

① 《联合国气候变化框架公约》,载联合国网站,http://www.npc.gov.cn/zgrdw/wxzl/gongbao/1992-11/07/content_1479262.html。

任。《服务贸易总协定》第14条,《技术贸易壁垒协议》序言,《卫生与植物检疫措施协议》序言及第2条、第3条、第5条,以及《与贸易有关的知识产权协定》第27条第2款都有类似规定。

(二)丰富的国际合作实践

近几十年来,国际社会在探索和实现公共卫生健康目标的过程中,不断积累、形成了丰富的实践经验。这些实践为人类卫生健康共同体的构建奠定了机制运作的基础。事实上,人类卫生健康共同体的理念本就是基于国际合作实践而产生:一方面是对国际社会探索实现卫生健康目标实践经验的总结和升华,另一方面也是对目前全球卫生健康治理遭遇困境这一实践情况所作出的反思及回应。换言之,国际社会已有的合作实践使新发传染病国际防治合作能够具体务实地展开,具有可操作性。已有的实践可以使国际社会更加准确地定位全球卫生健康治理的任务,具体探究全球卫生健康治理的困境和未来方向,更好地构建全球卫生健康治理的有效模式。

第一,已有的国际组织为人类卫生健康共同体的构建奠定了体制基础。如前所述,新发传染病国际合作是由多层次、多种类国际主体的参与构成的。国际组织指导新发传染病治理的能力根本上是源于各国的同意,这表明各国对卫生领域的全球治理格局达成了一定的共识,并已经为人类卫生健康共同体搭建了组织结构。联合国和世界卫生组织在国际卫生治理领域多年来一直为国际社会提供指导与支持,不可或缺。它们的存在及有效运行对维持人类的健康福祉和安全至关重要,早已成为各自领域国际治理的基石,构成了"共同体"模式的国际合作治理。

当下,联合国是实现多边合作机制的重点平台,在促进卫生健康政策的可持续发展方面发挥着重要作用。① 它鼓励各国政府制定具体政策,以促进全球公共卫生的发展。联合国还为国际社会提供技术支持,加强卫生健康政策的实施,改善卫生健康水平,促进全球健康水平的统一。同时,联合国还举办了各种专业培训活动,帮助发展中国家提高卫

① 参见晋继勇、郑鑫:《联合国的全球公共卫生治理理念评析》,载《国际论坛》2020年第6期,第3~19、155页。

生健康管理水平,加强全球健康安全的维护。1969 年,联合国大会首次通过《社会进步和发展宣言》,明确发展议程中卫生问题所起到的重要作用。① 之后,卫生健康治理也成为 1992 年的《二十一世纪议程》、《联合国千年宣言(2000)》等文件中的重要内容。② 进入 21 世纪后,联合国安理会与社会、经济及文化权利委员会等特定机构通过决议和发布意见,重点关注艾滋病威胁和健康权的实现。③ 2002 年,联合国人权委员会还设立了身心健康权特别报告员,对世界各地的健康权状况进行监督,促进健康权的实现。④ 这些实践均说明,联合国在国际卫生健康合作方面已经获得较强的领导力。无论基于规范层面还是实践层面,联合国对于国际健康治理中的国际合作都具有纵向规制权力。在联合国体系中,依据《联合国宪章》以及其他相关制度规范,对新发传染病防治进行资源、行动等方面的协调是现实可行的。世界卫生组织的作用更是显而易见。自其成立以来,传染病防治领域的国际合作得到了极大的发展。⑤ 在以往的传染病事件中,世界卫生组织作为专业机构,均为引导与推进国际抗疫合作作出了重大贡献。与联合国体系相比,世界卫生组织基于其高度专业化的特征,提供了专业技术协调、帮扶的平台,其措施具体而直接。这些宝贵经验可以为构建人类卫生健康共同体所借鉴。

---

① 参见国家计划生育委员会外事司编:《人口与发展国际文献汇编》,中国人口出版社 1995 年版,第 391 页。

② See *Declaration on Social Progress and Development* : *Resolution/adopted by the General Assembly*, United Nations, A/RES/2542(XXIV), 1969;《二十一世纪议程》,载联合国环境与发展会议网站, https://www.un.org/zh/documents/treaty/21stcentury, 2023 年 5 月 1 日访问;《联合国千年宣言(2000)》,载联合国环境与发展会议网站, https://www.un.org/zh/documents/treaty/A-RES-55-2, 2023 年 5 月 1 日访问。

③ 参见联合国经济及社会事务部人口与发展委员会:《人口、发展与艾滋病,尤其强调贫穷问题　简要报告》, ST/ESA/SER. A/247, 2005 年。

④ 参见《健康权特别报告员 OHCHR》,载联合国人权高级专员办事处网站, https://www.ohchr.org/zh/special-procedures/sr-health, 2023 年 5 月 2 日访问。

⑤ 参见陈颖健:《公共健康全球合作的国际法律制度研究》,上海社会科学院出版社 2010 年版,第 13 页。

此外，还有先前所述涉及的国际环境治理、国际经贸秩序规制等专业领域国际组织的实践，也为人类卫生健康共同体的规则构建和实践提供了非常有益的经验。例如，从《关税及贸易总协定》到世界贸易组织，有关公共健康与贸易自由化之间关系的协调也一直成为谈判和组织实践的热点议题之一。诸如《关税及贸易总协定》第20条以及其他相关协定条款项下的争端解决实践更能够说明，通过一定机制协调影响深远的全球性问题是可行的。

第二，各国之间的自发合作行为也是成立人类卫生健康共同体的有益实践，为更广泛的国际合作提供了助力。全球化拉近了国际社会在卫生健康治理方面的依存关系，各国之间的团结合作变得越来越常态化，成为构建人类卫生健康共同体的重要支撑力量。在全球范围内，传染病防控已然成了双边与多边国际合作中最为关键的内容。[①] 早在中东暴发艾滋病、结核病、呼吸综合征、寨卡病毒病等疫情时，不少国家就积极通过国际合作的方法来对抗疫情。西非埃博拉疫情暴发时，欧洲就疫区的医疗救治工作投入了390万欧元，而欧洲疾病预防控制中心也积极进行应对，专程派遣专家到几内亚对疫情进行监测。[②] 针对此次疫情，美国建立了埃博拉应急中心，并且派出超1400名医护人员抵达西非严重疫情区进行援助。[③] 中国、韩国及日本等国也为疫情区配备了医疗设施、派遣医疗队伍、提供医疗物资等，积极开展抗击疫情的国际合作。很多国家也都相继建立了区域性及多边性合作模式，同时采用了多边会议等方式，确切落实卫生议程设定、技术交流和卫生政策协调等合作形式。[④] 以G20组织为例，经过各

---

① 参见曾光：《传染病防控与国际合作的新思维》，载《科学对社会的影响》2007年第4期，第20页。

② 参见黄翠等：《全球埃博拉病毒病应对及其对我国烈性传染病防控的启示》，载《军事医学》2018年第10期，第786~787页。

③ 参见王勇：《构建人类卫生健康共同体的国际法合法性问题》，载《世界经济与政治》2021年第5期，第4~26、155页。

④ 参见孔庆江：《国际合作：国际公共卫生领域的习惯国际法义务》，载《国际法学刊》2020年第2期，第1~14、153页。

个成员国的努力,G20 组织通过卫生部长会议落实了全球卫生治理工作,并在第一次 G20 组织卫生部长会议中,开展以"共同构建健康未来"为主题的《柏林宣言》,同时构建 G20 组织卫生工作小组,以推动全球卫生治理的进程。2020 年 4 月 15 日,央行行长与 G20 组织国家财长在新冠疫情期间以视频会议的方式,明确提出了《G20 行动计划:支持全球经济渡过新冠肺炎危机》,进一步为缓解疫情带来的影响作出相关承诺及政策指导。①

第二节　新发传染病国际防治参与主体协调缺失的主要原因

一、国家间协同困难的内外部因素

国家间协同合作的困难来源于内部和外部两个层面。内部因素主要是各国应对新发传染病的规范制度不尽相同,以及国际社会成员自身一些政治、经济因素影响较大,使各个国家很难在一些基础性问题上快速达成一致。例如,新发传染病的归类问题迄今也无统一意见。外部因素则主要是各国缺乏合作动力,有些国家甚至出现严重信任赤字,国际社会整体上也缺乏有效的领导和协调机制,国际合作面临重重困难。

(一)内部因素

导致新发传染病国际防治参与主体协调缺失的内部因素主要包括以下三个方面。

1. 政治因素

公共健康议题涉及生命健康权的基本保障,是人权保护的重要内容。然而,人权议题又易杂糅各种包含政治因素的国际问题。新发传染病国际防治参与主体来自不同的国家和地区,其人权保护方式、措施

---

①　参见晋继勇:《二十国集团与全球卫生治理》,载《国际问题研究》2020 年第 3 期,第 57 ~ 74 页。

和制度存在较大差异。政治因素极易严重影响涉及人权的公共卫生政策，影响一国内部诸种平台和资源的协调合作。严重的国内政治分歧、争议或冲突也会导致国际合作受阻，各方难以就防治措施、资源分配等达成一致，从而影响协调的顺利进行。

2. 经济因素

经济因素也严重影响国际防治参与主体之间的协调。不同国家的经济实力、资源分配能力客观上存在差异，特别是医药研发和生产领域，由于涉及经济利益巨大，内部矛盾可能较为突出。经济利益的考虑、资源争夺等因素可能严重阻碍国际合作的协调。另外，经济实力时常也决定了合作谈判中的话语权，严重的不对等现实常在国际防治参与主体之间造成对抗，乃至带来冲突。

3. 文化和价值观差异

不同国家和地区的文化、价值观念存在差异，这可能导致对于疾病防治的认知和态度不同。文化差异和价值观的冲突可能使各参与主体之间的理解和沟通存在严重困难，从而影响协调合作的效果。

虽然在所有的国际活动中，不同国家和地区的参与主体都会具有不同的文化背景和工作方式，但是医疗卫生领域的差异可能非常特殊，涉及复杂的文化和传统以及社会运行机制，可能导致各成员在沟通和协调上困难重重。不同的文化、价值观念会导致工作习惯和沟通风格方面存在差异，可能导致合作主体间存在意见分歧和误解，从而影响协调合作的顺利进行。

这些内部因素并非只产生单一影响，还可能相互作用，导致国际新发传染病防治参与主体缺乏协同。

（二）外部因素

除了前述内部因素影响新发传染病国际防治参与主体之间的协调外，还有诸多外部因素影响，主要涉及以下四个方面。

1. 国际社会整体缺乏有效的领导和协调机制

新发传染病传播迅速，不受国界限制，使“无序”治理变得更加严重。缺乏有效的领导和协调机制是导致协调缺失的一个重要外部因素。各参与主体之间缺乏明确的角色分工和责任划分，导致各方难以达成一致，协调合作受阻。

2. 重大利益的冲突和无序竞争冲击合作、协调、谈判

不同参与主体之间可能存在资源、声誉、权威等方面的重大利益冲突和竞争。譬如新发传染病涉及生命健康权这一根本性的、基础性的人权，对作为国际法主体的国家之经济和社会发展影响很大。过去若干年间就存在的技术贸易不平等、社会发展鸿沟尚未彻底解决，新的严峻挑战进一步叠加，使冲突和无序竞争较之以往的国际合作议题更为严重。这些利益冲突和竞争会导致参与主体的合作意愿减弱，阻碍协调合作的进行。此外，当下国际形势的急剧变化和国际法的碎片化发展又使相关的冲突和冲击更为频繁。

3. 有些大国参与国际合作治理的意图复杂、动力不足

新发传染病防治国际合作与其他领域的国际治理一样，有些大国由于在资源、实力、全球动员能力等方面均具有独特优势，是全球卫生治理的主要力量，毫无疑问仍然发挥着关键作用。但是，基于国际社会权力结构历史性变化的背景，目前有些大国参与国际合作治理的动力不足、意图复杂。

进入21世纪以后，发展中国家逐渐兴起，在推动世界经济发展、促进就业等方面的能力不断提升，在国际社会的地位和话语权也日益提高和增加。与此同时，以美国为首的西方发达国家却呈现出在经济、社会领域的治理实力相对下滑，以及对急剧变化的国际社会应对能力相对不足，表现在经济增长放缓、就业问题严峻等诸多方面。在此种国际权力结构变化的背景下，西方发达国家的优先话语权被削弱，国家活动的自由被限制。西方发达国家认为自身在国际组织中承担的国际义务并未减少，但是推行本国外交政策以达到战略目标的成本却在增加。因而，这些国家对启动、参与新的国际治理合作议题并不积极。新冠疫情这一突发的公共卫生危机更是给西方发达国家造成了巨大的国内压力，进一步降低了其参与国际合作的动力和意愿。例如，在疫情暴发初期，某国不仅未在第一时间集中精力防控疫情、寻求多国协调合作，而且出现“甩锅”行为，将新冠疫情标签化、污名化、政治化，发动舆论炒作，从而错过了疫情防控的最佳时期，加剧了新冠疫情的扩散。

当下的全球卫生治理已经随着全球化的进程进入了多元行为体共同参与的模式。多样化的治理主体如何在国际体系的无政府状态下调和彼此利益并协同行动,是关乎全球卫生治理和卫生安全的关键问题。但是,作为国际法主体的国家,特别是西方大国,在参与全球卫生治理之时,是否能够公平地提供公共卫生领域的“公共产品”,不裹挟严重不平等的政治、经济利益要求,是难以确定的。全球卫生治理一定程度上也是国家内部治理行为在全球范围内的延伸。西方大国在全球卫生治理中所表现出来的态度和立场受到领导人意愿、国际权力结构变化等多方面因素的影响。鉴于当下所见到的国际急剧变化的情势以及似乎日益明显的“小多边主义”“碎片化”“集团化”倾向,单纯的传染病防治国际合作议题不可避免地会变为经济、政治、技术控制等多重因素的糅合体。可见,大国参与全球卫生治理的意愿程度、意图如何影响甚至一定意义上决定了全球卫生治理的进程。

4. 信息壁垒严重,缺乏有效的沟通机制和信息共享机制

有效沟通和及时、准确地共享信息是传染病国际防治参与主体之间协调的基础。这是专业工作有效开展的前提。如果缺乏有效的沟通渠道和机制,信息传递不及时、不准确,参与主体之间的理解和配合就会受到影响。但是,由于传染病防治涉及人口、医疗技术、医药卫生管理、公共安全等特殊问题,各国在此方面信息沟通、共享的意愿并不一致,甚至相差甚远。

此外,在当下,不仅各国沟通和信息共享的意愿有别,信息壁垒也较为严重。随着全球化的不断深入,各国间信息的流通从闭塞转为开放,信息开始向高速流通、互联共享的趋势迈进。全球信息网络的形成,为全球卫生治理的发展带来了机遇。与此同时,国家间的信息壁垒却使卫生信息和科技合作共享越发困难。

一方面,由于传染性疾病本身的特性及传播途径的不确定性,卫生信息的处理和收集效果在一定程度上决定了疾病防控、药物研发的效率。因此,在全球范围内建立相应的疾病与卫生信息体系尤为重要。《国际卫生条例(2005)》规定成员国对可能引起的国际关注的突发公共卫生事件必须履行及时通报的义务,以便能够及时掌握信息、分析动

态、制定预案。然而，当前信息体系并不完备，主要表现在主权国家会出于经济贸易等因素的考虑，对疾病暴发病例报告采取逃避态度，甚至采取保护性措施。

另一方面，一些国家出于对自身经济利益、国家间竞争利益，甚至地缘政治方面的考虑，拒绝将本国的疫情与科技成果信息与国际社会共享。发达国家对于救命药品专利权的限制、研发技术保护等，削弱了发展中国家应对公共卫生危机的能力。国际社会对病毒信息和医药专利技术的非对称保护根深蒂固，使卫生信息的交流与技术共享困难重重。例如，在 2008 年禽流感危机暴发时，印度尼西亚因担心制药公司利用本国病毒毒株样本研发高价疫苗，拒绝同世界卫生组织分享禽流感病毒毒株样本。[①] 客观及时地统计和发布疫情信息对于传染性疾病带来的公共卫生安全的防控与救治至关重要。新冠肺炎疫情肆虐之时，信息壁垒阻碍导致防治困难尤为凸显。缺乏统一的检测标准，导致对病例的检测、发布不及时，致使疫情数据失真，预判机制难以发挥，错失了全球疫情防控的有利时机，使全球卫生危机持续恶化。

综上所述，这些外部因素可能对国际新发传染病防治的协调产生重要影响。为了应对这些挑战，国际社会需要加强政治协商，建立有效的合作机制，促进信息共享和资源整合，以便更好地应对新发传染病的威胁。

二、国际组织的权威性与影响力

传统的传染病防治国际组织包括政府间组织和非政府组织两大类。前者以世界卫生组织为代表，后者以全球疫苗免疫联盟为代表。基于新发传染病防治国际合作所需的资源调配、机制建设力量广泛而综合，政府间组织的作用无疑更为显著而重要，就现实而言，也更加直接而有效。作为联合国的专门机构，世界卫生组织在新发传染病防治

---

① 参见《印尼拒绝分享禽流感病毒样本成世界卫生大会焦点问题》，载中国新闻网，https://news.cctv.com/world/20070515/103618.shtml。

国际合作中扮演重要角色。它通过制定指南、提供技术支持、协调资源等方式,协助各国应对传染病威胁。世界卫生组织推动制定、实施的《国际卫生条例(2005)》是目前加强全球公共卫生安全最为重要的国际法律工具之一。基于其专业性和影响力以及各国政府本身对于社会公共产品供给无可替代的作用,世界卫生组织在处理包括新冠肺炎疫情在内的许多重大国际性突发公共卫生事件中都发挥着重要的组织、协调作用。全球疫苗联盟作为专业性非政府组织,则致力于推动疫苗的研发、生产和分发,以确保各国人民都能够获得可负担的疫苗。在新发传染病防治方面,全球疫苗联盟在加强疫苗供应、加强免疫接种计划等方面发挥了重要作用。

但是,就当下的实践来看,由于国际社会正处于急剧变化的时期,政府间组织形成集体有力量的行动的难度在增大,非政府组织固然灵活,但应对许多事务缺少实际的控制权力,在实施层面也遇到许多障碍。因而,无论是应对埃博拉病毒,还是防治新冠病毒,除了政府间组织和非政府组织发挥作用之外,各国之间还通过签署合作框架和倡议,通过一些具有共识意义的文件,形成一些非典型的"联盟""组合""集体",以推动相关行动一致,共同应对新发传染病的威胁。例如,非洲联盟的联合抗击埃博拉病毒紧急行动计划就是为了加强传染病防治国际合作。就国家间非典型的"组合""集体"而言,在应对国际事务方面有灵活、务实、针对性强的优势,但同时在权威性和稳定性方面也相对不足。

以上这些主体、路径共同作用所形成的若干文件和实践,构成当下新发传染病国际防治合作的现实图景。总体上,国际组织目前在应对新发传染病防治国际合作中,还存在权威性不够、影响力不足的问题。

(一)世界卫生组织应对新发传染病能力不足

作为主要负责公共卫生事务的联合国专门机构,拥有 194 个成员国的世界卫生组织是全球公共卫生治理领域具有权威性的国际机构,在新发传染病的早期监测预警、协调防控策略、共享诊治方法、组织国际援助等方面发挥着不可忽视的作用。然而,该组织在人力、物力和经费方面的支持有限,可能难以应对多起传染病同时大面积暴发的特殊情况。此外,世界卫生组织在某些情况下还可能承受政治压力,影响其决策和执行能力。目前,其存在的主要问题包括以下几个方面。

1. 组织结构分散

《世界卫生组织组织法》规定,“区域委员会由该管辖区域会员国及副会员国代表组织之”“区域委员会应自行制定议事规则”。从上述规定可以看出,世界卫生组织的各区域委员会在处理事务时有高度的自治权,这就导致世界卫生组织在相关卫生议题的讨论上,总部与各区域办公室之间极易出现沟通不力、各自为政、相互脱节的现象,妨碍了政策的快速制定与实施。

2. 融资依赖自愿捐助

目前,世界卫生组织的融资主要有成员国会费缴纳和准会员国的会费分摊以及自愿捐助三种途径。资金的来源途径有限,且对自愿捐助的依赖性较强,容易造成过强的利益联结,影响组织的运行和决策。例如,根据世界卫生组织公布的统计数据,在2018年、2019年的年度财政预算中,自愿捐款项目总额占世界卫生组织总预算的78%。成员的会费拖欠与自愿捐助的不稳定性,使世界卫生组织的项目预算受到制约。

3. 应对突发事件的能力不强

作为国际组织,其突出的贡献和优势理应存在于有效应对全球性的公共卫生危机之中。然而,当下面对突发的公共卫生危机,世界卫生组织的应对能力较弱甚至陷入部分失灵,在协调国家行动方面力不从心。其权威性和影响力还需提升。例如,面对新冠疫情的暴发,世界卫生组织发布的关于疫情严重性与预防信息并未得到一些国家的重视,一些国家也未按照世界卫生组织的要求及时报送疫情信息。2020年3月12日,世界卫生组织总事谭德塞指出,“尽管我们一再发出警告,但令我们深感担忧的是,一些国家并没有以防控这一威胁所需的政治决断力来应对这一威胁”①。

① 孙吉胜:《新冠肺炎疫情与全球治理变革》,载《世界经济与政治》2020年第5期,第71~95、157~158页。

4. 欠缺制定法规的资源和文化

这一缺陷源自其组织文化。作为世界卫生领域的专业组织，长期以来，世界卫生组织的工作人员主要是科学家、医学专家和医生。而在传染病控制方面，不仅需要专业医学知识，某种程度上更需要有效调动世界范围内各国可以相互配合、协调的资源，推动集体行动，更需要规则和制度的力量，需要重视国际法的作用。事实上，世界卫生组织如何更有效地推广《国际卫生条例》，并有效督促各国切实行动，及时有效地应对以各种方式传播的传染病这一全球性威胁是对该组织的很大考验。国际卫生领域诸多国际组织决议、条例具有软法性质，无有效法律机制保障其实施，可能会导致公众信任危机。换句话说，如果国际卫生标准不能得到广泛遵守，公众可能会失去对全球传染病控制措施的信任，进而导致公众对控制措施的接受程度下降，增加传染病的传播风险。

5. 职责阐述过于模糊

执行《国际卫生条例(2005)》现在只是世界卫生组织工作职责中众多目标中的一个。世界卫生组织的目标是为世界各地的人们创造一个更美好、更健康的未来。其工作包括防治传染病和非传染性疾病，提供技术支持，制定规范和标准，以及监测和评估卫生趋势。世界卫生组织的三个十亿目标包括全民健康覆盖、突发卫生事件保护和健康福祉改善。由于这些阐述过于模糊，现实中难以区分轻重缓急，实践中世界卫生组织预算中用于减轻传染病威胁的工作经费已经被削减，其结果将是失去对传染病和全球卫生安全的关注和优先地位。

(二) 国际组织缺乏系统合作

国际组织是全球治理中重要的非国家行为主体，在应对新发传染病的过程中本应发挥促进组织协调、信息共享的重要作用。然而由于以下两点原因，目前各个国际组织缺乏务实而有效的协调模式：

其一，国际法碎片化发展与新发传染病防治议题的复杂化、分散化形成明显悖论，目前尚缺乏有效消解路径。新发传染病由于冲击面广、传播迅速、影响严重，其防治议题所涵盖的内容和范围比过去的传染病防治更加复杂、分散。其治理机构也日益多元化，仅靠单一组织的行动、协调无法有效解决。传染病防治本就与健康、水、能源和食物安全等议题紧密相连，需要多个行动机构参与，包括国家机构、国际组织、非政府组织、基金会以及公私伙伴关系组织等。新发传染病防治的国际合作更是需要跨越诸多政治、经济沟壑，医疗传统与文化差异等。无论是通过具有约束力的条约、协定，还是不具约束力的实践准则等软法，较之过去，都更需要系统合作。但是，当前国际形势正处在急剧变动中，国际法碎片化发展也日趋严重，这与防治工作的迫切需求恰构成悖论。如何较好地解决之，尚需探究。

其二，世界卫生组织作为目前承担传染病防治合作具体工作的核心国际组织，其职责和治理能力有限。世界卫生组织属于问题解决导向的国际组织，其任务是指导和协调国际公共卫生工作。尽管其具有专业性，但是在当下难以超越、彻底解决许多糅合技术与政治、经济的问题。

从其职责来看，世界卫生组织致力于制定全球公共卫生议程，为所有人民达到尽可能高的健康水平提供技术支持并进行制度评估。1948年，世界卫生组织确定了疟疾、结核病、性病、妇幼保健、卫生工程和营养等优先事项。然而，这些仅仅是技术层面的应对。随着全球疫情的复杂化，包括非典型肺炎、禽流感、甲型 H1N1 流感等突发传染病和原有传染病如结核病和痢疾各种议题叠加，对各国公共卫生产生了严重影响。纯粹技术层面的应对已经不足以解决问题。其职责中应当纳入如何与其他国际组织，特别是政府间国际组织进行更有效合作、协调的内容。

从其现实的治理能力来看，尽管世界卫生组织试图继续在全球公共卫生领域发挥主要作用，但其长期面临经费缺口，包括评定会费、核心自愿捐款和指定用途捐款，其中评定会费有限，指定用途自愿捐款很难用于紧急突发公共卫生事件；在治理有效性和政治化的限制方面，世界卫生组织也备受争议。尽管世界卫生组织执行局公开某些决议涉及具体优先事项，但对于世界卫生组织在这些优先事项中所起的作用并不清晰。

第三节　增进新发传染病防治参与主体良性互动的对策建议

一、发挥世界卫生组织的主导作用

世界卫生组织理应是全球公共卫生治理的领导者，在新发传染病防治领域更是如此。根据《世界卫生组织组织法》第2条，世界卫生组织被缔造者们设想为"国际卫生工作的指导和协调机构"。但是现实的情况表明，世界卫生组织的领导力相比其创立之时已有所减弱，以至于有学者把1948年至1998年这50年称为世界卫生组织"失职的半个世纪"[①]。近几年，世界卫生组织也有被进一步边缘化的趋势，埃博拉疫情甚至被认为是世界卫生组织领导力的"一场危机"[②]。当前参与国际合作的主体数量急剧增加，为了避免各类主体在相互整合的过程中走向分化甚至对抗，世界卫生组织的作用应该更加被重视。新发传染病的防治更需要一个强有力的世界卫生组织。基于前文的分析，对于世界卫生组织而言，应加强以下四个方面工作。

（一）强化防范和应对新发传染病的能力

首先，应增强世界卫生组织对新发传染病的监测和预警能力。一方面，应当做好机制职能的完善工作，同时又要加强不同机制间的配合与协调，促进信息的共享。另一方面，需要改革当前的"一分为二"的预警机制。全球预防监测委员会（Global Preparedness Monitoring Board）就曾提出建议，在宣布关注突发共同卫生事件之前，需相应设定中间触发机制，确保世界卫生组织在疫情流行初期，就可以有效实施国

---

① 季华：《世界卫生组织体系下的国际卫生法律机制：历史与现状》，载《国际法学刊》2020年第3期，第39～56、156～157页。

② Lawrence O. Gostin & Eric A. Friedman, *Ebola: a crisis in global health leadership*, 384 The Lancet 1323, 1324(2014).

家间的、国际层面的多边行动。①

其次，加强世界卫生组织对突发事件的应对能力。在世界卫生组织的领导下，国际社会需定期开展应对突发卫生事件的模拟演练，再由世界卫生组织对演练中存在的问题提出优化建议。世界卫生组织要努力加强其在医护人员、医疗物资及应急资金上的调动能力，从而能够在面对新发传染病时为各缔约国提供有效帮助。除此之外，世界卫生组织还要加强诊断及治疗方案的开发，进行国际资源共享，协调多方力量加快疫苗与药物的研发，确保能向发展中国家提供更好的疫苗及药物援助。

（二）重视并切实支持发展中国家的诉求

世界卫生组织应更加重视并支持发展中国家的诉求，以吸引更多发展中国家主动地加入新发传染病国际合作中。原因有二：首先，当前，全球正处于深刻的全面变革之中，国际政治和经济格局正在发生着前所未有的变化，如果不能够适应这种变化，那么现有的传染病防控机制将无法应对新的挑战。近年来，许多发展中国家崛起，这种现象在当今世界政治环境中格外突出。部分发展中国家正在成为许多重要的国际性公共物品的主要参与者和供应商，在积极推动和稳定全球经济、保护生态环境、防止全球气候变暖和控制传染病扩散蔓延等问题上发挥着日益增强的影响力和作用。因此，世界卫生组织应当加大对发展中国家的关注，提高其参与度，增加其话语权，加强其在公共卫生事件中的投票权，推动和深化相关改革。其次，部分发展中国家，尤其是经济实力较弱的国家，一直是传染病高发区，而这些疾病又加剧了这些国家的经济困境，从而使其在全球公共卫生领域的地位日益减弱。累计超过数百万人的健康问题是政治经济不平衡所致，且此类不平衡也是健康问题的原因和结果。为了更好地合作防治新发传染病，应当公平地处理卫生事宜，特别是充分考虑发展中国家的权益。

① See Global Preparedness Monitoring Board (GPMB), *A World at Risk*, *Annual Report on Global Preparedness for Health Emergencies*, Geneva: World Health Organization, 2019.

总之,世界卫生组织应该以开放的心态,接纳多元治理思想和观念,认真对待发展中国家提出的卫生治理议题,以此鼓励发展中国家积极参与全球卫生治理体系。无论是世界卫生组织的《国际卫生条例(2005)》或是其他相关国际软法,在修订的过程中都应更加维护发展中国家的权利,以便进一步体现出它们的诉求,使条例修订能向着公平方向发展。

(三)广泛动员全球资源,削弱资金依赖

为了充分发挥领导作用,应对当前及未来日益复杂的全球公共卫生问题,世界卫生组织必须缓解其财政压力。世界卫生组织的重要决策是否能得到恰如其分的执行,依赖的是成员国的会费和自愿捐款的支持。如果会费和自愿捐款资金不能按时到位,将会影响世界卫生组织职员合同和工作岗位的稳定性,延误对成员国的技术援助,影响成员国卫生发展计划的实施,从而影响全球卫生发展规划的落实。资金与资源不足长期以来困扰着世界卫生组织。尽管世界卫生组织的预算每年都在增长,但由于1987年联合国大会通过的联合国机构"预算零增加"的决议,自20世纪80年代起,世界卫生组织的会费就没有任何涨幅。更糟糕的是,一些国家还会拖欠会费。据统计,截至2020年2月29日,美国拖欠2019年世界卫生组织会费的比例超过70%。① 自愿性捐款的比重在不断上升,而来自发达国家的"附条件的自愿捐款"又带来种种矛盾,这些捐款一般伴随议题和职位的博弈,同时也附加了许多指令,使世界卫生组织不能自行决定捐款的用途,从而影响了世界卫生组织运作的自主性。②

所以,一方面,世界卫生组织要尽可能扩大其框架内的各类资源,呼吁各国支持世界卫生组织的工作,促进缔约国自愿地、及时地缴纳会费,又或是无附带条件地捐款,进一步强化世界卫生组织的工作能力,

---

① 参见张梦旭:《美国拖欠世界卫生组织会费遭批评》,载人民网,http://world.people.com.cn/n1/2020/0319/c1002-31638491.html。

② 参见韩铁如:《世界卫生组织全球卫生治理的挑战》,载《国际政治研究》2020年3期,第115~123页。

给予更大力度的资金支持。另一方面,更为重要的是,世界卫生组织应用足自身的专业卫生技术优势,积极开拓框架以外的资源,并改革其组织架构与其他政府间组织、非政府组织展开多种形式合作,创建紧急应急基金,甚至推动成立专门的全球卫生基金。[①]

除了自身资源支持进一步强化外,世界卫生组织还应重视并积极开拓与其他全球卫生治理行为体的合作,争取更多外部资源支持。例如,世界银行的流行病应急融资基金(Pandemic Emergency Financing Facility)、联合国中央应急基金(UN Central Emergency Response Fund)等都曾有过良好实践经验可资借鉴。[②] 在2020年的新冠疫情中,世界卫生组织除了利用自身资源为深受新冠疾病影响的国家提供物质及资金援助之外,还曾联合瑞士慈善基金会(Swiss Philanthropy Foundation)以及联合国基金会(United Nations Foundation),建立起了新冠肺炎群体协调应对基金(Covid－19 Solidarity Response Fund)。[③] 该基金通过为抗击新冠疫情提供应对规划及战略性防范,全面帮助各国特别是卫生体制落后的区域加强防范工作,从而帮助世界卫生组织和缔约国伙伴共同抗击疫情。

(四)推动联合国在新发传染病应对中发挥基础性作用

尽管当前国际社会处在急剧变化之中,联合国作为"二战"之后各国通力合作成立的最为重要的国际组织,在国际秩序的构建、维护之中具有核心、基础性作用,在新发传染病防治的国际合作中亦然。目前,没有其他更为有效的组织可以替代联合国体系在资源调配、国际合作机制建构方面的作用。其他主体职责与作用的协调也应以联合国体系为基础而展开,才能产生效果。世界卫生组织应该与联合国系统保持紧密行动,推动联合国安理会对新发传染病的关注和规制,在必要时可

---

① See Lawrence O. Gostin & Eric A. Friedman, *Ebola: a crisis in global health leadership*, 384 The Lancet 1323,1324(2014).

② 参见熊爱宗:《新冠肺炎疫情下世界卫生组织面临的挑战及其应对》,载《国际经济评论》2020年第6期,第8、159～176页。

③ See *COVID－19 Solidarity Response Fund for WHO*, World Health Organization, at https://covid19responsefund.org/en/ (Last visited on May 5,2023).

以借助安理会的权威通过具有明确约束力的权限和明确责任分配的进一步决议。因为安理会的宗旨从广义上解释，应该涵盖针对所有严重威胁人类安全的行为采取一致行动。如果新发传染病可以成为联合国安理会采取行动的充分理由，这将为世界卫生组织的行动提供更加强有力的法律支持。① 新冠疫情期间，世界卫生组织在这一方面取得了一定成绩。2020 年 2 月，世界卫生组织总干事将获悉的新冠疫情信息通报给了联合国秘书长，并要求启动联合国危机管理政策，针对疫情成立强而有力的危机管理团队，以便更好协助各国防控及疫情治理工作。② 之后，联合国发展协会办公室（UNDCO）和世界卫生组织通过电话会议，向联合国国别工作组（UNCTs）与联合国驻各国协调员分享了新冠肺炎流行学的最新内容，介绍了防范此次疫情的战略及应对计划（SPRP），强调“一个联合国”的应对危机。③ 如此，全球范围内的传染病防治国际合作才在更高层级、更为广阔的范围内逐步成规模地开展起来。

二、促进治理主体合作系统化

当前，许多国际主体都参与到新发传染病的防治中，但这些组织关注的领域、行动的策略各不相同，一度使全球治理政策规则较为分散，难以形成协同效应。这些组织及其行动需要系统安排，有序推进，才能真正产生实效。事实上，新发传染病防控和食品安全、国际贸易以及药品开发等方面紧密关联。因此，许多具有权威性和影响力的国际组织都与世界卫生组织分享公共卫生领域的国际立法权。例如，世界卫生

---

① See Lawrence O. Gostin & Eric A. Friedman, *Ebola: a crisis in global health leadership*, 384 The Lancet 1323, 1324 (2014).

② 参见《世界卫生组织总干事在 2020 年 2 月 11 日举行的 2019 新型冠状病毒媒体通报会上的讲话》，载世界卫生组织网站，https://www.who.int/zh/director-general/speeches/detail/who-director-general-s-remarks-at-the-media-briefing-on-2019-ncov-on-11-february-2020 (Last visited on June 1, 2023)。

③ See *Coronavirus Disease* 2019 (*COVID* – 19) *Situation Report* – 56, World Health Organization, 16 March 2020.

组织充分发挥专业性特长，利用自身的争端解决机制对公共卫生领域的措施事项做进一步的裁决；国际货币基金组织及世界银行等则为共同卫生治理提供了资金支持；联合国人权事务委员会及联合国大会等主要依据国际环境法、国际人权法等来治理公共卫生问题。一众国际组织看起来能够弥补世界卫生组织在应对新发传染病时的诸多不足，实际上这些具有国际法权威的多边组织在公共卫生领域的扩张和渗透，一定程度也导致了新发传染病的国际合作一直未能体系化、系统化，而是通过相对无组织、无序的方式进行。一些国际组织不仅占据过多的公共卫生立法资源，还特别设定了一些主体参与国际卫生立法的程序，削弱了国际立法的作用及效率。2002 年，世界卫生组织就曾有一项报告说明："因为过多国际组织分享了和公共卫生相关的权威问题，容易导致发布的指令和施加义务出现分散及无效的情况。"①

新发传染病的国际合作与其他公共卫生治理问题也是共荣共损，就这个角度而言，整个公共卫生治理体系也需要系统化。目前，全球范围内的公共卫生治理机构是松散耦合的状态，即它们是通过不同的机制界定出治理权威，并明确只为特定议题领域负责。国际治理、区域治理和国家治理共生，多元参与主体共存。但是，这种松散耦合，会造成多种规则、机制及法律之间出现交叉重叠的机制复杂性，"通常表现在成员身份重叠，导致规范、物质或是操作互动存在不足，且不关乎其是否起到有效管理"②。新发传染病国际合作机制即存在这样的复杂性：机制互动可能存在冲突及竞争问题，也有可能会推动彼此之间的协调发展。因此，在确立世界卫生组织主导地位的前提下，如何促进数量众多、种类多样的公共卫生参与主体形成一个井然有序的有机体，以实现新发传染病的系统应对，是亟待解决的难题。纵有困难，基于现实，以下几个方面应考虑。

---

① Allyn L. Taylor, *Global Governance, International Health Law and WHO: Looking towards the Future*, 80 Bulletin of the World Health Organization 975 (2002).

② Orsini Amandine, Jean-Frédéric Morin & Oran R. Young, *Regime Complexes: A Buzz, A Boom or A Boost for Global Governance*, 18 Global Governance 2(2012).

(一)坚持多边主义

要想建立有效的新发传染病国际防治合作机制,实现主权国家、政府间组织和非政府组织三者力量的有机整合,仍然需要坚持多边主义的合作模式。约翰·鲁杰认为,从学术视角来看,多边主义指具备明确规则的制度形式,其存在的目的是统筹协调好三个或三个以上国家的行动举措,以便更好维持各行为体的共同协调发展。[①]

基于新发传染病在传播的速度和广度、影响深度等方面的特殊性,发达国家与发展中国家、技术先进国家与技术较弱的国家应携手合作,理性共同应对困难。贸易等领域的多边合作经验和教训可资借鉴:全球化发展到今天,各国相互依存。传染病应对方面尤其如此,面对新发传染病的影响,没有谁可以独善其身。多边主义自身虽然也存在诸多不完美之处,但在集合力量、调配资源、迅速应对等方面目前仍然具有无可替代的优势。世界贸易组织中 TRIPS 协定之下的专利强制许可制度的改革就为应对新冠疫情提供了帮助。[②] 譬如,在 2020 年 10 月的 TRIPS 理事会会议上,印度和南非就要求依据 TRIPS 协定条款豁免相应义务以防治、控制和治疗新冠病毒引发的疾病,相关提案受到肯尼亚、玻利维亚、埃及、斐济、印度尼西亚等许多发展中国家的支持。[③] 最后,在 2022 年的部长会议上,在多边体制遭受巨大挫折,美国、欧盟等强势反对的情况下,成员仍然就有关新冠病毒疫苗专利的强制许可问题达成了一定共识,减少国际防治合作中疫苗生产和国际供应中不必要的障碍和程序要求,但不扩展至诊断和治疗相关技术。[④] 这也充分说明,过去的多边贸易实践仍然可以为全球公共卫生治理的推进提供

---

① 参见汤蓓:《安全化与国际合作形式选择》,上海人民出版社 2014 年版,第 102 ~ 104 页。

② See *TRIPS, the Intellectual Property System and COVID – 19*, World Trade Organization, at https://www.wto.org/english/tratop_e/trips_e/trips_and_covid19_e.htm (Last visited on March 18, 2023).

③ See *General Council*, WT/GC/M/194, 14 February 2022, p. 18 – 43.

④ See *Ministerial Conference Twelfth Session/MIN*(22)/30, WT/L/1141, 22 June 2022.

解决思路和方案。

（二）搭建公共卫生治理全球统一框架

新发传染病国际防治合作的新模式需基于以联合国体系为基础，以世界卫生组织为核心，建立集协调人权、环境、贸易等领域的国际组织、政府机构、非政府组织等主体共同参与的全球统一框架。建立这一框架，首先应充分整合现有关新发传染病的法律规范与规章制度，在完善当前的公共卫生法体系时，主要是优化整合制度中的模糊用语与制度重叠的部分。除规范整合外，实践中需要注重以下三个方面。

1. 重视国际组织在约定框架内的协调分工

多种治理主体的实施往往会导致权力过度分散和协调性缺失的问题。[①] 非政府组织的运行工作在一定程度上弥补了主权国家和政府间国际组织国际合作的工作缺失，不仅可以降低政府管理成本、提升工作效率，还能够减少突发卫生事件给国际社会带来的损失，但是这些都建立在协调适当的前提之上。

从国际政治学的角度分析，国际卫生集体行动应提供两种不同类型的功能：核心功能和支持性功能。核心功能包括提供与卫生有关的全球公共产品，这些产品是单个国家自己无法提供的。遵守《国际卫生条例》是核心功能的典型例子。相比之下，支持性功能不是全球公共产品，原则上应由各国政府承担。然而，一些较贫穷的发展中国家可能无法自己建立这样的功能。因此，出于人道主义或利他主义的原因，它们应得到国际支持。支持性功能的一个例子是对发展中国家的“反吸烟计划”的援助。这两种功能可以通过更明确的分工得到更好的实现。世界卫生组织完全专注于核心的全球公益功能，如《国际卫生条例》的执行，而其他发展伙伴，如开发银行、援助机构、慈善基金会和非政府组织则在支持性功能方面起主导作用。这些国际组织也将帮助确保世界卫生组织有足够的资金来完成核心的全球公益任务。所以构建全球统一框架时，为了能够科学界定出

---

① 参见陈颖健：《公共卫生问题的全球治理机制研究》，载《国际问题研究》2009 年第 5 期，第 52 ~ 58 页。

各组织之间的权利，国际社会需界定国际组织的职责划分与配合义务，从而符合类似《关于消耗臭氧层物质的蒙特利尔议定书》中的世界银行负责技术与援助资金、强制执行以及世界贸易组织负责仲裁的分工模式。并且在框架内创建出统一协调机制，能够为各组织职权范围事项提供有效的交流平台，防止因为协调不均造成矛盾。国际社会需要在统一框架下确定出各区域性国际组织与联合国机构的职责，以便有助于应对新发传染病。①

具体而言，就是要对世界卫生组织的核心职能和支持性职能进行明确的政策区分。其核心功能是提供全球公共产品，其中最重要的是全球卫生安全和《国际卫生条例》的实施。支持性功能是帮助发展中国家追求主要有利于这些国家居民本身的卫生目标。虽然这两种功能都需要充分和稳定的支持，但有充分的理由进行明确的区分。世界卫生组织等国际卫生机构要缩小非密切相关工作范围，加强对公共卫生问题领导力的关注，以实现核心功能。开发银行、援助机构、慈善基金会和非政府组织等合作伙伴可以协助世界卫生组织完成其核心任务，同时也可以牵头提供支持性功能。

2. 明确框架内成员的援助及其合作权利和义务

建立统一框架时，遵循运用共同又有区别的责任原则，对于发展中国家与发达国家分别赋予不同的权利和义务。国际社会需相应在框架内构建激励机制，鼓励各成员国积极履行相关的国际义务，制定平等的利益分配机制，调动各国参与新发传染病的治理，使参与者受益。应设立统一的监督与仲裁机制，确保各国履行国际义务，尤其是监督发达国家兑现将国民生产总值的0.7%援助给发展中国家的承诺，从而更好保障发展中国家在数量与质量上应对新发传染病的能力。②

---

① 参见张超汉、冯启伦：《全球卫生合作治理——以重大突发公共卫生事件防控为视角》，载《河北法学》2020年第8期，第2～20页。

② 参见那力：《国际卫生法的新使命：全球公共健康治理》，载《云南大学学报（法学版）》2008年第6期，第139～146页。

3. 赋予并提高非政府组织在框架内的法律地位

世界卫生组织已通过《与非国家行为者交往的框架》的决议，提出要进一步加强和非国家行为者的协作。① 但是，此类协作模式尚处摸索阶段。因此，世界卫生组织应适时总结与非政府组织的合作经验，在框架内正式确定非政府组织的合法地位，以充分利用它们在疾病监测、通报、灾后重建、疫苗研制等方面的优势。同时，世界卫生组织还要不断加强社区卫生人员的规划，并在契合的时机里将其统一并入一个框架内。当下，尽管此项合作才具雏形，不过发展潜力巨大，是实现全面应对新发传染病的必要条件。

（三）增强世界卫生组织与其他行为体的合作

在全球公共卫生领域，需要发挥除世界卫生组织以外的各主体的积极作用以实现协同治理。面对新发传染病这一卫生议题，全球群体必须广泛参与协同治理，并通过商定的机构和规则参与集体行动。其中，需要解决跨越国家地理边界的问题，从多部门的角度界定有关健康的决定因素，并让更广泛的行动者和利益集团正式或非正式地参与进来。随着各国联系的进一步深化，非政府组织可以更好地发挥在新发传染病治理中的作用。

1. 与世界贸易组织合作

由于贸易与国家利益紧密相连，公共卫生措施引起的贸易摩擦迫使各国在行使公共卫生主权时不得不建立起一套复杂而精密的规则，以应对与公共卫生相关的贸易摩擦。世界贸易组织的法律规则体系下，也有众多与公共卫生服务贸易有关的协议。尽管世贸组织走过了近30年的历程，然而，其自身的运作在变动的国际形势下也遭遇了巨大障碍；而且这些协定也仍然是零散的、未成体系的。一方面，世界贸易组织应对新发传染病、维护全球公共卫生安全的作用需要得到更多的重视；另一方面，世界贸易组织的权威对世界卫生组织开展工作的影响也不容小觑。因此，近年来，世界卫生组织与世界贸易组织也积极通

① 参见《与非国家行为者交往的框架》，第六十九届世界卫生大会，WHA69. 10，2016年5月28日。

过协调与对话来解决有关人类健康与国际贸易的问题。例如,这两大组织建立了与知识产权地位与药品差别定价相关的工作组,这个工作组应尽快在知识产权保护与公共健康利益之间建立起平衡机制,既保障技术发展,又保障人权,避免因疫苗药品等专利限制而影响欠发达国家和发展中国家处理公共健康问题的进程。从国际贸易与新发传染病防治关联的角度来看,世界卫生组织可以从以下两方面与世界贸易组织开展磋商合作:

其一,共同致力于摒弃医药行业的保护主义。从之前新冠肺炎疫情全球大流行的情况来看,仅凭一国之力控制病毒在国内流行的做法无济于事。而当新发传染病暴发后,任何国家任意采用的贸易壁垒、出口禁令可能会在一定程度上破坏全球贸易网络。在限制其他国家投入的同时,上述国家也会陷入生产瓶颈。就算是暂时性出口禁令也可能导致信任缺失,损害了经过不懈努力建立起来的贸易关系。这种措施可能会增加发展中国家获取重要物资的难度,从而使它们面临更大的风险。世界卫生组织可以与世界贸易组织合作,鼓励各国采取单边行动取消健康相关产品的关税。为了拯救生命,加快医疗用品及疫情药物的研发和流通是国际贸易的题中之义;相应取消此类健康药物产品的进口关税是一项极其重要的任务。不过,因为世界贸易组织尚未具有充足的时间用来展开新一轮的关税谈判,所以关税问题较为复杂。这时候,世界卫生组织就可以利用自身的优势,督促各国加快行政审批流程,为基本医疗产品的进口及生产工作提供方便。至今已有 77 个国家采取行动降低药品和医疗用品的进口壁垒,这在各国实践中得到了体现。在降低医疗用品进口关税的首批国家里就有中国;伊朗放宽了乙醇进口的限制,使消毒剂生产等得到了发展;对于从非欧盟国家进入欧盟的防护设备与医疗产品,欧盟取消了这些产品的增值税与关税;阿根廷简化了部分卫生用品的进口清关流程;欧洲标准化组织已经同意为一些医疗产品及仪器提供免费标准。这些措施均是为了更好推动公共卫生产品顺畅进入市场。①

其二,世界卫生组织应与世界贸易组织共商细化出口限制措施的适用。在新发传染病引发全球大流行时,贸易限制导致价格上调,出现供应紧张的问题,而患者在获取药品、医疗用品以及消毒用品时就会受到一定限制,甚至有时可能无法获取到诸如此类的物品。这种情况下,除了面临可获得性与可负担性的问题外,还会影响政府应对冠状病毒的一致性。正如世界卫生组织所指出的,由于缺乏防护设备、药品、消毒剂等,政府采取的应对危机的措施——如紧急派遣医疗人员到受影响地区——的有效性受到影响。② 现实中,主权国家如果出口限制过于严格也会产生不利影响。出口限制措施是为了提升本地的公共卫生供应,但是,无论短期获得了多少利益,长期往往会给当地企业的出口销售带来影响。由于受到出口禁令的限制,政府为了鼓励国内企业扩大生产规模,通过采用更为激进的财政激励方式来应对。出口限制措施实际上指应对当下公共卫生危机所采取的临时行动,但也给未来的公共财政带来了负担。同时,出口禁令的存在也会影响本国和其他国家的友好关系。若是贸易国之间出现了信任缺失问题,除了影响卫生事务和医疗用品上的合作关系外,还会影响其他方面的合作,其中,就包括制定多年的国际贸易政策。甚至还会影响未来的贸易规则谈判。因此,世界卫生组织与世界贸易组织应联合细化各国适用出口限制措施的条件和程序。

2. 与人权理事会合作

第二次世界大战之后,公共卫生与人权保护之间的密切关系逐步得到了关注。在应对新发传染病的防控工作中,各国也纷纷基于自身的立场和利益,考虑如何恰当平衡公共卫生政策与其他各类政策措施,

---

① 参见时业伟:《新冠肺炎疫情下国际贸易规则与公共卫生治理的链接》,载《华东政法大学学报》2021 年第 2 期,第 136 ~ 144 页。

② See *WHO tool for behavioral insights on COVID* – 19, World Health Organization, at https://www.who.int/europe/tools-and-toolkits/who-tool-for-behavioural-insights-on-covid-19 (Last visited on May 20, 2023).

包括人权各项具体内容。这是各国,乃至全球人类社会首次在这样的境遇下遭遇人权关系的挑战。人们越发意识到,尊重、保护和履行人权也是全球应对新发传染病的重要部分。所以,《公民权利和政治权利国际公约》以及《经济、社会及文化权利国际公约》机制“已经成为有关一般的公共卫生和特别的传染病控制的国际法的最重要的方面”。疫情的存在直接威胁人民的生命健康,为了能够更好地保障人民的健康权与生命权,各国政府均可以按照疫情采取应对措施,以免疫情扩散。对于个体而言,人权是保障个人健康权和生命平等的基础,这一共识得到了全球多个国家的认可。国际人权公约机制规定成员国政府应对本国民众健康负责任,故政府限制公民的政治权利以控制传染病的做法应受制约。因此,政府在采取传染病控制措施时,不得以牺牲公民的经济和政治权利为代价。世界卫生组织自从建立以来就紧紧地将人权与公共卫生结合在一起,《世界卫生组织组织法》成为首批视健康为“人人基本权利”的国际法律文书之一,并且人人“享有最高而能获致之的健康标准”被纳入《经济、社会及文化权利国际公约》。1951 年,世界卫生组织推动联合国人权委员会制定有关健康义务的法规,并以国家承诺的方式将健康权列入《世界卫生组织组织法》中,强调人人都有享受最高健康标准的机会;健康指身心完全健康的状态及社会福祉。在 20 世纪 70 年代,世界卫生组织实施的“人人享有健康”的战略中同样强调健康和人权之间的关系。[①] 世界卫生组织应继续推进与人权理事会的合作,从人权的角度更好地引导各国开展新发传染病国际合作实践,彰显以人为本的理念。

3. 与国际环境署合作

新发传染病防治与环境保护之间具有天然的联系,所以,国际合作也要持续在二者的交叉领域发力。“人类不要过分陶醉于自己征服自

① 参见尹慧:《全球卫生治理视域下实现全球卫生伦理的人权路径》,载《医学与哲学》2023 年第 2 期,第 1 ~ 5、34 页。

然的胜利”①,随着环境和流行病相互作用关系的逐渐明晰,各国开始基于生态视角探究防控传染病暴发的方法。保护环境是通过改善整个人类生存环境来预防新发传染病,或许这就是解决问题的根本路径。在预防传染病的过程中,各国逐渐重视适用环境法,原因是环境法更为在乎当地环境污染及国内环境污染的问题。世界卫生组织应该制定一批与公共卫生相关联的环境保护国际规则与标准,以防患于未然,尽最大可能防控疾病暴发,缓解各国公共卫生设施的负担。此外,世界卫生组织应加强与国际环境署的交流,进一步讨论如何预防野生动物的病原体外溢导致的新发传染病。② 因此,新发传染病防治国际法治合作也需要协调国际环境治理机制,二者协同推进,生物安全、与公共卫生相关的环境政策更是预防新发传染病的重要内容。构建新发传染病全球联防联控机制要立足长远,做到“标本兼治”,将全球的生态环境保护与公共卫生治理关联起来,运用系统治理的方式维护人类健康。

(四)重视发挥非政府力量作用

新发传染病国际法治合作还需要重视非政府组织的力量,强调从个体到整体的合作性互动实践方式。应对国际突发公共卫生事件当然是一项要求专业技术支撑的公共卫生问题,需要具备专业医学知识的专家和先进的技术支持。但是,其涉及的范围和程度以及所引发的综合性难题都需要更多社会力量参与。社会公众以及非政府组织在及时发布疫情进展消息、缓解社会恐慌方面发挥着重要作用。非政府组织可以弥合全球合作的鸿沟,成为国际卫生合作的重要驱动力,能够在一定程度上促进国际合作。它们在传染病监测、疫苗研究、药品和医疗援助等方面具有独特的优势。③ 因此,非政府组织参与国际立法不仅能

---

① 《马克思恩格斯选集》(第4卷),中共中央马克思恩格斯列宁斯大林著作编译局译,人民出版社1997年版,第383页。

② See Gore Meredith L. et al. ,*Transnational environmental crime threatens sustainable development*,Nature Sustainability (2019).

③ 参见张玉洁:《突发公共卫生事件之国际法问题研究》,载《山西能源学院学报》2020年第5期,第82~84页。

够推进立法进程，提供新的选择和途径，让更多的声音和利益参与进来，而且有助于增强国际组织和法律工具的合法性与正当性。[①] 在当前国际形势急剧变动和国际法碎片化发展的特殊背景之下，尤其是在政府间行动遭遇困难之时，非政府力量能够发挥独特的联结、推动作用。因此，相关国际法律文件、国际组织在谋划方案、制定规则之时，应认真考虑社会公众与非政府组织在处理公共卫生事件中的独特作用，并为其提供有力的法律支持。

① 参见刘晓红：《国际公共卫生安全全球治理的国际法之维》，载《法学》2020 年第 4 期，第 19 ~ 32 页。

第五章　新发传染病防治国际合作的中国因应

世界卫生组织于 2023 年 5 月 5 日宣布，新冠疫情不再构成“国际关注的突发公共卫生事件”①。但是，这一全球性重大公共卫生事件的影响真的结束了吗？事实上，每一次公共卫生事件都不仅会带来患者生理上、医学科学本身的变化，还会对社会的心理、观念、制度产生重大影响。而且，后者持续的时间更长，影响也更为深远。某种意义上，全球公共卫生治理方面的国际合作也刚刚有所推进。首先，根据《国际卫生条例(2005)》，“国际关注的突发公共卫生事件”只是世界卫生组织能发布的最高级别预警，其取消并不代表没有任何其他威胁继续存在。也就是说，在预防医学意义上关于新冠肺炎等新发传染病也仍然存在许多的后续工作。世界卫生组织总干事在其讲话中也指出，取消最高级别预警只是提醒各国，现在是将新冠肺炎从应急管理模式过渡到与其他传染病一起管理的时候了。② 其次，全球公共卫生治理，无论是将来可能再度发生的最高级别预警事件，还是一般传染病的全球国际防治合作，也通过此次事件暴露出诸多空白和薄弱环节，亟待制度和

---

① 谭德塞：《世卫组织总干事 2023 年 5 月 5 日在媒体通报会上的开幕讲话》，载世界卫生组织网站，https://www.who.int/zh/director-general/speeches/detail/who-director-general-s-opening-remarks-at-the-media-briefing---5-may-2023，2023 年 6 月 22 日访问。

② 参见谭德塞：《世卫组织总干事 2023 年 5 月 5 日在媒体通报会上的开幕讲话》，载世界卫生组织网站，https://www.who.int/zh/director-general/speeches/detail/who-director-general-s-opening-remarks-at-the-media-briefing---5-may-2023，2023 年 6 月 22 日访问。

机制跟进。最后,新发传染病的影响是全面、广泛且综合性的,其大流行深刻地影响着国际秩序的变动。在世界面临百年未有之大变局的关键隘口,许多政治、经济、社会问题因其而变得更加纷繁复杂,从前未能彻底解决的发展不平衡、大国霸权等问题叠加全球公共卫生治理中的种种困难,对各国而言,都是前所未有的历史性挑战。

中国作为新兴的发展中大国,在国际卫生合作领域应提供具有中国特色的方案,于变革中寻求突破,抓住发展契机,为全社会的公共健康提供强有力的保障。因而在国际卫生领域,我国应秉持合作主义理念,完善新发传染病防治相关的国内立法,并发挥优势,寻求可能的突破,积极推进相关国际合作。这既是推进自身现代化的进程,更是对外积极输出合作主义理念、方案与资源,主动参与更为公平合理的国际新秩序构建,增强国际竞争力和影响力的过程。

第一节　内生动力与合作实践

一、法治与国家治理能力现代化

我国自改革开放以来,积极地参与全球治理,经过多年的发展,已经在国际社会产生较强的影响力。这为新形势下我国参与全球治理奠定了基础。新发传染病的全球治理,基于其所涉及的政治、经济、社会等问题的复杂性以及影响的深度和广度,对国家治理能力提出了更高的要求。

在国家治理能力的现代化结构中,法治属于其中的基本表征,法治化也是国家治理向现代化方向发展的必由之路。自改革开放以来,我国在对治理制度进行优化、创新时,始终将法律制度作为基础要素。国家治理的现代化首先就是国家治理的法治化,通过法治化引领和保障现代化。事实上,通过法治推进国家治理能力现代化也是国际社会的潮流。21 世纪以来,法治被认为是民主和文明国家的基础,越来越多的问题正被纳入国家、区域乃至全球范围的法治轨道。在 2006 年的联合国大会中,各国就重点对国家与国际两级法治问题进行了探讨。[①]此次会议促使各国在法治方面达成了一些共识。这充分反映出全球对构建以法治为基础的国际社会的渴望。因而,在当今国际时代的背景下,中国加快完善新发传染病国内治理和国际防治合作的法治化进程,无疑是符合历史潮流的明智之举。

二、国家治理能力与全球治理的关系

在国际合作日渐频繁的背景下,国际治理与国内治理之间的关系日渐密切而复杂。同时,一些国内治理问题逐渐国际化,一些国际治理问题也深刻地影响着国内的许多问题和制度,呈现影响和结果层面的"国内化"倾向。由此可以看出,全球治理属于国内治理在国际治理层面上的延伸。[②] 长期以来,以发达国家为中心的全球治理体系在国际社会占据主导地位,而发展中国家则一直处于"被治理者"的地位。以往在构建全球治理体系时,发展中国家很少有发言权。这也导致在全球治理工作中,发展中国家的经验较少,因而很难在全球治理中发挥重要作用。但是,中国等新兴的发展中国家角色比较特殊。在全球治理工作中,中国的参与程度与国际的发展状况有着直接关联。改革开放以来,我国与世界的关系正在发生深刻的变革。随着国家经济和社会的发展、整体实力的提高,中国逐渐从"体系外"进入"体系内",逐步成为全球治理舞台中的中坚力量。

国家自身的治理水平与其参与全球治理的程度间有着密切关系。首先,"国家治理是主权国家参与全球治理的客观前提。一个主权国家治理效果的好坏直接决定了其是否能够有效参与全球治理以及是否能够成为一个具有实质影响力的参与者"[③]。因为国家的治理能力越

---

① 参见张文显:《法治与国家治理现代化》,载《中国法学》2014 年第 4 期,第 5 ~ 27 页。

② 参见俞可平主编:《全球化:全球治理》,社会科学文献出版社 2003 年版,第 1 页。

③ 蔡拓、刘贞晔主编:《全球学的构建与全球治理》,中国政法大学出版社 2013 年版,第 10 页。

强,其在国内的政策实施和贯彻就越有效,在国际谈判中更能够行动一致,政府间达成的协定也能够得到国内的贯彻执行,这样也会为国家在国际社会赢得更高的声誉和信誉。[①] 因此,国家参与任何领域的全球治理都需要仰赖国家治理能力的现代化。其次,具有国际视野和全球战略也是国家治理能力现代化的题中之义。推进国家治理能力现代化需要稳定的、和平的国际环境作为外部条件。在国家治理能力向现代化方向发展的同时,必须以国际资源及经验为基础,且国家需积极参与到国际治理工作中,努力向国际市场中输出优势产品,拓展当下的国际市场,最大限度发挥国际资本的作用。最后,国家自身的治理和参与全球治理相互促进。一方面,国家自身治理水平高,可以在国际治理中更加主动高效,也往往更具有影响力。另一方面,国家在积极参与国际治理的过程中,也能为国内治理提供动力。一般情况下,当主权国家在全球治理中的参与程度较深,会发现国内治理工作中存在更多问题,从而面临更大的内部治理压力,有可能更快推进有些国内治理问题的解决。[②] 例如,为更好地融入世界贸易组织,许多成员都对与世界贸易组织规则不匹配的法律条文进行了修改。

三、国家治理能力与新发传染病防治国际合作

全球性问题具有跨国界、突发性、影响深远等特点,本书所研究的新发传染病防治就是一个典型的全球性问题。也因其具有这些特点,主权国家无法单独依靠自身的能力解决,需要参与全球的共同合作。一个国家自身的治理水平,也在一定程度上反映出其在国际治理中的能力,同样一个国家参与国际治理的能力,也能反映出该国自身的治理水平。毕竟,国际治理往往需要更多的政治智慧和包容性,对国家及政治家而言,都会遭遇更多的挑战和考验。因此,我国参与新发传染病防

① 参见苏长和:《中国外交能力分析——以统筹国内国际两个大局为视角》,载《外交评论(外交学院学报)》2008 年第 4 期,第 3、7 ~ 13 页。

② 参见邱昌情:《全球治理与中国国家治理能力建设研究》,载《广西社会科学》2019 年第 3 期,第 30 ~ 37 页。

治国际合作是我国治理能力现代化的必然要求。一方面，通过参与国际合作，可以引发我国对自身治理体系的内省、促进国家治理能力的提升。这对我国综合国力的全面提升、人民生活的福祉保障至关重要。另一方面，国家治理能力的提升也是我国参与国际合作并发挥作用的重要前提。唯有具备了现代化的国家治理能力，才能有机会参与到全球治理之中，才能最大限度维护自身的国家利益，并推动国际公共事业快速发展。

(一)国际合作促进公共卫生治理能力现代化

在全球化国际背景下，国家开展的内部治理活动与全球治理行为具有同构性与互补性。因此，我国参与新发传染病防治国际法治合作的目标之一便是完善我国的公共卫生体系，维护我国人民的健康权。中国在参与全球治理的过程中，可以基于全球化视角来发现国内卫生治理系统中的问题，从而可以及时解决国内治理体系中问题，进而推动国际治理水平的提升。

在中国公共卫生治理发展过程中，通过参与国际合作，我国提高了公共卫生治理能力。[①] 全球公共卫生合作在帮助我国缓解卫生资源不足、提高卫生资源配置效率方面发挥了重要作用。改革开放初期，我国卫生领域投入增长低于国民经济发展水平，导致卫生事业发展无法满足社会的需求。国际卫生合作项目为这一时期的卫生资源短缺带来了有效的补救措施。鉴于我国卫生资源集中于城市地区，而农村地区资源则相对较少，一些国际公共卫生项目注重提高人们获取基本卫生服务的平等权利，主要针对农村卫生、妇幼保健及某一阶段的重点卫生问题(如促进生殖健康、控制结核病、防治艾滋病)或卫生服务体系问题，力图调整区域卫生资源分配，更有效地配置和利用各地的卫生资源。

(二)国家公共卫生治理能力现代化促进国际合作

在国际化的全球治理体系中，以往均以发达国家为中心，而一些发展中国家长期被忽略，且处于治理体系的边缘。进入21世纪以

① 参见尹慧、高迪：《全球健康领域的国际合作者分析——以在中国开展卫生合作的机构为例》，载《中国卫生政策研究》2015年第1期，第52~57页。

来,我国综合国力全面提升,积极融入国际公共卫生治理体系甚至成为体系的建设者,其中关键因素不仅是经济的快速发展,更是我国国家治理能力的提高。目前,在国际社会中,我国已经占有重要地位,且与国际社会的合作非常密切,并发挥着重要作用。因此,我国内部的卫生治理水平已经发展为国际卫生治理体系的重要部分,我国在公共卫生方面的国家治理能力的长久发展既保障了我国在新发传染病防治合作中的国家利益,更推进了新发传染病防治国际合作的进程。

在进入21世纪以后,为了保障全国人民的身体健康,我国对当时的医疗卫生体系进行改革,并构建出了全面医疗保障制度,也将医疗卫生服务网络扩展到城乡区域,明显改善了国内的医疗服务水平。[①] 在2008年时,我国召开了全国卫生工作会议,并为了提高全民的健康水平,提出了健康保障战略。在实施"健康中国2020"战略计划以后,我国卫生治理体系向国际化方向发展。在2016年时,我国颁布了《"健康中国2030"规划纲要》,其中重点关注了人民的健康,并将其放在了战略发展地位,以提高人民健康为发展目标,绘制出我国未来15年的健康发展规划图。针对联合国"2030年可持续发展议程",我国予以高度重视,特别是其中关于卫生问题的部分,建立了由多个部门共同参与的协调机制,以落实可持续发展目标,并积极承担公共健康治理的主体责任。中国与国际社会中的各方力量共同防控新冠肺炎疫情,这也体现出国内—国际双重空间的互动,强调了中国在应对全球共同挑战中所扮演的重要角色。一个国家国内公共卫生治理能力的提高是其融入世界卫生治理体系,并发挥积极作用的重要前提。21世纪初的非典疫情以及2019年暴发的新冠疫情都给我国的公共卫生治理体系带来了冲击和考验,也为我国参与国际卫生合作积累了宝贵的经验。

---

① 参见马婷、唐贤兴:《时空变迁与复合结构:全球卫生健康治理中的中国角色》,载《南京社会科学》2022年第2期,第51~60页。

四、中国参与应对新发传染病国际合作的实践

随着全球化进程的加深，中国参与全球公共卫生事件应对国际合作机制频率明显增加。例如，中国积极和世界卫生组织进行合作，积极参与了《国际卫生条例》的修订工作，同时还参与到了突发卫生事件防控合作机制的议程设置中。此外，中国还推动了有益于发展中国家的议题，其中包括初级卫生保健、全民健康覆盖以及突发卫生事件应急能力建设等。中国还提出了“一带一路”倡议，积极和共建国家签署卫生健康双边合作协议。同时还把非传统安全议题添加到了上海合作组织等多边合作机制。经过不断努力，延伸了中国参与全球卫生治理的深度及广度。

在暴发新冠疫情以后，我国始终在履行《国际卫生条例（2005）》中规定的义务，同时对地区合作机制进行了优化处理，并主动参与到全球卫生治理体系的改革工作中，也就突发卫生事件积极展开国际合作。

首先，中国始终在履行《国际卫生条例（2005）》中规定的义务，如在采集到新冠疫情的相关信息以后，及时向世界卫生组织及相关国家等通报这些疫情信息，以此发挥自身在国际卫生治理工作中的作用。此外，中国也分享了新冠病毒基因序列及检测引物和探针序列信息，并召开了抗疫经验分享会，分享诊疗方案和防控经验。在应对合作方面，中国配合了世界卫生组织专家组的工作，并开展了病毒溯源等工作，与国际社会广泛开展了检测试剂和疫苗研发合作。

其次，在新冠疫情防控过程中，中国积极与共建“一带一路”国家进行合作，并以上海合作组织等地区性突发卫生事件防控合作机制为基础，完善了地区事件应对合作机制。同时，中国积极呼吁构建安全合作治理框架，并以新冠疫情抗疫工作为核心设置相关的合作议程，公布地区联合抗疫声明，积极推动各国与联合国间的抗疫合作发展。此外，中国也在卫生、医疗等方面积极与其他国家展开合作，中国与相关国家共同应对疫情并推动地区内经济复苏。此外，中国还开通了医疗出口渠道和人员货物往来的“绿色通道”，以便更好地应对疫情；借助第七十三届世界卫生大会等平台，中国始终呼吁国际社会共同创建人类卫生健

康共同体,将全人类的健康作为一个整体。同时,我国始终支持世界卫生组织,确保其能够发挥重要作用,协助世界卫生组织到华采购防疫物资等。在全球抗疫过程中,中国积极开展合作抗疫工作,同时提交《应对 COVID-19 疫情》和《加强药物和其他卫生技术的当地生产以改善获得机会》草案,支持世界卫生组织在防疫方面的工作。除此之外,针对部分经济发展较为落后的国家、地区,如非洲的一些国家等,我国呼吁加大向这些国家的扶持力度,并推动疫苗的公平、公正分配,积极实施 G20 组织缓债计划,使全球卫生治理机制向着公平、公正的方向发展,旨在增强各国间的卫生健康合作和应对突发卫生事件的能力,促进全球卫生治理体系的效能和公正性,为人类的卫生健康福祉作出贡献。

与此同时,中国特别重视应对新发传染病的国际援助。回顾过去 60 年的发展历程,中国积极帮助一些发展中国家建设医疗卫生体系,并派遣了专业的医疗队伍,也向这些国家捐赠了许多的药品及其他医疗物资,为提高世界范围内的公共卫生水平作出了积极贡献。在援外医疗方面,到 2019 年时,我国共向 72 个国家及地区派遣医疗队员达到了 27,484 人次,且医疗服务范围涉及中医、病理以及公共卫生等医疗医学领域,并取得了令人瞩目的成果。① 在突发公共卫生事件防控方面,中国向全球疫苗免疫联盟所执行的"新冠疫苗实施计划"捐赠了 1 亿美元,②并向全球基金(The Global Fund)捐赠了 6300 万美元。③ 自 2020 年 3 月起,我国解决了国内的防疫问题,并逐步参与到国际社会的疫情防控工作中,相应提供了资金、医疗技术以及物资支持,同时积极通过联合国新冠肺炎疫情应对和恢复基金、全球基金等平台向国际

① 参见《〈新时代的中国国际发展合作〉白皮书(全文)》,载国务院新闻办公室网站,http://www.scio.gov.cn/zfbps/32832/Document/1696685/1696685.htm,2023 年 4 月 1 日访问。

② 参见《中国与全球疫苗免疫联盟签署"新冠疫苗实施计划"捐款协议》,载新华网,https://www.gov.cn/xinwen/2022-02/15/content_5673786.htm。

③ See *China-Government and Public Donors*, The Global Fund, at https://www.theglobalfund.org/en/search/?q-saved=China&q=China+site%3Awww.theglobalfund.org&scope=www (Last visited on April 30, 2023).

社会提供资金支持，有效解决了部分国家、地区缺乏医疗物资的问题。同时，中国还派出了37支医疗专家组，向意大利、伊朗、韩国等34个国家提供了技术指导，并积极分享国内的抗疫经验。①

在此次疫情防控过程中，除了政府之外，一些社会组织、慈善机构以及企业等也参与到国际援助中。一些海外企业及组织成为我国重要的对外援助力量。其中，60多家社会组织及民间机构等共同组建了抗疫国际救援基金，并积极捐赠物资，以多种形式参与到抗疫国际援助当中。这种多元主体参与的形式，也为中国对外卫生援助开辟了一条新路。

随着中国成为世界第二大经济体，国际社会寄望中国在推动应对公共卫生危害的多边合作中扮演更为重要的角色，承担更多的责任。目前的突发卫生事件应对合作机制仍以西方国家为核心。在设置议程时，通常大部分议题是发达国家重点关注的问题，而这些议题很难反映出当前发展中国家的需求。例如，在美国等发达国家的推动下，《国际卫生条例（2005）》中要求各国提高自身的疾病监测能力，并完善疾病监测体系，但其中很少涉及如何提高发展中国家的公共卫生能力的内容。因此，中国必须积极提高自身的国际影响力，使自身具备一定的国际话语权，掌握一定的设置议题的能力，在这些方面发挥更大的作用。

第二节　完善国内立法

突发传染病形成的公共卫生事件，对应的应急管理体制是我国治理体制中的核心要素，同时任何体制的构建、运行均必须以法为基础，全面遵循法律中的相关规定，将法治防疫提升到依法治国战略层面的高度。②

---

①　参见《王毅：中国为全球抗疫合作作出重要贡献》，载新华网，http://world.people.com.cn/n1/2022/0425/c1002-32408221.html。

②　参见王晨光：《疫情防控法律体系优化的逻辑及展开》，载《中外法学》2020年第3期，第612~630页。

一、国内立法现状分析

我国的传染病防治法律体系相对较为完整,主要包含了以下五个层次。第一层次是与新发传染病防治相关的国际条约。目前,我国已经签署并批准了多个国际条约,包括《经济、社会及文化权利国际公约》《世界卫生条例》等。第二层次是我国的宪法和基本法律。确保公民健康权的宪法地位和保护弱势群体是这一部分法律的基本要求。我国确立健康权在宪法中的特殊地位,体现了我国履行国际法义务的决心,同时在宪法的领导下建立一套行之有效的新发传染病防治法律体系。第三层次是以卫生基本法为中心的卫生法体系。卫生法体系能够为传染病防控提供综合、全面和有效的卫生制度,从而成为防控传染病的基本"屏障"。除以《基本医疗卫生与健康促进法》为代表的原则性法律外,卫生法体系主要由以《传染病防治法》及其实施细则为代表的法定传染病防治法律、以《突发事件应对法》为代表的应急处置类法律、以《国境卫生检疫法》为代表的国境卫生检验检疫法律三部分构成。2004 年修订的《传染病防治法》建立了五大具体制度,包括传染病预防制度、传染病疫情报告通报和公布制度、传染病的控制和救治制度、传染病的监督制度以及传染病的财政支持制度;2025 年修订的《传染病防治法》规定的五大制度分别是传染病预防制度,传染病监测、报告和预警制度,传染病的控制与救治制度,传染病防治监督制度,以及传染病防治的保障措施制度。上述制度在卫生法体系中已经或即将发挥核心作用。第四层次是卫生法以外的、与健康权有关的法律法规。这一层级的法律规定众多,涵盖了与传染病防控有关的各个方面。例如,《对外贸易法》中的公共健康条款和与对外贸易有关的知识产权规定,对药品的可及性有着重要的影响。第五层次则主要是最高人民法院制定的、与审理传染病防治案件有关的司法解释。

新发传染病的特点十分突出,包括新发现、原因不明、传播快速、隐蔽性高等,这直接颠覆了基于已知而构建的传染病防控制度。从长远的发展趋势来看,不明原因病毒的传播并不会停止,科学认知总会滞后于病毒的传播,因此为了应对病毒传播带来的挑战,传染病防控的相关法律必须面对日趋复杂的情况，同时考虑新发传染病的特点和流行病学发展的趋势，不断完善防控措施，以提供有效的法治引领。[①] 例如，在非典疫情期间，为了应对突发公共卫生事件，我国紧急制定了《突发公共卫生事件应急条例》，并于2004年修改完善了《传染病防治法》；新冠疫情发生后，我国于2025年对《传染病防治法》进行了全新修订。今后，国家立法机关需要针对防控中出现的问题，进一步加强制度建设，为新发传染病疫情的防控提供更为完善的制度保障。但需要认识到我国传染病防治法律体系在处置新发传染病领域还存在以下不足：其一，对新发传染病缺乏统一的概念以及对内涵外延的界定；其二，没有对新发传染病进行单独归类；其三，缺乏针对“新发传染病”的特殊性处置规定。

（一）缺乏针对新发传染病概念的统一定义

目前我国的传染病防治相关制度除了《基本医疗卫生与健康促进法》这部原则性法律外，主要体现在四个方面的规范性文件中：一是传染病防治相关规范性文件，主要包括《传染病防治法》《传染病防治法实施办法》《医疗机构传染病预检分诊管理办法》《全国不明原因肺炎病例监测、排查和管理方案》《卫生部法定传染病疫情和突发公共卫生事件信息发布方案》；二是突发事件应对相关规范性文件，主要包括《突发事件应对法》《突发公共卫生事件应急条例》《突发公共卫生事件与传染病疫情监测信息报告管理办法》；三是国境卫生检疫相关规范性文件，主要包括《国境卫生检疫法》《国境卫生检疫法实施细则》；四是以《生物安全法》为代表的生物安全类规范性文件。

上述规范性文件中并没有“新发传染病”的概念，只有一些相近似的概念，且内涵和外延并不统一。相关法律条文中也缺乏针对“新发传染病”防治的系统性规定。原卫生部在2007年制定的《全国不明原因肺炎病例监测、排查和管理方案》较为系统地对不明原因肺炎的定义、发现与报告、现场调查、样本采集、转送和检测、事件应急响应、病例

① 参见赵敏：《新冠肺炎疫情背景下〈传染病防治法〉之再完善》，载《中国社会科学院研究生院学报》2020年第3期，第43～51页。

订正、信息定期分析与反馈、部门职责分工作出了规定。但是该文件仅针对不明原因肺炎,且层级较低,只是针对卫生系统内部的操作指引,很难解决"新发传染病"的相关问题。在上述规范文件中,虽然对"新发传染病"有所涉及,但是对其概念的内涵及外延缺乏统一界定;其处置措施仍然沿用法定传染病模式,缺乏针对"新发传染病"特点的特殊监测、报告、预警制度。

对于"新发传染病",尚未统一命名,未厘清其内涵和外延。比如对于"新"的理解,对于"发"的标准,对于"传染病"的流行程度和危害程度的要求,均无明确规定。在这方面可以根据我国的国情和现实需要决定是否参考一些其他国家或地区的立法。例如,日本立法规定只要符合下述条件,均属于《日本传染病预防法》第8章中描述的"新传染病":第一,有着人传人的现象;第二,感染者有着严重的病情;第三,疾病传播对公众的生命安全产生了严重的威胁;第四,按照症状、传染程度、病情程度、传染性、扩散能力和危害性程度等指标,与已知传染病的特征明显不同。[①] 由于英国的《公共卫生法案》没有继续拓展"法定传染病"的范围,而是采用了"传染病和污染物"的概念,并授权威尔士大臣及国务大臣对国内采取的健康保护措施作出具体规定,[②]因此,新发传染病完全由发动机构按照程序进行认定。

综观世界其他国家和地区的立法例,对于"新发传染病"要么是界定其内涵和实体性的认定标准,要么规定认定程序。同时,在实体标准上均采用"表面证据"规则,以适应应对"新发传染病"所需要的快速反应能力。

(二)缺乏针对新发传染病的单独归类制度

上述问题可以溯源到新发传染病的归类制度,广义的归类制度包

① 参见滝澤秀次郎:《感染症の予防及び感染症の患者に対する医療に関する法律－その理念と運用》,载《日本内科学会雑誌》1999年第11期,第2104~2111页。转引自陈云良、陈煜鹏:《论传染病防治决策的法治化和科学化》,载《比较法研究》2020年第2期,第25~39页。

② See Health and Social Care Act 2008 (c.14), ss.130(1), 170(3), 170(4), Sch.15 Pt.3; ss.129, Pt.3.

括归入前制度，即新发传染病纳入法定传染病防治法律体系前的发现、预警、报告等制度；归入确认制度，即新发传染病纳入传染病防治法律体系的主体、标准、流程等制度；归类调整制度，即新发传染病发生变异后的类别调整制度，以及再发传染病相关制度。如前文所述，我国采取的是将新发传染病纳入法定传染病的归类模式，尽管《传染病防治法》(2025 年修订)将"突发原因不明的传染病"和甲、乙、丙三类传染病并列纳入法律调整范围，但没有对新发传染病单独归类，也没有针对新发传染病防治的特殊制度安排，只是规定"突发原因不明的传染病"采取甲类传染病措施的，由国务院批准这一原则性制度。这种制度安排就意味着"新发传染病"在采取甲类传染病措施前无法适用具有针对性的传染病防控措施，从"新发传染病"的监测、预警、报告、认证到最终经国务院批准纳入法定传染病防控措施范围之间存在制度空隙。

我们可参考世界其他国家的立法例，结合我国的实际情况，制定和完善传染病归类制度。对于"新发传染病"，可采取两种不同的立法例纳入现有防治体系中。一是将列举式传染病归类制度变更为开放式归类(辅以清单更新)，在明确"新发传染病"的认定标准后直接纳入现有防治体系。二是在现有法定传染病归类模式下单独规定"新发传染病"的预防和确认制度，继而接入现有的控制与救治及监督与保障制度。

(三)缺乏针对"新发传染病"的特殊性规定

《传染病防治法》(2013 年修正)的立法分为三部分：一是预防与确认(预防、报告与公布)(2025 年修订版改为预防、监测、报告和预警)；二是控制与救治(控制、医疗救治)；三是监督与保障(监督管理、保障措施、法律责任)。针对"突发原因不明的传染病"，虽然《传染病防治法》给出了相关规定，但这一规定同样无法适应应对"新发传染病"的及时性需求。关于一些突发原因不明确的传染病，《传染病防治法》(2013 年修正)第 4 条第 1 款将其与"其他"乙类传染病并列，这意味着可以对一些未知类型的传染病采取法定措施；但该法仅规定将突发原因不明的传染病纳入甲类传染病予以防控的程序性措施，未规定针对新发传染病的专门性应对措施。也就是说，处置"突发原因不明的传染病"的唯一途径是被国务院批准采取甲类传染病措施,没有特别的制度安排,无法适应此类传染病"新"的特点。《传染病防治法》(2025年修订)第4条第1款虽然将突发原因不明的传染病列入法律调整范围,从理论上讲对于新发传染病可以适用法律规定的所有防控措施,但仍然延续了修订前的立法模式,并未对新发传染病单独归类,没有针对性的特殊防控手段。

我国法律应当对新传染病的防治措施进行特别规定,包括监测、预警、专家论证、报告以及采取临时措施的实体和程序性规定。① 同时考虑到认定"新发传染病"往往采取表面证据原则,需要有一定的容错机制,应当设计给予相关主体特别的授权,以及处置错误的责任豁免相关规则。②

以报告和监测制度为例,虽然在2003年的非典疫情后建立了传染病网络直报系统,但在新冠疫情初期,该系统并未能够发挥其应有的作用。这是因为早期的新冠肺炎并不属于法定传染病范畴。2020年1月20日,国家卫生健康委宣布将新冠肺炎纳入乙类传染病管理,并采取甲类传染病的预防、控制措施。同年1月24日,传染病网络直报系统正式开始对新冠肺炎的动态监测工作,并将其列为法定传染病。③在2004年修订《传染病防治法》时,第30条新增了"或者发现其他传染病暴发、流行以及突发原因不明的传染病"。这意味着新发原因不明的传染病得以通过突发公共卫生事件报告系统进行报告。然而,法律仅规定了报告义务,并未明确说明如何履行报告义务以及公共卫生事件构成要件的内涵等问题,这使在实践中难以有效监测新发不明原因的传染病。因此,我们需要进一步完善监测系统,在法律制度方面进

① 参见陈云良、陈煜鹏:《论传染病防治决策的法治化和科学化》,载《比较法研究》2020年第2期,第25~39页。

② 参见岡部信彦:《感染症法とその改正》,载《ウイルス》2004年第2期,第249~254页。转引自陈云良、陈煜鹏:《论传染病防治决策的法治化和科学化》,载《比较法研究》2020年第2期,第25~39页。

③ 参见赵敏:《新冠肺炎疫情背景下〈传染病防治法〉之再完善》,载《中国社会科学院研究生院学报》2020年第3期,第43~51页。

行改进和优化，以应对未来可能出现的突发公共卫生事件的挑战。《传染病防治法》（2025 年修订）对此进行了一定程度的细化和完善，该法第 45 条第 2 款明确规定："疾病预防控制机构、医疗机构和采供血机构及其执行职务的人员发现甲类传染病患者、病原携带者、疑似患者或者新发传染病、突发原因不明的传染病，以及其他传染病暴发、流行时，应当于两小时内进行网络直报；发现乙类传染病患者、疑似患者或者国务院疾病预防控制部门规定需要报告的乙类传染病病原携带者时，应当于二十四小时内进行网络直报；发现丙类传染病患者时，应当于二十四小时内进行网络直报。"

《传染病防治法》是我国疫情防控措施的法律基础，其在整合社会资源、协调公权力与私权利的冲突、保障社会秩序有序运行中起着至关重要的作用。当前的传染病防控法律体系，已经较为详细地规定了应急状态的确认与宣布、疫情监测预警、传染病信息的报告和公布、人员隔离、场所封闭、交通管制、疫区封锁等一系列疫情防控措施，以及医疗防护救治、物资储备、资源调度等防疫保障措施。但是为适应新发传染病的防治需求，我们仍需要在《传染病防治法》（2025 年修订）基础上优化现行法律制度，对现有防控措施加以具体规制，确立适用主体及适用情形，充分发挥法律的作用，保障人民权益。同时，我们需要在实践中总结经验，提出更加科学合理的防疫策略，以提高疫情防控的效果。

二、我国完善新发传染病防治立法的建议

新发传染病国际合作的未来必须以国际法为基础，世界卫生组织必须动员其成员国对包括世界卫生组织机构结构在内的国际法进行审查，以实现全球卫生法在应对未来新发传染病威胁方面的承诺。① 然而，国家仍然是国际法的主要行为体，要使国际合作顺利开展，缔约国的国内立法也应该有所回应，使其能够反映国际合作的原则和利益。

① See GOSTIN L O, HABIBI R & MEIER B M, *Has Global Health Law Risen to Meet the COVID-19 Challenge? Revisiting the International Health Regulations to Prepare for Future Threats*, 48(2) The Journal of Law, Medicine & Ethics 376, 381(2020).

(一)对新发传染病进行统一定义

在我国制定的传染病法律法规中,并没有对新发传染病采用统一术语,也没有对新发传染病的外延及内涵给出具体解释。基于多个规范性文件中有关新发传染病的名词,本章节对新发传染病进行分析并梳理,以此来探究能够有效管理新发传染病的法律规定。通过查阅相关传染病的法律文件可知,有关"新发传染病"含义的名词出现在了多种法律文件中,如《传染病防治法》(2025 年修订)中"突发原因不明的传染病"与"新发传染病"、《突发公共卫生事件应急条例》第 19 条中介绍的"不明原因的群体性疾病"、《国家突发公共卫生事件应急预案》中介绍的"新传染病"等。

针对新发传染病的内涵,基于《传染病防治法》(2013 年修正)第 17 条内容对其进行较为广义的理解,主要包含两部分内容:第一,国外已经发生但国内没有发生的传染病;第二,国内新发生的传染病。关于前文中介绍的《国家突发公共卫生事件应急预案》"新传染病",其内部对新发传染病的定义与《传染病防治法》(2013 年修正)第 17 条中的定义基本相同(该部分内容在 2025 年修订版中被删除)。《传染病防治法》(2025 年修订)未明确"新发传染病"的定义。有关"新发传染病",《国家突发公共卫生事件相关信息报告管理工作规范(试行)》第 4 条"报告范围与标准"中对新发或再发传染病下了定义:县区内没有发生过的传染病,以及本县近 5 年从未报告的或国家宣布已消灭的传染病。该定义反映出依据县区划分传染病管理区域的特征,本质与《传染病防治法》(2013 年修正)第 17 条中的内容基本相同。由上述内容可知,关于本书中的新发传染病,应将其与相关文件中的"新传染病""新发传染病"作出统一理解。

对于传染病监测的规范性文件,其内部包含了多种专有名词,如"不明原因肺炎""疑似传染病""可能发生的传染病暴发与流行""群体性不明原因疾病"等。在本书中,将规范文件中的这些专有名词认定为新型传染病的外延。这些专有名词相互之间既存在一定的联系,也有着一些差别。关于"可能发生的传染病暴发与流行",应将其与《国家突发公共卫生事件应急预案》中的"重大传染病疫情"理解为同种含义,两者均包含了《国家突发公共卫生事件相关信息报告管理工作规范(试行)》中的“不明原因肺炎”。由此可以看出,“可能发生的传染病暴发与流行”与“不明原因肺炎”属于上下位概念。此外,有关“突发原因不明疾病”,可以将其作为是群体性不明原因的疾病,也可以作为个体性不明原因的疾病。

在“突发原因不明的传染病”中,“不明原因肺炎”属于突发不明原因疾病。同时,“突发原因不明的传染病”也可以用作解释“不明原因肺炎”及“群体性不明原因疾病”。在新型传染病传播的初期阶段中,会被认定为“突发原因不明的传染病”,且会被人以“群体性不明原因疾病”的形式发现,还有可能以“不明原因肺炎”的形式被发现。

《传染病防治法》(2013 年修正)第 31 条明确指出,个人及单位等在发现传染病病人或疑似传染病病人时,必须第一时间就近向疾病预防控制机构或者医疗机构报告。国务院原法制办公室也对该条规定作出了解释:疑似传染病包括非法定传染病及法定传染病。在没有将新型传染病纳入法定管理以前,由于该类疾病没有被确诊,因而其会以非法定传染病形式存在。2020 年 10 月,国家卫生健康委发布《传染病防治法(修订草案征求意见稿)》第 50 条中引入了新的卫生法律概念,即“新发传染病”与“具备传染病流行特征的不明原因聚集性疾病”。[①]《传染病防治法》(2025 修订)中则同时出现了“突发原因不明的传染病”与“新发传染病”两个概念,二者并列于部分条文中,该法未解释和界定其内涵。

(二)完善新发传染病防治制度

《传染病防治法》(2013 年修正)规定了不同类型传染病的封闭式规定,其中第 3 条第 2 款至第 4 款以传染病的严重程度为标准,对甲类、乙类和丙类传染病进行了列举式规定。第 5 款则规定了国务院卫生行政部门可依据传染病暴发、流行情况和危害程度对乙类和丙类传染病目录进行调整,以兜底方式确保公众健康安全。但对于新发不明

① 参见陈云良:《新发传染病单独归类规制研究》,载《法律科学(西北政法大学学报)》2021 年第 6 期,第 3 ~ 18 页。

原因传染性疾病,若尚未被国务院卫生行政部门调整公布,则不属于该法所规制的对象。只有当其暴发并造成公共卫生事件时,才由《突发事件应对法》及《突发公共卫生事件应急条例》予以调整。应在该条明确将新发不明原因传染病纳入《传染病防治法》的规制范围,并对新发不明原因传染病的监测和防控作出制度性安排。《传染病防治法》(2025 年修订)尽管在传染病定义上采取了类似综合模式,但是并未对新发传染病进行内涵界定,也未对其防治措施制定特殊规则。因此建议在《传染病防治法》(2025 年修订)第 3 条新增第 6 款,对于疑似新发不明原因的传染病,在国务院卫生行政部门调整、公布前,应参照该法乙类传染病的相关规定执行,以完善《传染病防治法》的规制范围。

以日本的《感染症预防及感染症患者治疗法》为例,第 6 条第 9 款专门规定了"新型传染病",指的是被认定为可在人与人之间传播的疾病,与已知的传染病的症状及治疗方法存在明显差异,染病后病情危重,蔓延后会对国民的生命和健康产生重大影响的传染病。

为了掌握新发不明原因传染病时机,应构建新发不明原因传染病的监测报告和前期制度,为各级地方政府及卫生行政部门进行评估及规制,以及对传染病病毒的医学研究留足时间和机会。对于前期防控制度,《传染病防治法》(2025 年修订)针对新发传染病防治的"吹哨人"制度和容错制度进行了规定,第 51 条规定,对及时发现并报告新发传染病、突发原因不明的传染病的单位和个人,按照国家有关规定给予奖励。对经调查排除传染病疫情的,报告的单位和个人不承担法律责任。应该说这一条是此次修订中最大的亮点之一。为继续完善相关规定,建议在该条新增:如发现新发不明原因传染病,应采取医院内防控措施,因科学认知发展解除疑似新发传染病控制措施的,行政机关及医疗机构不负法律责任,但可以给予受到控制措施的疑似传染病患者及相关人员适当补偿。

要完善各主体报告义务的履行规则。从国家层面,可在《传染病防治法》(2025 年修订)第 42 条新增利用大数据等信息系统建立预警评估制度相关内容。特别是对新发不明原因传染病,应遵循早发现、早控制的原则,及时预警、严格管理。医疗机构层面报告义务的完善将在下文疫情监测体系作具体阐述。从疾控机构层面,可在《传染病防治法》(2025 年修订)第 53 条新增"疾病预防控制机构接到新发不明原因传染病疫情信息,应当及时启动新发不明原因传染病预警系统"相关内容。从行政机关层面,现行《传染病防治法》实行的逐级汇报制度虽然保证了疫情响应及防控决策的科学有效,但忽视了传染病的紧急性和危害性,建议构建同时上报多级政府的体系。[①] 如在传染病暴发流行或者新发不明原因传染病病例明显增加时,或者出现医务人员被传染事件时,县级以上人民政府有权在第一时间向所辖区域公布疫情信息,事后向上级政府报备,及时启动预警及响应措施。

总之,对新发不明原因传染病的认知和防控,应当是一个"排除法"的过程,而非科学认知的"渐进"的过程。应该以完善各项防控制度为基础,在依法合规、科学有效的前提下,把握时机、尽早干预,做好监测预警、科学防控工作,以保障公众健康安全。

(三)完善新发传染病监测体系

《中国—世界卫生组织新型冠状病毒肺炎(COVID-19)联合考察报告》指出,新冠病毒是一种动物源性病毒,蝙蝠似乎是该病毒的宿主。人兽共患传染病已经成为威胁人类健康的重要途径。据统计,60.3%的新发传染病为人兽共患病,其中 71.8% 源自野生动物。近些年出现的非典、人禽流感和埃博拉出血热等严重新发传染病均为人兽共患病。[②]

针对家畜、家禽和人工饲养、合法捕获的其他动物,我国通过《动物防疫法》建立了较为完善的动物疫病防控体系。但对于新发人兽共患传染病主要自然宿主的野生动物,我国《野生动物保护法》仅规定县级以上人民政府相关部门有责任进行管理,《传染病防治法》(2013 年

---

① 参见赵敏:《新冠肺炎疫情背景下〈传染病防治法〉之再完善》,载《中国社会科学院研究生院学报》2020 年第 3 期,第 43～51 页。

② 参见《中国—世界卫生组织新型冠状病毒肺炎(COVID-19)联合考察报告》,载中华人民共和国国家卫生健康委员会网站,http://www.nhc.gov.cn/xcs/fkdt/202002/87fd92510d094e4b9bad597608f5cc2c.shtml。

修正)也只是作出禁止性或惩罚性规定,为了防控野生动物导致的传染病,还需要明确对其可能造成传染病的有效途径进行检测管理。尽管《传染病防治法》(2025 年修订)完善了人畜共患传染病的概念和监测措施,但仍缺乏更具体和行之有效的专项监测措施,还需后续立法对此加以完善。

因此,建议在《传染病防治法》(2025 年修订)第二章预防中,把防控关口前移,从传染源源头入手,完善传染病的预防监管体系。首先,应严格依法治理存在高危传染病病原体的场所,如集贸市场等农产品交易场所,加强卫生执法监督,通过有效控制动物疫病,加大对动物免疫和管理投入等手段,切实降低向人传播的风险。其次,在将动物防疫机构纳入传染病疫情的报告主体、加强对高风险动物移动的监管、建立动物疫病净化制度、完善我国的野生动物法律制度等方面,也需要进一步加强。

另外,为保证传染病监测系统行之有效、具有可操作性,需要细化《传染病防治法》(2025 年修订)第 42 条中关于传染病监测制度的规定,提升疑似传染病报告的便利性,整合现有传染病网络直报系统、不明原因肺炎(Pneumonia of Unknown Etiology,PUE)等传染病报告系统,并将其与电子病历系统联通。同时,对医务人员的防护保障和权利保障要有明确的规定,允许、鼓励业内人员之间就疑似传染病疫情的交流,赋予医师、流行病学专家一定的预警权。

第三节　构建参与合作的路径

2019 年年底,全球暴发了新冠疫情。全球许多国家都在密切关注疫情防控,国际社会中共同抗击疫情的共同利益也得到了体现。在此次疫情防控过程中,我国发挥了重要作用,也向全球各国展示了中国精神及效率,并受到了许多国家的赞誉。“路漫漫其修远兮”,尽管我国在这次新冠疫情应对中取得了一定的成果,但为应对未来可能再次出现的、未知的新发传染病,国际社会仍需建构一套长期有效的合作机制,我国必须积极参与这一建设过程,以推动整个国际公共卫生治理全面实现法治化。

一、构建完备的战略体系

新发传染病防治是公共卫生治理的重要部分，因此公共卫生体系的完整性会影响着新发传染病防治的力度。为此，我国亟须将新发传染病防治置于整个全球公共卫生治理的框架内通盘考虑，构建一套具体的、可实施的、符合我国卫生治理目标的战略体系。①

首先，应将“合作主义”作为战略制定的理念与目标。在确立目标的基础上，我国可以参考既有的实践方案，将总目标划分阶段，以提高战略的可行性。例如，2015 年我国开展“一带一路”卫生交流合作时，国家卫生计生委办公厅颁布了《国家卫生计生委关于推进“一带一路”卫生交流合作三年实施方案(2015—2017)》，这一方案中将“一带一路”的卫生战略目标划分为近、中、远三个阶段目标。② 我国可以借鉴此种方案，制定全球范围的全球卫生治理战略，也同样划分为三个阶段：近期目标，巩固和扩展现有的双边和多边合作，在重点合作领域取得先期收获，与合作国家或地区达成广泛共识，同步开展全球公共卫生治理战略制定的研究准备工作；中期目标，完善国内政策支持和协调体制机制，初步形成与周边或重点国家的卫生合作网络，逐步提高我国在地区性、全球性公共卫生治理中的话语权和影响力；远期目标，我国深度参与全球公共卫生治理，各合作机制取得显著成效，“合作主义”成为全球共识，基本形成全球公共卫生全方位合作新格局。

其次，应进一步明晰我国在全球公共卫生治理中的角色定位。我国需要根据“发展中国家”“全球治理的建设者”等关键词锚定适合我国的战略定位，也可以根据不同合作层次细化我国在各种公共卫生合

① 参见杨坤等：《中国参与全球公共卫生治理的路径分析——以援助桑给巴尔血吸虫病防治项目为例》，载《中国血吸虫病防治杂志》2019 年第 1 期，第 14～18 页。

② 参见《国家卫生计生委办公厅关于印发〈国家卫生计生委关于推进“一带一路”卫生交流合作三年实施方案(2015—2017)〉的通知》，载中华人民共和国国家卫生健康委员会网站，http://www.nhc.gov.cn/wjw/ghjh/201510/ce634f7fed834992849e9611099bd7cc.shtml。

作机制中的角色定位,特别要注重发展中国家的关切。例如,在地区层面,我国可以充分发挥已经建立的地区合作机制的作用,如“一带一路”“中国—东盟”等,在其中担任倡导者的角色,采取措施如主动提供制度设计及帮助建设基础卫生设施等,加深中国的卫生治理观念与全球卫生治理观念的融合;从全球视角来看,在我国的国际综合实力得到提升以后,联合国及世界卫生组织等积极邀请我国参与到国际公共卫生治理中,在此全球背景下,我国积极参与合作机制建设、维护国际法律规范,为国际社会贡献了中国智慧。①

最后,应尽快制定我国参与全球公共卫生治理的具体方针策略。具体而言,我国可以从“提供全球公共卫生产品”与“完善突发卫生事件应对机制”两个方面着手参与全球公共卫生治理合作。一方面,提高全球卫生公共产品的供给。我国可以利用体制优势“集中力量办大事”,如在卫生健康领域中增加科技投资力度,为全球人类创造更多的优质服务产品。另一方面,为应对或避免新发传染病卷土重来,我国可以通过完善突发卫生事件应对机制、推进国内医疗体制改革,完善基层医疗服务,加强应对能力,完善国内疫情防控机制。需要持续增强中国在突发公共卫生事件应对合作机制中的国际影响力。国际机制的议程设置是构建于硬实力之上的软实力。因此,我们应该以更积极的态度,参与到事件应对国际合作机制的议程设置当中,推动其向更有利于广大发展中国家的方向变革,将一些更具实际意义的议题发展成国际社会的焦点问题。中国奉行多边主义,通过有效参与世界卫生组织组织机构改革,同时积极将“一带一路”建设的中国经验分享给世界卫生组织,使中国的治理理念能够在国际社会中发挥出重要作用。

二、坚定多边主义立场,从区域、领域中突破并协同

(一)坚持联合国与世界卫生组织的核心地位

国际公共卫生事务的广泛性、全面性和综合性特征决定了只有

① 参见张超汉、冯启伦:《中国参与全球卫生治理的法理基础、总体成效与完善路径——以突发公共卫生事件应对为视角》,载《国际法研究》2022 年第 1 期,第 55 ~ 68 页。

坚持、坚定多边主义的立场,才能实现有效防治。尤其是当公共卫生问题与过去以往国际社会中的发展不平衡、霸权政治等问题缠绕在一起时,只有通过多边机制,才能有效协调,而不是重蹈覆辙。基于多边主义的考虑,在"人类卫生健康共同体"的构建中,联合国及世界卫生组织属于核心部分,两者既不是主权国家,也不是一些发达国家的"后花园",而是可以主张人类共同利益的组织、机构。中国始终倡议创建人类卫生健康共同体,完全认可世界卫生组织、联合国在全球公共卫生事件中发挥的主导作用,积极响应世界卫生组织的疫情防控措施,并积极派遣专业人员参与到由世界卫生组织创办的疫情防控培训中,同时创建疫情应对机制。此外,中国需要积极游说一些在全球有着重要影响力的大国,让这些国家参与到由世界卫生组织创办的国际抗击疫情的合作中。在合适的时机,中国必须参与传染病防治国际法的修订工作,如《国际卫生条例》等,并提出有助于完善法律的意见。建议国际社会可以定期采取措施加强世界卫生组织出台的《大流行性流感防范框架》中的部分条款的约束力,以达到更好的效果。中国应当及时采取行动,以通过世界卫生大会决议等法律手段阻止其他国家试图控制、干涉世界卫生组织的决策。中国应当及时采取外交措施,谴责不积极履行条约义务的国家,并积极制定防疫措施。在面对不同出资的国家时,世界卫生组织不会区别对待,也不会屈从某个国家的意志。① 只要是对世界卫生组织进行欺凌、压迫的行为,就是对人类生命的挑战、对人权关怀的践踏,也是对全球抗疫合作的破坏。在新冠疫情暴发初期,某国家拒绝接受世界卫生组织前往中华派遣调查小组的结论,重新提出病毒溯源问题,这是严重蔑视世界卫生组织、联合国在公共卫生领域的领导权力的行为,也是严重漠视生命的行为,且没有任何科学依据,对全球抗击疫情的团结合作毫无裨益。

① 参见于潇清、汪伦宇:《美就退出世界卫生组织发表声明,外交部答澎湃:破坏国际抗疫努力》,载澎湃新闻网,https://www.thepaper.cn/newsDetail_forward_9028630,2023年3月24日访问。

(二)推进与国际组织的合作

中国应努力推进新发传染病防治中的国际合作进程,积极推动构建人类卫生健康共同体。同时,中国可以选择合适的机会提出相关草案,推动制定“关于建立国际疫苗研究所的协定”,如可以提出成员国在正常时期及新发传染病期间提供资金支持,同时研制的疫苗应属于国际公共产品,在没有完全控制疫情以前,不能采取任何形式收取知识产权费用。针对国际疫苗研究机构,必须杜绝其利用公共资源为一些私企提供服务的问题。在暴发新冠疫情以后,国际疫苗研究所利用公共资源为韩国一家私有机构服务,其研发的疫苗由韩国公司拥有知识产权,此次事件并没有解决疫苗紧缺问题,还造成了公共卫生资源浪费,这与国际疫苗研究所的发展理念不符。尽管世界银行和国际货币基金组织在抗击疫情方面发挥了一定作用,但所起到的作用较小。因此,中国应呼吁国际金融组织调整新发传染病防控工作中的融资体系,最大限度简化一些非必要的要求,增加对卫生领域的投资。①

强化与国际组织的合作还应该贯穿于中国援助其他国家的公共卫生项目中。不同于其他援助项目,针对新发传染病的援助项目大多数需要在当地开展大量的现场工作,需要当地政府的参与和支持。例如,在2003年出现非典疫情以后,美国为了支援中国疫情防控,派遣了40人的医疗队。在完全控制非典疫情以后,美国与中国又针对多起卫生事件进行了合作,如甲型H1N1流感等。② 未来,当中国有机会在新发传染病暴发之时向其他国家伸出援手,除了需要当地政府的参与,世界卫生组织等具备较强影响力的国际组织能否发挥作用也十分关键。如果中国处理新发传染病的方式和产品能预先得到国际组织的认可,则获得了强有力的背书,也更容易得到当地人民和机构的认可,以保证合

① 参见黄梅波、段秋韵:《开发性金融在公共卫生防疫中的作用——以世界银行和国家开发银行为例》,载《东南大学学报(哲学社会科学版)》2021年第1期,第64~76、147页。

② 参见孙吉胜:《新冠肺炎疫情与全球治理变革》,载《世界经济与政治》2020年第5期,第71~95、157~158页。

作项目的推进。

在人类卫生健康共同体中，非国家行为体也发挥着重要作用。在科学、合理的激励、引导下，非国家行为体可以发挥积极的作用，为新发传染病防治工作作出贡献。世界卫生组织会利用一些非约束性国际法，如《大流行性流感防范框架》等，积极引导防疫物资的生产商，使其能够参与到国际合作中，如提供技术支持、资金支持以及疫苗等。世界卫生组织呼吁其会员国监督和激励有关企业。我国应积极响应世界卫生组织的号召，提出一系列优惠政策，鼓励企业和科研院所参与世界卫生组织主导的国际防疫合作，且呼吁一些经济发展水平较高的国家参与其中。在分配疫苗研发经费时，应当重点关注与世界卫生组织合作的项目。针对一些与世界卫生组织有合作的机构，可以适当给予政策支持，如降低贷款利率等。① 在新冠疫情防治过程中，我国积极与非国家行为体展开合作。在第73届世界卫生大会中，中国庄严承诺：中国新冠疫苗研发完成并投入使用后，将作为全球公共产品，为实现疫苗在发展中国家的可及性和可负担性作出中国贡献。通过国家的支持，中国企业在提供疫苗的基础上，还将疫苗研制技术分享给了多个国家，尽最大努力为全球性的抗疫行动提供支持。此外，科兴疫苗、国药疫苗也正式加入新冠疫苗实施计划。②

从实践经验来看，中国需要在新发传染病暴发的关键节点及时与非国家行为体合作，帮助非国家行为体克服其自身难以解决的问题。通过更深层次的主权国家与非国家行为体的合作，解决新发传染病带来的各类挑战。有学者评估了全球疫苗免疫联盟在新冠疫情前后的有效性水平后，认为该组织在新冠疫情后的有效性水平有所下降。全球疫苗免疫联盟自2000年成立以来，拥有丰富的实践经验，是迄今为止成功的卫生伙伴关系之一，其以低价向发展中国家提供可以承受的疫

① 参见马忠法、谢迪扬：《传染病防治国际法制度的现状、缺陷与完善》，载《安徽师范大学学报(人文社会科学版)》2022年第5期，第100～110页。

② 参见陈席元：《“让疫苗成为全球公共产品”的中国承诺与践诺》，载中国政府网，http://www.gov.cn/xinwen/2021-06/03/content_5615112.htm。

苗,以确保其可及性。学者认为这一组织有效性水平下降的原因在于新冠疫苗的产品属性复杂,很难在短期内成为公共产品,因此各类主体在采购新冠疫苗的时候会相互竞争和排斥,也就很难实现合理的分配。实践中,东南亚和南亚地区的许多国家都向全球疫苗免疫联盟提交了采购申请,但由于部分国家无法满足疫苗的储存条件、医疗人员不足等问题,新冠疫苗实施计划交付疫苗的完成度低于平均水平。[①] 在疫苗供应不足的情况下,全球疫苗免疫联盟无法维持其在常态机制下的强势地位,只能与制药企业签订非具有法律约束力和强制性的疫苗采购"意向声明"。全球疫苗免疫联盟需要经过多轮谈判,才能与疫苗企业达成最终协议,从而签署正式的采购合同。[②] 这也就意味着,在疫苗成为稀缺资源的情况下,全球疫苗免疫联盟所属的公私伙伴关系与疫苗的属性难以匹配,全球疫苗免疫联盟无法很好地扮演"疫苗中介"的角色。这一案例表明,当非国家行为体所面临的问题超越了其所承载的角色职责时,就很难实现组织的既定目标。此时,就需要主权国家与非国家行为体携手共进,以提供一套令各成员国满意的问题解决方案。只有主权国家才具有强制力和决策权,可以对疫苗制造商等企业施加监管和规范,甚至通过补贴等形式加以引导。

(三)通过区域性组织参与新发传染病国际法治合作

中国根据其在全球卫生治理体系中的战略定位,更加睿智地提升其在公共卫生领域的参与度。通过促进国家或地区的协作与沟通,在制定防范和应对大流行框架公约上发挥更多的作用。同时,借助"一带一路"倡议平台,与共建"一带一路"国家一体建设丝绸之路,并及时帮助其建设公共卫生体系,帮助公共卫生体系水平较低的国家提高公共卫生事件应对能力。

---

① 参见刘晔、张宇婷:《区域公共产品视角下中国与东南亚国家新冠疫苗合作》,载《国际关系研究》2022 年第 1 期,第 121 ~ 135、158 ~ 159 页。

② See *Gavi signs statement of intent to procure 200 million doses of Sanofi-GSK COVID – 19 vaccine candidate for the COVAX Facility*, GAVI, at https://www.gavi.org/news/media-room/gavi-signs-statement-intent-procure-200-million-doses-sanofi-gsk-covid-19-vaccine(Last visited on March 25,2023).

实践表明,由于地缘亲近、人口商品流动频繁,传染病的传播规律和传播状况在一定地域内具有相似性,而与世界卫生组织的监督机制相比,邻国的“同伴压力”更能促使各国提高公共卫生建设的积极性。因此,建议我国将卫生安全纳入国家安全战略,指导我国政府开展区域性合作。自非典暴发以来,我国已经在多个区域组织中积极参与甚至牵头组织新发传染病的国际法治合作。在应对非典特别峰会中,我国与东盟各国政府共同签署了《中国与东盟领导人特别会议联合声明》,这也标志着东亚地区实现了信息互通、政策协调的目标,多方在防控传染病时积极采用协作机制。在2008年时,为了防控流感疫情,中日韩共同制订了行动计划。

未来,我国可继续在中国—东盟、中日韩、亚太经济合作组织、上海合作组织等区域多边机制下,深入开展新发传染病的国际合作,尤其是在疾病的监测、应急防控领域。考虑到新发传染病的暴发频率较高,而追踪病原体以及探究致病机理的过程非常复杂,为了加深各地区间的合作,不仅要构建公共卫生应急联络机制,还应提高区域合作国家的动物学等学科研究深度,构建多部门间的疫情通报制度,对原先卫生部门采用的疫情监测模式进行拓展,实现多领域、多学科的风险评估目标,从而提高传染病早期的预警作用,降低出现传染病的风险。①

具体而言,以与东盟国家合作为例,中国可以从以下两方面开展区域性新发传染病的法治合作。其一,针对新发传染病的各类特征,制定适合当地的公共卫生制度,为地区合作提供法律支持,以积极探索方式促进合作发展。为了有效应对未来可能暴发的其他传染病,中国和东盟国家可以制定“中国—东盟公共卫生安全合作协定”,明确双方的权利和义务,加强对新发传染病的集体应对能力。在合作原则上,以尊重各国主权、不干涉内政、维护地区秩序、促进共同发展为准则,以构建高效机制、全面合作、相互协调、功能整合为行动准则,以体现平等性和公正性为目标。在合作规则上,确保各成员国平等地享有参与权、知情

① 参见曲鹏飞:《“一带一路”框架下国际传染病应急合作研究》,载《中国应急管理科学》2021年第9期,第82~88页。

权、享受合作成果权、接受帮助权等权利，同时明确其须尽的义务，如快速、透明地发布疫情信息、采取适当预防和控制措施、对国际交通施加最小干扰以及为提出要求的国家提供支持等。通过设立“中国—东盟卫生部长委员会”，统领地区卫生合作事宜，为新发传染病合作搭建桥梁，协调不同国家的立场，制定有关新发传染病合作的方针、政策和措施。其二，中国与东盟国家的资源优势是推动区域公共卫生安全和发展的重要基础，深化这种优势是共同应对新发传染病、促进区域法治合作的必要措施之一。通过研究各国历史悠久的民族传统医学资源，不仅可以收集优良的传统医学知识，还可以把这些知识融入当地甚至各国的医学实践中，以促进传统医学的发展，挖掘传统医学中应对新发传染病的有效手段。此外，还可以从中培养出有能力和知识的本土医学人才，提升当地医疗保健水平。加大对新发传染病基础科研的投入，召集优秀的专家，常态化地研究、开发和储备新的防控技术。可以探索建立国家实验室资源共享的“绿色通道”，搭建攻克新发传染病的桥梁。

三、加强医疗卫生领域国际公共产品的供给及其能力建设

国际事务的处理需要公共产品的支持。国家对于国际公共产品的供给能力及其实际供给情况，影响乃至决定着其在国际治理合作中的参与度和话语权。于我国而言，可以积极挖掘、发扬自身在国际卫生治理合作中的优势，凝练、发展具有较高包容度的国际公共产品，并积极推广使用。

（一）促进对传统医学或替代医疗的承认

我国可以按照世界卫生组织等国际机构的指导，遵循全球卫生共同体的基本理念，推动中医药及传统医学在国际社会中的发展，提高中医药在国际社会中的认可度。中国传统医学历史悠久，其知识积淀极为丰富，属于我国传统文化中的核心要素。自暴发新冠疫情以后，我国中医药在疫情防治过程中发挥了非常重要的作用，对许多病例的治疗效果都非常不错。中医药不仅在我国的疫情防控中起到了重要作用，也在支援其他国家抗疫期间发挥了重要作用。中医体现了我国独特的文化底蕴，且在我国历史发展进程中发挥了重要作用。将中医与西方

现代医学结合,可以更好地保障全人类的生命健康。在东西方文化交流互鉴的过程中,中医得到了西方人士的认可。同时,我国也非常重视中医的发展,并积极推动中医国际化进程。目前,虽然中医在国际社会中得到了一定的认可,但由于中西方存在明显的文化差异、各国传统医疗制度以及行医资格、市场准入和医保未覆盖等法律障碍,传统中医药仍然存在较大的发展空间。

世界卫生组织明确指出,传统医学可以与替代医疗共同发展,且在《全球传统医学战略》中要求各国将传统医学归入国家医疗体系,并根据国家法律法规保护和维护传统医学资源。① 在第72届世界卫生大会中,世界卫生组织颁布了《国际疾病分类第十一次修订本》,其中引入中医体系中的病症名称,这对于中医的国际化发展有着重要意义。不过,基于国际法视角来看待该修订文件,其不具有约束力,属于软性文件。然而,根据国际法的实践,当多国认可某项软法性文件时,它可能被视为国际法的正式渊源。我国可以根据世界卫生组织规范,有效推动中医药事业的国际发展。

我国还可以通过双边协定的方式促进中医药在新发传染病治理中发挥作用。双边协定具有快速、灵活等特征,能够基于合作国的具体需求、接受中医药的程度等,制定因地制宜的合作方案。目前,我国已经在共建"一带一路"国家和地区建立了一些中医药海外中心,开办了数百所中医药院校。② 从目前双边协定的缔结现状来看,多数还是原则性协定,缺乏中医药服务贸易的相关协议。我国可以积极推动双边协定的落实,并创建中医学历的认定机制,根据需要推动缔结更多的中医药服务贸易协定。同时,还可以尝试签署一些普遍性的中医合作条约,促使各国从法律角度认可中医药。③

---

① 参见世界卫生组织执行委员会:《全球传统医学战略》,EB152(18),2023年。

② 参见《国家中医药管理局:中医药已成为国际交流合作的特色名片》,载新华网,http://www.xinhuanet.com/politics/2019-05/25/c_1124541958.htm。

③ 参见于亮:《人类卫生健康共同体视角下的国际卫生合作》,载《天津大学学报(社会科学版)》2021年第2期,第145~150页。

（二）加强全球公共卫生治理相关人才的培养

国际化人才培养对于提高国际事务参与度非常重要。针对新发传染疾病，中国在参与其国际合作时必须将培养复合型人才作为基础要素，如这些人才需要具备卫生安全、卫生治理及外交等方面的能力。一个国家参与全球治理，必须经过长期的努力，才有可能促使国际法立法更加完善，同时各国需要基于自身情况在国际社会中充分发挥自身的价值，主动承担相应的社会责任。目前，我国已经成为全球第二大经济体，且在国际贸易中有一定的话语权，但是在全球各个国际组织中，我国的职位不多，在公共卫生领域也是如此。多年来，中国向各国际组织不断输送人才，在世界卫生组织的中国籍职员从 1999 年的 12 人增加到 2018 年的 33 人，但与发达国家相比，人数仍需要进一步增加。[①] 由此也可以看出，我国在全球治理领域中的人才储备还需增加。[②] 在新冠肺炎疫情暴发期间，有外国媒体质疑中国的抗疫方案。这样的事件随着每次新发传染病的暴发都可能会出现，我国需要同时精通公共卫生医学和国际法的人才献计献策。此外，我国还需增加在国际救援领域中的人才数量，完善相应的人才培训体系，加强专业应急团队建设。

未来，我国应加强全球卫生治理和新发传染病应急人才培养，强化智库作用，扩大影响力。在人才配置方面，针对一些重点国家、区域的大使馆，可以派遣卫生专员，以此为国家制定相关决策提供有价值的信息。全球卫生外交工作的重要性不言而喻，而卫生专员属于职业外交官，主要负责将外交政策与公共卫生整合起来，该职位最初是美国创立的，任职人员必须具备较高的公共卫生知识水平，还须具备外交谈判能力。从长期角度来看，我国通过培养卫生专员，可以为全球卫生治理提供更多的人才，为此应从以下方面着手规划：（1）应当加强卫生外交人才培训，并积极为这些人才创造实践机会；（2）积极推动卫生应急人才

---

① 参见金音子等：《国际关注的突发公共卫生事件下中国参与全球卫生治理的挑战及对策》，载《北京大学学报（医学版）》2020 年第 5 期，第 799 ~ 802 页。

② 参见杨凯：《人类命运共同体视角下的中国全球治理能力建设》，载《重庆理工大学学报（社会科学）》2020 年第 7 期，第 143 ~ 152 页。

的培养，并制定科学的人才选拔制度；（3）完善"旋转门"机制，在政府部门与学术部门间构建完善的人才流动通道，使智库的学术思想能够影响国际规则等方面；（4）进一步提高中国籍人才在国际组织中的任职比例和表现；（5）在人才培训过程中，将中国观念、立场融入培训内容，确保人才的知识体系及观念与我国的发展相匹配，从而为我国参与全球治理工作奠定基础。

（三）完善对外援助制度

如前所述，国际援助制度对应对新发传染病意义重大。我国积极参与对外援助，除了满足需要帮助的国家物质上的需求以获得国际社会的认可，还可以通过文化交流来促进文化的融合。中国近几十年来一直以援助的形式参与全球卫生治理，得到国际社会的广泛赞誉。2016年5月24日，中国国际应急医疗队（上海）成为首批通过世界卫生组织认证评估的国际应急医疗队，一定程度上体现了中国在加强国家层面应急体系建设方面取得了阶段性成果，也标志着我国一直以来的对外援助活动取得重大突破。[①] 然而，目前的对外援助机制还需进一步完善，例如，促进行动协调和增强内生动力等。因此，我国可以建立完善的外援制度，将其纳入法律框架，以促进外援活动的规范和合理调整外援策略。此外，我们还需要关注外援的实际表现，以保证外援工作的成功实施。具体而言，在提高中国对外的卫生援助能力时，可从以下四个方面着手。

首先，针对对外卫生援助活动，完善相关的法律规定。例如，国家国际发展合作署可以牵头与我国外交部、国家卫生健康委及商务部合作，由这些行政机构商讨制定"对外卫生援助管理实施细则"，同时国家立法机构可以基于实际情况制定"对外援助法"，以此确保对外卫生援助工作的正常开展。同时，为建立体系完备的援外医疗人员正向激励机制，国家国际发展合作署需要与我国卫生健康委等部门完善对外医疗工作人员的管理制度，还可以基于实际情况对"包干负责、对口援助"的

① 参见《中国国际应急医疗队（上海）成为首批通过世界卫生组织认证评估的国际应急医疗队》，载人民网，http://world.people.com.cn/n1/2016/0525/c1002-28379609.html。

固有模式进行适当调整,使对外医疗体系唤发新的发展活力。

其次,进一步优化对外卫生援助体系的管理体制。将不同部门拥有的对外援助权力进行整合处理,由国家国际发展合作署统一管理,并与相关部门构建协调机制,确保我国的对外医疗援助体系能够实现统一管理和部署。此外,根据以往所采用的"自上而下"的对外卫生援助管理体制,对其进行优化处理,并鼓励各种机构、行为体(如科研机构、高校等)参与对外卫生援助事宜,宣传中国的管理理念。

再次,针对对外援助活动,可以重新设计其资金配比。中国可以将对外卫生援助置于全球卫生治理的大战略之下,并以卫生健康、教育、应急响应等"软性"投入作为扩大同国际社会合作交流的"巧实力",在发挥好以往"硬性"援助投入优势的同时,提高中国的国际影响力。

最后,针对传统的对外卫生援助模式,必须及时对其进行优化、更新。我国可以根据需要参考各国采取的对外卫生援助模式,可以采取整体性的公共卫生援助模式,还可以将多种援助模式组合到一起,帮助一些国家建设公共卫生体系,提高这些国家的公共卫生能力。同时,针对对外卫生援助项目,我国可以优化其效果评估机制。基于当地卫生水平及状况,为这些国家提供更合理的治理方案,重点实施"实物援助"模式,帮助这些国家建设基础的公共卫生设施。此外,我国还可以创建医疗卫生援助基地,将许多零散的医疗队伍整合到一起,并形成综合能力强大的医疗应急队伍,以此来提高对外公共卫生援助队伍的应急能力。

(四)提升生物安全领域的科技水平

新发传染病多发于自然界,追溯病毒的根源与生物安全技术水平息息相关。疫苗或者特效药等的研发、生产和制造也需要高水平的生物技术。若能提升科技领域国际公共产品的供给能力及其实际供给水平,将极大提升国际社会参与防治新发传染病国际合作的意愿。于我国而言,需要全面提升生命安全及生物安全领域的科技水平。为此,可以从多方面着手,完善卫生医疗基础体系。首先,灵活使用 TRIPS 协定弹性条款。例如,在《专利法》中添加新发传染病药物平行进口的规定,可以基于实际情况放宽进口药品的专利保护条件,提高公众对新发传染病药品的可及性,也可以增加传染病药品的早期开发和实验室使用例外条款等,推进中国相关药品研发更快发展。其次,在生物安全及生命安全领域,更加重视相关科研项目,为公共卫生相关的科研工作创造便利条件,并积极与世界卫生组织、其他国家就公共卫生安全问题进行科研合作。特别鼓励现代医学与传统医学结合的项目,最大限度解决生命、生物技术以及医疗设备等领域中的问题。同时,可以尽快推进全球卫生研究机构发展,积极构建高校卫生安全学科体系,在健康卫生科研领域培养专业人才,尽快提高我国在生物安全及生命安全领域的专业能力。最后,还可以加强社会力量的支持,加大政策的制定和执行力度。例如,出台相应政策鼓励企业加大在生命安全及生物安全领域科技的研发投入,引导社会各界关注重大传染病预防控制、应急响应和医学科研等问题,全面提升整个社会卫生领域的科学素养,普及相关科学知识,从而为"人类卫生健康共同体"的建设贡献更多的中国力量!

结　语

一、以“合作主义”理念对传统国际法制度作出反思

近年来，在各种新发传染病肆虐的背景下，全人类的健康安全受到了严重挑战。对此，不同肤色、不同地域的人们均可能面临生命健康威胁，人类因此成为更加紧密的生命健康利益共同体。在传染病防治国际合作的艰巨任务面前，人类必须基于“合作主义”理念对传统国际卫生法理论和制度作出反思；对个体生命及群体生命本身的价值作出重新审视，将人的生命放到更为重要的位置上来，这样才能更好地保障人类的生命健康安全。

全球抗疫历史警示人类，面对类似于新冠肺炎这种大流行的疾病危机时，各国单打独斗的方法断不可行。此外，采取霸权国家为主的治理模式会造成国际协作的障碍和壁垒；若是仅采用主权国家单边或者区域性多边治理模式，有可能使国际合作的全面性及有效性出现缺失，不能完全满足防控治理的需求。只有在国际全面合作模式下，制定科学高效的国际规范，构建创新且可预见的国际法律制度，并逐渐打造高效、公正的国际合作法治模式，方能有效解决人类面临的危机问题。①

随着全球化发展的进程加快，在国际舞台上，发展中国家及新兴国家所具备的影响力将逐渐提升，其中就包括其供应全球公共卫生产品的能力。相比之下，在全球化浪潮中，西方传统大国供应全球公共卫生

---

① 参见肖永平：《论迈向人类命运共同体的国际法律共同体建设》，载《武汉大学学报（哲学社会科学版）》2019 年第 1 期，第 135～142 页。

产品的意愿及能力有所下降且受到质疑。所以，需对全球卫生治理工作进行全面改革创新，以更好地应对新发传染病对国际社会的冲击。与此同时，自新冠疫情暴发以来，国际合作面临诸多困境，应当引发国际社会对国际合作建设的再思考，因而应对新发传染病的国际合作法治体系亟须新的理论指引和制度规则。当前，世界各国政体、经济与思想文化差异较大，部分国家奉行单边主义，世界卫生组织作用弱化。因此，当务之急是构建以"合作主义"为基础理念的国际合作法治机制，系统整合多层次、多元化国际组织功能，创新完善现有合作制度，防患于当下、防患于未然。

二、对新发传染病防治国际合作机制的持续探索

本书旨在探讨新发传染病在国际合作中所涉及的法律问题，并提出了一些解决方案。通过对当前法律框架的分析和评估，我们认识到，在全球化时代，传染病的跨境传播给国际社会带来了巨大挑战。在该领域内，我们对未来的展望可以聚焦在以下几个关键方面：

首先，加强国际合作机制的法律支持。在面临新兴传染病的威胁时，国际合作不可或缺。未来，我们需要更加深入地研究和制定法律框架，以加强国际信息共享、协调合作和资源调配的能力。这包括探讨建立更加健全的合作机制，明确各国在传染病暴发事件中的责任和义务，以及加强国际法律规范的制定和执行。

其次，完善国内法律框架以应对新发传染病的挑战。随着新发传染病的出现，国家内部的法律框架也需要不断演进。未来的研究应该着眼于法律体系的完善，包括加强传染病防控的立法、明确相关部门的职责和权限以及确立有效的处罚机制和补偿制度等。同时，也需要加强法律与公共卫生、医疗卫生等领域的协调，建立和完善科学、合理的法律机制以应对新兴传染病的威胁。

再次，加强法律与伦理的协同作用。在处理新发传染病问题时，不仅需要考虑法律的制约和指导作用，还应重视明确尊重和保护伦理原则。未来的研究可以探讨法律与伦理的交叉点，讨论如何平衡公共卫生安全与个人权利的关系，以及在应对传染病暴发时如何确保贯彻公

正和平等的原则。此外,还需要加强对医疗人员和相关工作人员的法律保护,以保障他们在疫情应对中的合法权益。

最后,推动法律研究与实践相结合。未来,我们应该鼓励更多的法律研究与实践相结合,以更好地应对新发传染病的法律问题。这意味着法学界应该密切关注当前和潜在的法律挑战,并提出创新性的解决方案。同时,法学界与政府、国际组织、卫生部门等利益相关者的紧密合作也是必不可少的,以确保研究成果能够在实践中得到有效转化与应用,并为法律政策的制定和改进提供有力支持。

展望未来,我们可能面临更加复杂和多样化的新发传染病威胁,这要求我们在法律问题研究领域持续努力。我们需要加强跨学科的合作,将法律与医学、公共卫生、社会科学等领域的知识进行有机整合,以应对传染病的全球挑战。同时,也需要关注科技的发展对法律问题的影响,如重视在数字健康证明、数据隐私保护等方面的法律考虑。

在全球化和数字化时代,新发传染病的法律问题将持续受到关注。通过深入研究和加强国际合作、完善法律框架和与伦理的协同,我们可以为新发传染病的防控提供更加坚实的法律基础。同时,我们也要认识到这个领域的研究和实践是一个不断演进的过程,需要我们持续关注和探索,以适应新情况、解决新问题,为全球公共卫生和人类福祉作出贡献。

主要参考文献

一、中文著作

(一)著作

[1]《马克思恩格斯选集》(第4卷),中共中央马克思恩格斯列宁斯大林著作编译局译,人民出版社1997年版。

[2]《世界贸易组织乌拉圭回合多边贸易谈判结果法律文本(中英文对照)》,法律出版社2000年版。

[3]《中共中央关于全面深化改革若干重大问题的决定》,人民出版社2013年版。

[4]《中华医学百科全书　公共卫生学　卫生法学　卫生监督学》,中国协和医科大学出版社2018年版。

[5]蔡拓、刘贞晔主编:《全球学的构建与全球治理》,中国政法大学出版社2013年版。

[6]陈卫东:《WTO例外条款解读》,对外经济贸易大学出版社2002年版。

[7]陈颖健:《公共健康全球合作的国际法律制度研究》,上海社会科学院出版社2010年版。

[8]何群、彭心倩:《国际法学》,厦门大学出版社2012年版。

[9]侯黎莉、赵雅伟主编:《新编结核病护理学》,中国协和医科大学出版社2019年版。

[10]晋继勇:《全球公共卫生治理中的国际机制分析》,上海人民

出版社 2019 年版。

[11]吕炳斌:《专利披露制度研究:以 TRIPS 协定为视角》,法律出版社 2016 年版。

[12]汤蓓:《安全化与国际合作形式选择》,上海人民出版社 2014 年版。

[13]俞可平主编:《全球化:全球治理》,社会科学文献出版社 2003 年版。

[14]张定梅主编:《悄然的拜访者——大众传染病防控》,中山大学出版社 2019 年版。

[15]国家计划生育委员会外事司编:《人口与发展国际文献汇编》,中国人口出版社 1995 年版。

(二)译著

[1]《世界卫生组织组织法》第七十四条修正案(中文案文),中华人民共和国国务院公报 2005 年版。

[2][美]贾雷德·戴蒙德:《枪炮、病菌与钢铁:人类社会的命运》,谢延光译,上海译文出版社 2016 年版。

[3][美]丽莎·M. 李主编:《公共卫生监测:理论与实践》(第 3 版),顾沈兵等译,复旦大学出版社 2018 年版。

[4][美]卡伦·明斯特、[美]伊万·阿雷奎恩-托夫特:《国际关系精要——东方编译所译丛》(第 7 版),潘忠岐译,上海人民出版社 2018 年版。

[5]《马克思恩格斯全集》(第 21 卷),中共中央马克思恩格斯列宁斯大林著作编译局译,人民出版社 2003 年版。

[6][加拿大]马克·扎克、[加拿大]塔尼亚·科菲:《因病相连:卫生治理与全球政治》,晋继勇译,浙江大学出版社 2011 年版。

[7]联合国新闻处:《联合国手册》,北京大学法律系编译组译,商务印书馆 1973 年版。

[8]世界卫生组织:《传染病暴发伦理问题管理指南》,世界中医药学会联合会伦理审查委员会译,熊宁宁等译校,中国中医药出版社 2021 年版。

二、中文期刊

[1]陈云良:《新发传染病单独归类规制研究》,载《法律科学(西北政法大学学报)》2021 年第 6 期。

[2]龚向前:《传染病控制与当代国际法变革的新趋势——以〈国际卫生条例〉(2005)为例》,载《法学评论》2011 年第 1 期。

[3]季华:《世界卫生组织体系下的国际卫生法律机制:历史与现状》,载《国际法学刊》2020 年第 3 期。

[4]蒋丰、田侃:《传染病防治法律视角下新冠肺炎预警制度探讨》,载《南京医科大学学报(社会科学版)》2021 年第 1 期。

[5]孔庆江:《国际合作:国际公共卫生领域的习惯国际法义务》,载《国际法学刊》2020 年第 2 期。

[6]李广德:《我国公共卫生法治的理论坐标与制度构建》,载《中国法学》2020 年第 5 期。

[7]郎帅:《传染病治理国际合作:历史理路、现实审思与未来走向》,载《北京科技大学学报(社会科学版)》2020 年第 5 期。

[8]刘建飞:《构建新型大国关系中的合作主义》,载《中国社会科学》2015 年第 10 期。

[9]刘蔡宽:《应对非传统安全威胁国际合作的国际法审视与制度创新——以 PHEIC 为视角》,载《政法论坛》2020 年第 6 期。

[10]罗鹏:《传染病全球"大流行"特征下国际救援的便利化措施——以新型冠状病毒肺炎事件为背景》,载《国际经济法学刊》2020 年第 4 期。

[11]马婷、唐贤兴:《时空变迁与复合结构:全球卫生健康治理中的中国角色》,载《南京社会科学》2022 年第 2 期。

[12]秦天宝:《国际法的新概念"人类共同关切事项"初探》,载《法学评论》2006 年第 5 期。

[13]王文:《传染病与大国兴衰——基于历史实例的研究》,载《政治学研究》2021 年第 2 期。

[14]王晨光:《疫情防控法律体系优化的逻辑及展开》,载《中外法

学》2020 年第 3 期。

[15]魏庆坡:《〈国际卫生条例〉遵守的内在逻辑、现实困境与改革路径》,载《环球法律评论》2020 年第 6 期。

[16]叶子燕:《疫苗共享机制的国际法探析》,载《东南大学学报(哲学社会科学版)》2021 年第 S1 期。

[17]张文显:《法治与国家治理现代化》,载《中国法学》2014 年第 4 期。

[18]张丽英:《新冠疫情下额外卫生措施的适用及其局限性研判》,载《清华法学》2021 年第 2 期。

[19]张超汉、冯启伦:《中国参与全球卫生治理的法理基础、总体成效与完善路径——以突发公共卫生事件应对为视角》,载《国际法研究》2022 年第 1 期。

三、中文学位论文

[1]曾瑞声:《全球公共卫生治理机制的形成与演变:国家利益》,暨南大学 2012 年博士学位论文。

[2]于慧娜:《国外部分新发传染病防控研究》,中国人民解放军军事医学科学院 2008 年博士学位论文。

四、英文著作

[1] Fidler, David P. , *International Law and Infectious Diseases*, United Kingdom, Clarendon Press, 1999.

[2] Garrett L. , *The coming plague*: *Newly Emerging Diseases in a World out of Balance*, Farrar, Straus and Giroux, 1994.

[3] Harrison M, *Disease and the Modern World*: 1500 *to the Present Day*, John Wiley & Sons, 2013.

[4] MCNEILL W, *Plagues and Peoples*, Knopf Doubleday Publishing Group, 2010.

[5] M. Eccleston-Turner & I. Brassington eds, *Infectious Diseases in the New Millennium*: *Legal and Ethical Challenges*, Springer International

Publishing,2020.

[6]Mark W. Zacher & Tania J. Keefe, *The Politics of Global Health Governance: United by Contagion*, Palgrave Macmillan US,2008.

[7]Obijiofor Aginam, *Global Health Governance: International Law and Public Health in a Divided World*, University of Toronto Press,2005.

[8]Rosenau, James N., *The study of global interdependence: essays on the transnationalization of world affairs*, Vol. 2, London: F. Pinter,1980.

[9]L. O. Gostin & B. M. Meier eds, *Foundations of Global Health & Human Rights*, Oxford University Press,2020.

[10]Victor V. Ramraj et al., *Covid – 19 in Asia: Law and Policy Contexts*, Oxford University Press,2021.

五、英文期刊

[1]Allyn L. Taylor, *Global Governance, International Health Law and WHO: Looking towards the Future*, 80 Bulletin of the World Health Organization (2002).

[2]Brahmbhatt M. & Jonas O., *International cooperative responses to pandemic threats: a critical analysis*, 21 (2) The Brown Journal of World Affairs (2015).

[3] David P. Fidler & Lawrence O. Gostin, *WHO's Pandemic Influenza Preparedness Framework: A Milestone in Global Governance for Health*, The Journal of the American Medical Association,306(2011).

[4] FIDLER D P., *From International Sanitary Conventions to Global Health Security: The New International Health Regulations*, Chinese Journal of International Law(2005).

[5]Gebru M., *Road traffic accident: Human security perspective*, International Journal of Peace and Development Studies(2017).

[6]GOLDFARB S R, *The phase-out and sunset of travel restrictions in the international health regulations*, Brooklyn Journal of International Law(2016).

[7] Gostin L. O., Habibi R. & Meier B. M., *Has global health law risen to meet the COVID－19 challenge? Revisiting the International Health Regulations to prepare for future threats*, The Journal of Law, Medicine & Ethics, 48 (2020).

[8] HABIBI R, BURCI G L & CAMPOS T C de, *Do not violate the International Health Regulations during the COVID－19 outbreak*, The Lancet, 395 (2020).

[9] Joel P. Trachtman, *Institutional Linkage: Transcending "Trade and…"*, 96 American Journal of International Law 77 (2002).

[10] Karesh W B & Cook R A., *The Human-Animal Link*, Foreign Affairs, 84 (2005).

[11] Kolitha Wickramage, *State Sovereignty over Deadly Pathogens: Ensuring Global Health Security*, Sri Lanka Journal of International Law, 25 (2017).

[12] Lawrence O. Gostin, Safura Abdool Karim & Benjamin Mason Meier, *Facilitating Access to a COVID－19 Vaccine through Global Health Law*, 48 Journal of Law, Medicine & Ethics 622 (2020).

[13] Mark Harrison, Disease, *Diplomacy and International Commerce: The Origins of International Sanitary Regulation in the Nineteenth Century*, 1 Journal of Global History 197 (2006).

[14] McIntyre, K. Marie et al., *Systematic assessment of the climate sensitivity of important human and domestic animals' pathogens in Europe*, Scientific reports 7. 1 (2017).

[15] Mrinalini Watsa and WILDLIFE DISEASE SURVEILLANCE FOCUS GROUP, *Rigorous wildlife disease surveillance*, Vol. 369, No. 6500, Science (2020).

[16] Rongzhang Hao et al., *Surveillance of emerging infectious diseases for biosecurity*, 65 (8) Science China Life Sciences (2022).

[17] Roojin Habibi et al., *Do Not Violate the International Health Regulations during the COVID－19 Outbreak*, 395 The Lancet (2020).

[18] Timothy Grant Evans, *Solidarity and Security in Global Heath: What Can We Learn from the Ebola Crisis?*, Keynote Address to the Prince Mahidol Award Conference, Bangkok (2015).

[19] WEISBURD A M., *Customary International Law: The Problem of Treaties*, Vanderbilt Journal of Transnational Law (1988).

[20] Yannick Simonin, *Emerging Diseases/Viruses Prevention, Control, Surveillance, and One Health*, 8 Tropical Medicine and Infectious Disease 257 (2023).

[21] Yangzi Liu, Sanjana Salwi & Brian C. Drolet, *Multivalue Ethical Framework for Fair Global Allocation of a COVID-19 Vaccine*, 46 Journal of Medical Ethics (2020).

[22] V. J. Brookes et al., *Preparedness for Emerging Infectious Diseases: Pathways from Anticipation to Action*, 143 Epidemiology and Infection (2015).